디자이너를
위한 ___
프레이머

디자이너를 위한 ___ 프레이머

박재환 이정익 지음 / FramerStudy.com

에이콘

지은이 소개

박재환 (pjhppo@naver.com)

국민대학교 시각디자인과를 졸업하고 알티캐스트 GUI 디자이너로 근무했다. 이후 라인에서 인터랙션 디자이너로 재직했으며, 현재는 스노우 선행 개발 팀에 재직 중이다. UX 디자인, 인터랙션 디자인뿐만 아니라 AR, VR과 같은 신기술에 관심이 많다.

이정익 (jjangikk@naver.com)

홍익대학교 디지털미디어 디자인학과를 졸업하고 알티캐스트 GUI 디자이너로 근무했다. 이후 현재까지 네이버에서 인터랙션 디자이너로 재직 중이다. 플래시 시절부터 인터랙션 관련 업무를 해왔고, 현재는 모바일 인터랙션 업무에 집중하고 있다.

몇 년 전부터 디자인 업계에서 프로토타이핑에 대한 열기가 뜨겁습니다. 디자인 트렌드가 빠르게 바뀌고 있어서 서비스의 제작에서 런칭 시기까지의 한 호흡이 이전보다 줄어들었고, 사용자의 눈높이가 높아져서 정적인 디자인을 동적으로 보여주는 방식을 선호하게 됐기 때문입니다.

대부분의 디자이너들이 본인이 만든 디자인에 대한 프로세스를 보여주기 위해 프로토타입 툴 1개씩은 다뤄봤을 것입니다. 그만큼 프로토타입에 대한 관심도가 높아졌다는 것이지요. 프레이머는 프로토타입 툴 중에서 독보적인 위치에 있는 하이퍼델리티 프로토타입 툴입니다. 거의 모든 인터랙션을 구현할 수 있는 자유도를 갖고 있으며, 글로벌 회사에서 이미 다양하게 사용하고 있습니다.

저희도 많은 프로토타입 툴을 써봤지만, 프레이머처럼 인터랙션 표현에 자유도가 높은 툴은 많지 않습니다. 하지만 코드 베이스이기 때문에 디자이너가 다루기 어렵다는 단점이 있습니다. 또한 시중에는 프레이머에 관련된 제대로 된 자료를 구하기도 어렵습니다. 책이 많지 않을 뿐만 아니라 한글로 된 자료들도 없습니다. 페이스북 프레이머 커뮤니티에서 정보를 구할 수는 있지만, 그것 또한 자료가 산발적이라 초보자들이 차근차근 시작하기에는 어렵지요.

이 책은 그러한 분들에게 좋은 디딤돌이 될 수 있습니다. 저희가 인터랙션 업종에 재직하면서 그리고 프레이머 코드를 배우면서 익혔던 나름의 노하우를 책 한 권에 담으려고 노력했습니다.

사실 저희도 디자이너 출신으로서 코드를 익혔기 때문에 디자이너가 느끼는 코드에 대한 부담감을 잘 알고 있습니다. 그렇기 때문에 책을 쓰면서 '어떻게 하면 좀 더 쉽게 디자이너들이 코드에 대한 거부감을 없앨 수 있을까?'라는 고민을 정말 많이 했습니다. 이 책의 내용만 이해하더라도 프레이머를 실무에서 자유자재로 쓸 수 있을 것입니다.

책이 출판되기까지 도움을 주신 동료 디자이너분들께 감사드립니다. 또한 책이 나오는 긴 시간 동안 기다려준 에이콘출판사에도 깊은 감사를 드립니다. 무엇보다 이 책을 벗삼아 프레이머 세계로 뛰어들게 된 독자 여러분들께 감사드립니다.

박재환, 이정익

Benjamin Den Boer(Framer Team Product Designer)

'Framer Study for designer' is a fantastic way to get started with Framer. It's thorough, simple and walks you through the basics of Framer, from start to finish.

최민상(구글, 인터랙션 디자이너)

프레이머는 강력한 툴이지만, 그 능력을 제대로 사용하기까지는 시간과 노력이 들어갑니다. 특히 "코드"라는 것은 우리 디자이너들에겐 아직도 쉽게 느껴지지 않는 재료일 것입니다. 박재환, 이정익님의 책은 충실한 예제를 중심으로 그 길을 차근차근 안내합니다. 같은 시선에서 바라보기에도 흔한 기술서에서 놓치는 부분도 꼼꼼하게 짚고 넘어가므로 따라가며 배우기에 안심이 되는 책입니다.

안지용(토스, UI 디자이너)

빠르게 변화하는 IT 환경에서 좀 더 나은 결정을 하기 위해 프로토타이핑은 필수적인 요소가 됐습니다. 이 책은 많은 프로토타이핑 툴 중에서도 하이퍼델리티 프로토타이핑을 할 수 있고 많은 국내 유저를 보유하고 있는 프레이머에 대한 기능 소개부터 프레이머에서 사용되는 커피스크립트에 대한 기초도 함께 설명하고 있어 비개발자도 쉽게 접근할 수 있습니다. 실제 현업에서 사용할 수 있는 다양한 예제가 포함돼 있어 코드로 만들어내는 프로토타입의 매력을 느낄 수 있습니다.

이준원(네이버, 디벨로퍼)

프레이머는 버전이 올라가면서 상당히 많은 기능을 제공하고 해당 사용법을 온라인 문서로 제공하고 있습니다. 처음 시작하는 사람들에게는 어느 문서를 어떻게 시작해야 할지 어려울 수 있는데, 이 책에서는 입문자를 위한 가이드가 잘 구성돼 있습니다. 다양한 예제와 더불어 책 뒷부분에 다양한 실무 팁이 있는데, 이 또한 매우 유용한 내용이어서 프레이머 작업 시 두고두고 사용하면 좋을 것 같습니다. 프로토타이핑에 앞서 코드를 입문하기에 이렇게 좋은 툴은 따로 없는 듯합니다.

이정영(라인, 인터랙션 디자이너)

디자인 프로세스가 변하면서 프로토타이핑 툴이 각광받고 있습니다. 그중 커피스크립트를 사용하는 프레이머는 높은 자유도를 갖고 실제 앱과 가장 유사한 경험을 줄 수 있기 때문에 실무에서 많이 활용됩니다. 이 책은 프레이머의 전반적인 기능과 개념들을 간단한 예제와 함께 제공해 코드를 모르는 디자이너들도 큰 어려움 없이 간단한 프로토타입을 만들 수 있게 도와줍니다. 두 저자 또한 디자이너들이라서 눈높이에 맞춘 쉬운 설명이 초보자들에게 좋은 길잡이가 될 것입니다. 또한 후반부에 실려 있는 실무 팁 섹션은 프레이머의 잠재력을 엿볼 수 있는 내용들로, 코드 베이스 프로토타이핑 툴이 왜 강력한지 새삼 실감할 수 있을 것입니다.

차례

01
들어가며

변화하고 있는 디자인 프로세스 _____

최근 들어 프로토타이핑에 관한 실무자들의 관심도가 매우 커졌다. 다양한 종류의 프로토타입 툴과 온·오프라인상에서 이루어지는 많은 프로토타이핑 관련 모임들이 이러한 관심도를 방증한다. 아마 이 책을 읽고 있는 사람이 디자이너 및 기획자라면 프로토타입 툴 하나 정도는 사용해봤을 것이다.

이 책에서 다루는 프레이머를 제외하고도, 코드를 쓰는 또 다른 툴인 Fuse, 패치 타입의 오리가미 스튜디오, 구글 Form, 보드 형태인 프린시플, Flinto for mac, Proto.io 그리고 최근에 나온 프로토파이까지 정말 다양하고 많은 프로토타입 툴이 존재한다.

현재 계속 개발되고 있는 툴들도 있고, 프로토타입 시장은 아직 진행형이다. 사람들은 왜 이렇게 프로토타이핑에 대해 많은 관심을 가질까? 이것은 변화하고 있는 요즘 디자인 프로세스와도 밀접한 관련이 있다.

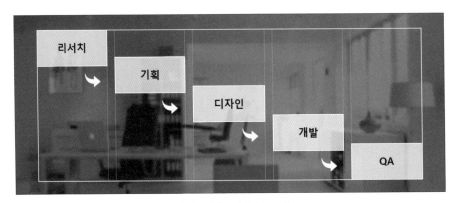

〔**그림 1**〕 워터폴 디자인 프로세스

디자인 프로세스가 조금씩 변하고 있다. 이전에는 기획, 디자인, 개발이 바통을 넘기듯 진행됐다. 기획이 끝난 다음에 기획된 와이어프레임을 바탕으로 디자인 작업을 진행하고, 디자인 작업이 모두 끝나면 화면에 관련된 개발이 이루어졌다. 이러한 디자인 프로세스 방식을 '워터 폴Water fall 모델'이라고 한다. 워터 폴은 굉장히 안정적이긴 하지만, 서비스 런칭까지 많은 시간이 소요되고, 수정이 어렵다는 단점이 있다. 특히, 이미 개발이 많이 진행됐거나 디자인이 모두 끝난 경우라면 수정하기가 쉽지 않다. 또한 서비스에 대한 기능 정의가 잘못되거나 새로운 기능을 추가하고 싶을 때 롤백하기가 어렵다.

워터 폴 개발 모델은 웹 플랫폼에서 아무런 고민 없이 잘 적용됐다. 왜냐하면 웹 플랫폼에서는 시장 선점이라는 개념이 없어서 서비스 개발 시간에 구애를 받지 않기 때문이다. 하지만 '이것'이 나오면서 판도가 많이 바뀌었다.

〔**그림 2**〕 스마트폰

'이것'은 바로 스마트폰이다. 스마트폰이 등장하면서 우리의 생활은 웹 플랫폼에서 모바일 플랫폼으로 완전히 넘어갔고, 모바일 앱 생태계인 애플리케이션 시장이 나타났다. 애플리케이션 시장이 커지면서 하루에도 수십, 수백 개의 앱들이 앱 스토어에 등록되고 있다. 이런 수많은 앱 중에서 다수의 사용자를 확보하기 위해 빠른 앱 출시와 시장 선점에 대한 필요성이 나타나기 시작했다. 주변 사람들이 평소 사용하고 있는 앱들을 살펴보면, 사실 먼저 나왔기 때문에 익숙하게 사용하는 앱들이 꽤 많을 것이다.

이러한 서비스 선점의 필요성 때문에 앱 서비스를 짧은 기간 동안 개발해서 빠르게 출시하고, 기능적으로 부족한 부분은 업데이트를 통해 보완하는 것이 일반화됐다.

Lean UX 디자인 프로세스

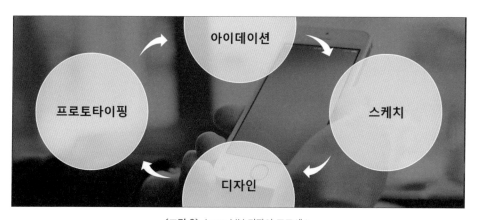

〔그림 3〕 Lean UX 디자인 프로세스

Lean UX 디자인 프로세스는 모바일 앱을 만들거나 기능 개선을 할 때 많이 사용하는 플로우다. 린Lean 프로세스는 워터 폴 모델과 달리 하나의 기능에서 서비스를 확장해 나간다. 예를 들어, 구매 단계의 기능을 개선한다고 가정해보자. 일단 상품 리스트를 선택해서 결재하는 화면까지 만든다. 그 밖의 다른 부분에 관련된 화면은 일단 고려하지 않는다. 구매 단계까지의 화면 UI에 대한 검증을 계속한다. 구매 단계의 프로세스는 적절한지? 이 버튼은 여기에 배치하는 것이 맞는지? 이 레이아웃은 사용성에 적합한지? 이 화면과 다음 화면에 대한 연결은 어떻게 돼야 하는지? 계속 검증을 하고, 만약 아니다 싶으면 다시 기획하고, 스케치 및 디자인을 하고 프로토타입을 만들어보는 과정을 반복한다.

기능 개선뿐만 아니라 앱을 기획할 때도 서비스 개념에 대한 검증을 앞에서 말한 플로우대로 무한 반복한다. 이렇듯 린 프로세스에서 기획 – 디자인 –프로토타입까지의 동선은 매우 자유롭다.

이러한 검증 단계에서 중요한 것이 바로 프로토타이핑이다. 연결된 화면들 사이에 UI를 직접 써보면서 움직이지 않는 스크린샷으로는 느낄 수 없었던 사용성에 대한 판단을 할 수 있다.

사실 워터 폴 프로세스와 린 프로세스는 방법론적인 선택이기 때문에 이 방법이 무조건 맞다고 할 수는 없다. 프로젝트의 규모 서비스 성격 그리고 인적 자원에 맞춰 선택하면 된다.

왜 프로토타이핑을 하는가?

앞에서 Lean UX에 대해 얘기하면서 디자인 프로세스상에서 프로토타입이 중요하다는 것을 살펴봤다.

1차적으로 UX를 검증하기 위해 프로토타입이 중요하다는 것을 알았고, 또 하나 프로토타입의 장점은 기획자와 디자이너, 개발자 간의 커뮤니케이션 로스[loss]를 줄여준다는 것도 알았다. 이전에는 디자이너들이 개발자들에게 구두로 혹은 본인의 느낌 대로 애니메이션과 화면 전환에 대한 설명을 했다.

물론 시간적인 여유가 있을 때는 영상으로 애니메이션을 만들어 개발자에게 전달했지만, 그것 또한 명확한 방법은 아니었다. 그 이유는 영상을 보고 개발하면 눈으로만 확인하기 때문에 실제 그대로 개발에 반영된다는 보장이 없다. 개발자들이 개발을 하기 위해서는 정확한 수치값이 필요하다.

X 좌표축으로 움직이는데, 움직이는 좌표 시작점과(from) 끝나는 지점에(to) 그리고 어떤 모션값(easing)으로 움직이는지 명확한 개발 가이드가 필요하지만, 영상으로는 그것을 알 아내기 힘들다. 하지만 기획자나 디자이너가 먼저 프로토타입 작업을 함으로써 화면 전환에 대한 가이드를 명확하게 전달할 수 있다.

아이콘을 탭해서 화면 전환이 되는 인터랙션을 생각해보자. 탭해서(touch event) 현재 화면이 투명도로 사라지고(opacity 0), 새로운 화면이 디바이스 영역의 우측에서(-Screen.width) 트랜지션(ease-in-out)되면서 들어온다고(x 좌표값 0) 하면, 너무나 명확해지지 않는가?

프로토타입을 진행하면 개발자와의 커뮤니케이션 개선에 큰 도움이 된다고 자신 있게 말할 수 있다.

어떤 프로토타입 툴을 써야 할까?

앞에서 프로토타이핑이 중요한 이유와 왜 써야 하는지에 대해 얘기했다. 그렇다면 이제 어떤 도구를 써야 할지 생각해볼 차례다. 운동을 시작하기 전 장비 세팅을 잘해 놓아야 운동을 제대로 할 수 있는 것처럼 프로토타입 툴을 잘 고르는 것은 매우 중요하다.

앞에서 얘기했듯이 시중에는 정말 많은 툴이 존재하고, 본인 스타일 및 프로젝트 성격에 맞춰 툴을 잘 선택하면 된다. 아래는 필자가 툴을 한 번씩 사용해보고, 주관적으로 쓴 내용이니 참고만 하기 바란다.

첫 번째로 추천하는 툴은 이 책에서 다루는 프레이머다. 코드에 대한 지식이 있거나 프로토타입을 거의 실제 앱과 가깝게 구현하고 싶다면, 프레이머를 추천한다.

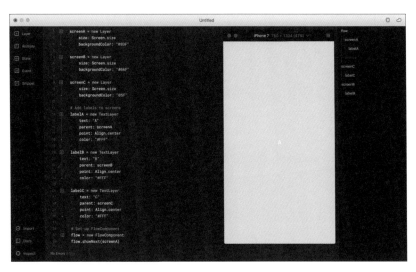

〔그림 4〕 프레이머 기본 UI 화면

프레이머는 코드를 이용해 인터랙션을 구현하는 툴로, 모바일 앱을 매우 자유롭게 구현할 수 있다. 프로토타이핑 툴을 비교하는 대다수 글을 보면 프레이머가 갖는 장점을 얘기할 때 코드로 구현하기 때문에 UI 및 애니메이션을 표현할 때 거의 한계점이 없다는 점을 꼽지만, 그렇기 때문에 코드가 익숙지 않은 사람들에게 러닝커브가 높다는 단점이 있다. 하지만 코드에 익숙해지면 표현하는 시간이 단축된다는 것을 체감할 것이다.

만약, 패치 방식에 익숙한 사람이라면 페이스북에서 만든 오리가미 스튜디오^{Origami Studio}를 사용해볼 것을 권한다. 프레이머에서 제공하지 않는 카메라 사용이 가능할 정도로 오리가미 스튜디오도 하이퍼델리티용 툴이다. 다만, 선을 잇는 패치에 익숙하지 않은 사람이라면 오리가미 스튜디오가 프레이머보다 더 어렵게 느껴질 수 있다.

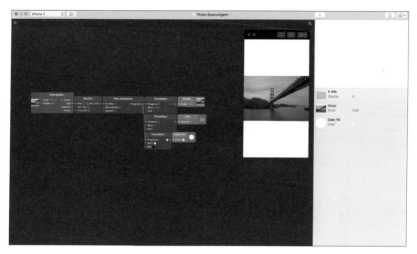

〔그림 5〕 오리가미 스튜디오 기본 UI 화면

코드와 패치 방식이 아닌 체크박스로 이루어진 툴 중에서는 픽세이트Pixate가 디자이너가 쓰기에 좋은 툴이였으나, 아쉽게도 구글에 픽세이트 팀이 합류하면서 업데이트 및 클라우드 서비스가 종료됐다.

만약, 체크박스를 이용한 다른 툴을 찾는다면 스튜디오 씨드에서 개발한 프로토파이Protopie 라는 툴도 눈여겨볼 만하다.

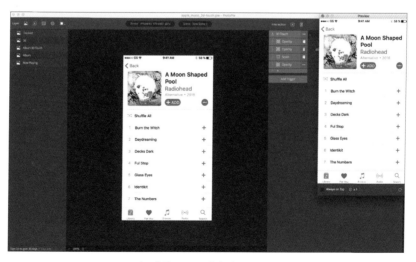

〔그림 6〕 프로토파이 기본 UI 화면

아마 디자이너 중에서는 스케치로 UI 작업을 하는 사람들이 많을 것이다. 스케치와 유사한 보드 형태의 작업이 편하다면 프린시플Principle을 추천한다. 간단한 플로우를 보는 프로토타입 작업을 한다면 프린시플이 속도 면에서 단연 돋보인다.

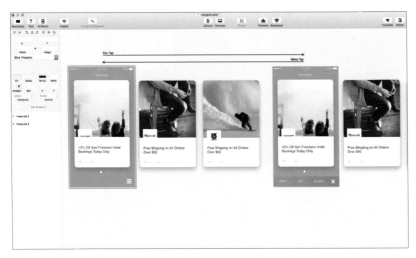

〔그림 7〕 프린시플 기본 UI 화면

이 밖에도 어도비 XD, Fuse, Form, Proto.io 등 다양한 툴이 존재한다. 앞서 얘기한 바와 같이 프로토타입 시장은 현재 진행형이므로 본인의 스타일과 프로젝트 성격에 맞춰 툴을 선택하자.

왜 프레이머인가?

프로토타입을 할 수 있는 다양한 툴들이 있다는 것을 살펴봤다. 주로 디자이너 대상인 툴들이 많기 때문에 애니메이션을 쉽게 구현하는 툴들도 많다. 그런데 코드로 구현하는 프레이머를 왜 사용해야 할까?

첫째, 프레이머는 자바스크립트를 좀 더 쉽게 쓰기 위해 만든 커피스크립트 기반이기 때문에 코드를 배우려는 디자이너들에게 매우 좋은 입문용 툴이 될 것이다. 개발 언어에 대한 욕심이 있다면 프레이머로 시작해보길 바란다.

둘째, 플랫폼에 구애받지 않는다. 프레이머를 이용하면 모바일과 PC, TV 등 다양한 플랫폼의 프로토타입 작업을 진행할 수 있다.

셋째, 커뮤니티가 활성화돼 있다. 페이스북 프레이머 커뮤니티에 영어로 질문을 올리면, 전 세계의 프레이머 유저들이 답변해줄 것이다. 또한 페이스북 커뮤니티에 많은 사람들이 만든 프레이머 샘플들이 소중한 정보로 남아 있다. 그리고 많은 사람들이 겪었던 웬만한 시행착오들이 커뮤니티에 남아 있으므로 검색하면 매우 유용한 정보들을 찾을 수 있다.

넷째, 나만의 코드 라이브러리가 생기기 때문에 작업 속도가 무척 빨라진다. 처음에 코드로 작업해보면 다른 프로토타입 툴과 비교했을 때, 매우 늦게 진행되는 느낌이 든다. 간단한 인터랙션을 구현할 때도 생각보다 많은 코드가 들어가 '이 코드가 정말 효율적인 작업을 가능하게 할까?'라는 의심이 생길 수도 있다. 하지만 작업을 하다 보면 나만의 코드 라이브러리가 쌓이기 때문에 매우 유용하게 쓰인다는 것을 알게 된다. 프로토타입을 만들면서 많이 사용하는 인터랙션(스크롤, 스와이프, 드래그 등)은 이전에 만든 코드와 애니메이션들을 복사해서 쓸 수 있기 때문에 시간이 지날수록 스피드가 빨라진다.

이 밖에 프레이머 팀들이 페이스북 그룹에서 사용자의 피드백을 항상 주시하면서 필요한 기능들을 빠른 업데이트로 개선해준다는 장점도 있다.

어떻게 시작하는 것이 좋을까?

우리가 물건을 사거나 무언가를 배울 때 가정 먼저 하는 일은 매뉴얼을 보는 것이다. 프레이머 사이트(framerjs.com)에도 이러한 매뉴얼이 doc이라는 탭으로 잘 정리돼 있다. 프로젝트들을 진행하거나 무언가를 만들 때, doc는 바이블처럼 우리에게 큰 힘이 될 것이다. 코드 스타일도 다르고, 복잡한 예제들도 많이 섞여 있기는 하지만, framerjs.com 홈페이지에는 초보자들이 따라 하기에 적절한 예제들이 많다. 또한 http://framerco.de/라는 사이트에도 사람들이 유용한 module을 만들어 올려놓는다. 시간이 날 때마다 들어가 확인해보자.

이 밖에도 https://www.facebook.com/groups/framerjs/에는 수많은 해외 유수 디자이너와 개발자 기획자들이 하루에도 수십 개의 작품들을 올리고 공유한다. 이러한 예제들을 잘 라이브러리화해 놓으면 나중에 프로젝트를 진행할 때 큰 도움이 된다. 물론 https://www.facebook.com/groups/511309105667409/라는 한국 프레이머 그룹 커뮤니티도 존재한다.

〔그림 8〕 프레이머 홈페이지

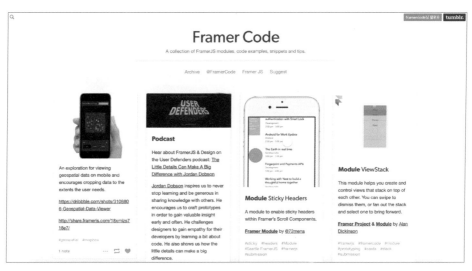

〔그림 9〕 Framerco.de 웹 사이트

02
커피스크립트 문법 알아보기

프레이머는 커피스크립트라는 언어를 사용해 코딩한다. 커피스크립트는 자바스크립트의 단점들을 보완하기 위해 만들어진 언어로, 기본적인 뼈대는 자바스크립트와 같다. 컴파일 하면 소스 자체도 자바스크립트로 나온다.

주변의 여러 디자이너 및 지인들은 '커피스크립트를 공부하기 위해서는 자바스크립트부터 공부해야 하는가?'라는 고민을 많이 한다. 물론 자바스크립트를 알고 있으면 문법적으로 비슷한 커피스크립트를 쓰는 데는 문제가 없다. 하지만 이를 위해 자바스크립트를 배울 필요는 없다. 오히려 커피스크립트가 자바스크립트를 축약해 놓은 언어이기 때문에 자바스크립트를 나중에 배우기 위해 커피스크립트를 배워 놓는 것이 좋을 정도다. 그리고 프레이머에서 복잡한 문법을 쓰지 않아도 기본적인 프로토타이핑은 충분히 할 수 있으므로 너무 처음부터 코딩에 대한 두려움을 가질 필요가 없다. 지금부터 기본적인 커피스크립트 문법에 대해 타이핑하면서 알아보자.

변수

프로그래밍에서 변수는 중요한 요소이자 가장 기본적인 요소다. 변수는 말 그대로 '변하는 수'인데, 초등학교 때 배우는 방정식을 보면, 아래와 같이 X와 Y를 이용해 식을 풀었던 기억이 날 것이다.

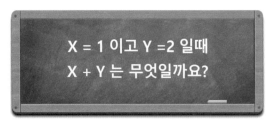

〔그림 1〕

여기서 X나 Y처럼 한 번에 하나의 데이터를 갖고 그때그때 달라지는 데이터를 변수라고 이해하면 된다. 다만, 초등학교 때 풀었던 방정식과 다른 점은 방정식에는 숫자만 넣고 풀었다면, 변수에는 숫자뿐만 아니라 문자, 문장, 배열 데이터 등을 넣을 수 있다는 것이다. 커피스크립트에서 변수를 선언하는 방법은 아래와 같다.

```
1    a = 5
```

이렇게 되면 a라는 변수에 5라는 정보가 저장된 것이다. 프로그래밍에서 말하는 '='은 '같다'는 표시가 아니라 우측에 있는 값을 좌측에 대입한다는 표시다. 이렇게 저장한 변수는 언제든 다시 설정할 수 있다.

```
1    a = 5
2    a = 200
3    a = "Hello"
4    print a
```

이렇게 하면 a 값은 얼마일까? 프로그래밍에서 기억해야 할 부분은 상단에서 하단으로 차례대로 실행된다는 것이다. 그러므로 a에는 5와 200이 저장됐지만, 마지막 부분에 "Hello"라는 문자 값을 넣었기 때문에 a에 저장된 값은 "Hello"다. 프레이머에서 상태나 값을 확인하는 방법은 print를 쓰면 된다. print를 쓴 후에 확인하고자 하는 변수를 입력하면, 화면에 해당 변수에 대한 값이 출력된다. 네 번째 라인에 print a라고 기재하면, 우측 화면 하단에서 아래와 같이 a 값을 확인할 수 있다.

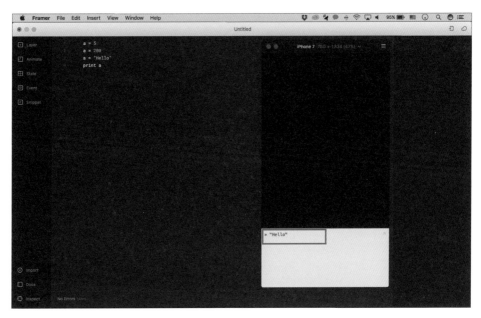

〔그림 2〕 프레이머에서 값을 확인하는 방법. Hello라는 값이 찍힌 것을 확인할 수 있다.

또한 변수에는 앞에서 본 것처럼 여러 가지 데이터 값을 넣을 수 있다. 숫자, 문자열 배열 등을 '데이터 타입'이라고 하는데, 변수는 기본 데이터 타입과 복합 데이터 타입으로 나눌 수 있다. 기본 데이터 타입primitive data type에는 숫자number, 문자열string, 불린Boolean (참, 거짓)이 있고, 이는 단일 데이터를 의미한다. 복합 데이터 타입composite data type은 배열이나 객체를 의미하고, 데이터의 묶음 형태다.

- 숫자^{number}

```
1    num = 7
```

- 문자열^{string}

```
1    str = "designer"
```

문자열 변수에는 항상 따옴표를 넣어야 문자열로 인식한다.

- 불린^{Boolean} 변수

```
1    isSelected = false
```

불린 값은 true, false 값이다. on, off와 같은 스위치 형태의(open/close) 애니메이션에 적용하기 적당하고, 조건문을 통해 참일 때는 참에 해당하는 명령어가 실행되는 형태로도 많이 쓰인다. 자세한 것은 뒤의 예제를 통해 알아보자.

- 배열

배열에는 숫자 및 문자열 등 다양한 값을 넣어 참조할 수 있다. 배열은 코딩에서 유용하게 많이 쓰이는 문법이다. 배열을 선언하는 데는 여러 가지 방법이 있다.

```
1    arr = new Array
```

이렇게 배열을 선언하고 나중에 값을 넣는 경우와

```
1    arr = new Array( "hi", 200, 37 )
```

이렇게 값을 넣으면서 선언하는 방법이 있다. new Array를 생략하려면 아래와 같은 방식도 가능하다. 이때는 중괄호를 사용한다.

```
1    arr = [ "hi", 200, 37 ]
```

이미 만들어진 배열에 데이터를 추가로 넣으려면 push 메서드를 이용해 배열에 값을 넣을 수 있다. push 메서드는 데이터를 마지막 배열 뒤로 추가한다.

```
1    arr = new Array
2    arr.push("hi", 200, 37)
3    print arr
```

위와 같이 기재하면 첫 번째 줄에서 arr이라는 배열을 만들고, 두 번째 줄에서 괄호 안에 들어간 "hi", 200, 37이 3개의 데이터를 arr 배열에 집어넣게 된다. 마지막으로 배열에 넣은 값을 확인하려면, 세 번째 라인에 기재된 print 명령어가 arr 배열을 출력하라고 쓰여 있기 때문에 "hi", 200, 37이 화면에 출력된다.

〔그림 3〕 우측 화면에 〔"hi", 200, 37〕이라고 출력되는 것을 확인할 수 있다.

배열의 첫 번째 데이터, 두 번째 데이터처럼 배열 인자에 접근하려면, 인덱스로 접근하면 된다. 예를 들어, 첫 번째 배열 인자에 접근하려면 arr[0]이라고 쓰면 된다. 프로그래밍에 서 첫 번째 숫자는 0부터 시작하기 때문에 0이라고 기재해야 arr의 첫 번째 데이터를 불러 온다. 아래 예제를 통해 살펴보자.

```
1    arr = new Array
2    layerA = new Layer
3    layerB = new Layer
4    arr.push( layerA, layerB )
5    arr[0].x = 250
```

배열에 넣어 인자에 접근하는 방법이다.

Line 1: 일단 arr이라는 배열을 선언한다.

Line 2~3 : 그 다음에 layerA와 layerB를 만들고,

Line 4 : 만들어진 layerA와 layerB를 배열에 넣는다. 이때 배열에 들어가는 순서가 중 요한데, layerA를 먼저 넣었으니 arr 배열의 첫 번째는 layerA이다. 그러므로 arr[0]은 layerA이고, arr[1]은 layerB이다.

Line 5 : 배열 첫 번째 인자(layerA)에 접근해 x 좌표를 200으로 바꾼다. [그림 4]의 좌측 화 면 같이 원래는 2개의 레이어가 한 위치에 겹쳐져 있는데, 다섯 번째 줄을 입력하면 오른 쪽 화면처럼 layerA가 우측으로 이동하는 것을 볼 수 있다.

〔**그림 4**〕 배열을 이용한 레이어 속성값 제어

조건문

조건문이란, if를 이용해 특정 조건을 기재한 후 그 조건에 맞으면 코드를 실행하고, 조건에 맞지 않으면 실행하지 않도록 만드는 것을 뜻한다.

if문

가장 기본적인 형태의 조건문으로, 하나의 조건을 걸어 만약 조건이 참^{true}이면 코드를 실행하고, 거짓^{false}이면 실행하지 않고 그냥 넘어간다. if라고 기재한 후에 조건을 써주고, 조건이 맞는다면 그 다음 줄에 실행될 명령어를 기재하면 된다. 아래 예시문을 살펴보자.

```
1    a = 2
2    if a > 0
3        print "a는 양수"
```

첫 번째 라인에서 a라는 변수를 만들어 2라고 정의를 내려준다. 두 번째 라인에서는 조건
문을 만들게 되는데, 변수 a가 0보다 클 경우 맞는다면 세 번째 라인에 실행될 명령어인 "a
는 양수"라는 문자열을 출력하게 돼 있는데, 두 번째 라인의 조건문 안에 속하는 코드이기
때문에 반드시 앞에 **TAB** 버튼을 눌러 인덴트(들여쓰기)해야 한다. 커피스크립트는 다른 프
로그램 언어처럼 줄 종료에 대한 코드를 일일이 적지 않아도 Enter만 치는 것으로 코드 라
인 종료가 표시된다. 따라서 이전 줄에 속하는 코드 같은 경우에는 들여쓰기를 엄격하게
지켜야 에러가 나지 않는다. 키보드 좌측의 **TAB** 버튼을 눌러 한 번 들여쓰기하는 것을 잊
지 않도록 하자. 첫 번째 줄에서 a를 2라고 정의 내렸기 때문에 당연히 맞는 조건에 해당
하고, 결과적으로 화면에 "a는 양수"라는 문자열이 출력되는 것을 볼 수 있다.

» "a는 양수"

〔그림 5〕

if ... else문

조건이 맞을 때만 실행되는 것뿐만 아니라 틀릴 때도 실행돼야 하는 것이 필요하다면, else를 사용할 수 있다. else는 if문을 통한 조건에 맞지 않는 경우에 실행될 코드를 기재할 수 있다. 아래 예시를 보자.

```
1    a = -1
2    if a > 0
3        print "a는 양수"
4    else
5        print "a는 양수가 아니다"
```

첫 번째 라인에서 이번에는 a를 -1이라는 변수로 지정해줬다. 두 번째 라인에서 a가 0보다 클 경우, "a는 양수"라는 문자열을 출력하지만, 현재 a는 -1이므로 0보다 작기 때문에 이 조건에 부합하지 않는다. 따라서 네 번째 라인인 else를 통해 다섯 번째 라인이 실행되는데, if 조건에 해당하지 않는다면 "a는 양수가 아니다"라는 문장을 출력하라고 기재돼 있기 때문에 [그림 6]과 같이 "a는 양수가 아니다"라고 출력되는 것을 볼 수 있다.

» "a는 양수가 아니다"

[그림 6]

if ... else if ... else

좀 더 여러 개의 조건이 필요한 경우에는 else if를 이용할 수 있다. else if는 조건을 계속 추가할 수 있다. 아래 예문을 살펴보자.

```
1    a = 10
2    if a >= 100
3        print "a는 세 자리 이상의 수"
4    else if a >= 10
5        print "a는 두 자리 수"
6    else if a >= 0
7        print "a는 한 자리 수"
8    else
9        print "a는 홀수"
```

Line 1 : a라는 변수를 만들고, 10을 입력한다.

Line 2~3 : 조건문을 만들어 100과 같거나 클 경우 "a는 세 자리 이상의 수"라는 문자열을 출력한다.

Line 4~5 : else if 구문을 이용해 if문에 속하지 않는 조건을 다시 한 번 거르게 된다. 이번에는 a가 10과 같거나 클 경우 "a는 두 자리 수"라고 출력된다.

Line 6~7 : 위의 if문과 else if문에 속하지 않는 조건을 또 한 번 거르게 된다. 이번에는 a가 0과 같거나 클 경우 "a는 한 자리 수"라고 출력된다.

Line 8~9 : 위의 모든 조건에 부합하지 않는 경우 "a는 홀수"라는 문자열이 출력된다.

위처럼 else문은 제한 없이 조건을 계속 추가할 수 있다. 이제 화면을 보면 10이라고 입력한 a 변수에 따라 "a는 두 자리 수"라고 출력되는 것을 볼 수 있다. a에 여러 가지 수를 입력해보면서 확인해보자.

» "a는 두자리 수"

〔그림 7〕

연산자

3번 조건문 과정에서 숫자가 큰지, 작은지 파악하기 위해 〉 부등호를 사용했다. 이런 조건의 대소를 비교하기 위해 사용하는 부등호와 같은 기호를 '연산자'라고 부르는데, 연산자의 종류에는 크게 산술 연산자와 관계 연산자가 있다. 각각의 종류는 아래와 같다.

산술 연산자

산술 연산자는 여러 숫자 값을 계산해 하나의 숫자값을 반환한다. 초등학교 때 배운 덧셈, 나눗셈 등과 같다고 보면 된다. 우선순위도 산수에서 하는 것처럼 곱셈과 나눗셈이 먼저 시행되고 괄호가 없다면 덧셈과 뺄셈은 앞에 있어도 뒤에 실행된다고 보면 된다.

+	더하기
−	빼기
*	곱하기
/	나누기
%	나눈 나머지

관계 연산자

관계 연산자는 2개의 데이터 값의 관계를 대소로 판단해 참 혹은 거짓으로 반환한다. 조건문과 함께 많이 쓰인다.

a > b	a가 b보다 크다.
a >= b	a가 b보다 크거나 같다.
a < b	a가 b보다 작다.
a <= b	a가 b보다 작거나 같다.
a is b	a가 b와 같다(a=b와 동일).
a isnt b	a는 b와 같지 않다(not a is b와 동일).
a > b and a < c	a가 b보다 크고, a가 c보다 작을 때
a < b or a > c	a가 b보다 작거나 c보다 클 때

다수의 조건을 동시에 충족하는 조건문은 위처럼 and를 사용해 조건을 한 줄에 추가할 수 있다. '또는' '아니면'의 의미로 넣을 수 있는 or도 사용할 수 있다. 영어 뉘앙스 그대로 기능이 사용된다고 생각하면 된다. 조건문의 반대 의미를 가진 not도 사용할 수 있다. Isnt를 사용하면 해당 조건이 아닌 경우를 참으로 계산한다. 조건문을 사용할 때 변수에 참 거짓 값을 넣어 바로 사용할 수도 있다.

```
1    isSelected = false
2
3    if isSelected
4        print "Hello"
```

위와 같이 isSelected라는 변수 하나를 선언하고, 조건문으로 참, 거짓을 판단한다. isSelected 변수는 false로 선언했으므로 조건문은 그대로 실행된다. 그래서 "Hello"로 print가 찍힌다. 위 구문을 아래와 같이 바꿔 쓸 수도 있다. 이처럼 커피스크립트는 코드가 직관적이다.

```
1    isSelected = false
2
3    if not isSelected
4        print "Hello"
```

반복문

for문은 if문과 함께 프로그래밍에서 가장 많이 사용되는 구문으로, 이를 이용하면 반복 작업을 쉽게 처리할 수 있다. for문은 주어진 조건을 만족한 코드를 반복해서 실행한다. for문의 기본적인 형태는 아래와 같다.

```
1    for i in [0...5]
2        print i
```

두 번째 라인처럼 print i를 기재해 값을 찍어보면 0, 1, 2, 3, 4가 나온다. 반복문은 괄호 안에 들어가 있는 배열을 for 다음에 있는 변수에 대입한다. [0...5]라고 돼 있는 부분의 의미는 0부터 5보다 작을 때까지의 숫자 배열이라는 의미다. 다시 말해, 저 배열 안에는 0, 1, 2, 3, 4 이렇게 5개의 변수가 들어가 있는 것이다. 따라서 0에서부터 5보다 작을 때까지 5번 반복해 숫자를 하나하나 i에 집어넣고, i가 0일 때 한 번 출력되고, i가 1일 때 한 번 출력되고, 이렇게 5보다 작을 때까지 5번 출력하기 때문에 화면상에 0 1 2 3 4와 같이 한 줄씩 출력되는 것이다.

〔**그림 8**〕반복문을 이용한 i 값 출력

이제 이 반복문을 이용해 레이어를 5개 만들어보자.

```
1    for i in [0...5]
2        layer = new Layer
```

두 번째 라인에 적힌 layer = new Layer라는 의미는 layer라는 이름의 새로운 레이어를 만들겠다는 의미다. 첫 번째 라인에서 반복문을 5번 반복시켰기 때문에 layer가 화면상에서 5개 생기게 되는데, 문제는 5개의 레이어가 전부 같은 좌표에 생성됐기 때문에 모두 겹쳐 보일 것이다.

〔**그림 9**〕반복문을 이용한 레이어 속성값 제어

만들어지는 레이어의 좌표를 순서대로 우측으로 이동하게 만들 수 있을까? 방법은 i 값이 반복문이 한 번 실행될 때마다 증가하기 때문에 i 값을 좌표에 이용하는 것이다.

```
1    for i in [0...5]
2        layer = new Layer
            x: i*204
```

위와 같이 기재하면 i가 0일 때 만들어지는 layer는 x 좌표가 0*204인 0이 입력되고, i가 1일 때 만들어지는 layer는 x 좌표가 1*204인 204 이렇게 5개의 레이어가 우측으로 나열된다. 결과적으로 [그림 10]과 같이 배치될 것이다.

[그림 10]

함수

코드를 계속 쓰다 보면 반복되는 코드들이 많다는 것을 알게 되는데, 이런 반복되는 코드들을 재활용하지 않고 계속 사용하다 보면 전체적인 코드 분량이 너무 길어져서 어디에 어떤 코드를 써 놓았는지 잊어버릴 때가 많다. 따라서 이 반복되는 코드들을 최대한 축약하고 다른 곳에서도 사용할 수 있도록 정리하는 것이 중요한데, 이때 함수가 사용된다. 함수는 영어로 'function'이다. 어떤 일을 하는 함수를 하나 만들고, 우리는 그 상황에 맞는 함수를 호출하면 된다.

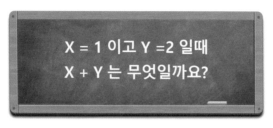

X = 1 이고 Y =2 일때
X + Y 는 무엇일까요?

〔그림 11〕

앞서 변수를 설명할 때 방정식을 예로 들었다. 함수는 방정식에서 식 그 자체라고 보면 될 것이다. X와 Y를 더하라는 식을 저장해 놓았다가 어느 때고 꺼내 쓸 수 있도록 X+Y라는 함수를 만든다고 생각하면 된다.

함수 선언과 호출

함수는 다음과 같이 선언해 만들 수 있다.

```
1    function1 = () ->
2        print "함수를 호출한다"
3    function1()
```

함수를 선언하려면 위와 같이 함수 이름을 기재하고 = ( ) -> 라고 기재해야 하는데, 이 괄호 안의 의미는 다음 단계에서 배운다. 일단 이렇게 기재하면 function1이라는 함수를 만들고 상세한 내용은 다음 줄부터 기재하겠다는 의미다. 두 번째 라인에 print "함수를 호출한다"를 기재했기 때문에 funtion1을 호출하면 "함수를 호출한다"라는 문자열 출력이 실행된다. 세 번째 라인은 function1을 호출하는 명령어인데, 함수 이름을 기재하고 ( )를 기재하면 해당 함수를 실행하겠다는 의미가 된다. [그림 12]처럼 함수가 실행된 화면을 볼 수 있다.

> "함수를 호출한다"

[그림 12]

기본적으로 함수를 선언한 후에 호출하지 않으면 만들어진 함수는 실행되지 않는다. 세 번째 라인인 function1( )를 기재하지 않았다면 함수는 실행되지 않는다는 의미다. 함수 선언과 호출에 있어서는 이처럼 전후 관계가 중요하다.

```
1    function1()
2
3    function1 = ()
4        print "함수를 호출한다"
```

만약, 위에서처럼 함수 호출을 먼저 적고, function1 함수를 밑에 적으면 function1 함수를 찾을 수 없다는 에러 창이 뜬다. 아직 만들어지지도 않는 함수를 호출하려 했기 때문이다. 호출하는 function1 = ( )-> 함수 선언을 하고 밑에 적어줘야 호출된다. 나중에 배울 이벤트 호출도 구조는 함수 호출 선언과 똑같다.

매개변수를 갖는 함수

앞에서 함수 선언을 배울 때 함수 이름 다음에 괄호 ( ) =-> 를 넣어 함수를 선언했는데, 이 괄호 안에는 매개변수라는 것이 들어간다. 매개변수란, 함수에 값을 전달해주는 변수를 의미하는데, 앞서 보았던 아래 방정식을 함수 선언에서 배웠던 대로 만들어보자.

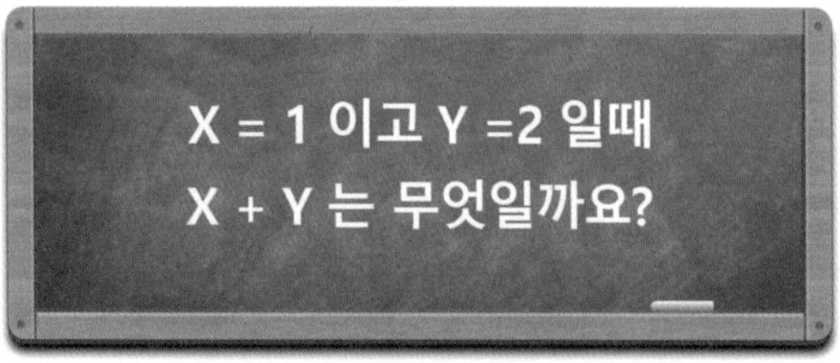

X = 1 이고 Y =2 일때
X + Y 는 무엇일까요?

〔그림 13〕

```
1    X = 1
2    Y = 2
3    function1 = ( )
4        print X + Y
5    function1( )
```

위와 같이 X와 Y라는 변수를 지정해준 후에 function1이라는 함수를 만들고 둘을 더해주면 function1을 실행할 때마다 3이 실행된다. 하지만 만약 함수를 'X와 Y라는 변수를 더해준다'가 아니라 '입력한 2개의 변수를 더해준다'가 되면 어떻게 될까? 이렇게 만든 함수는 X와 Y를 더하는 것뿐만 아니라 함수를 입력하는 과정에서 더할 숫자만 같이 입력해주면 입력하는 모든 수를 더할 수 있는 한층 더 업그레이드가 된 함수가 될 것이다. 매개변수는 이처럼 어떤 변수든 입력할 수 있게 해주는 데 유용하다. 아래 예문을 살펴보자.

```
1    function1 = ( X, Y)
2        print X + Y
3    function1( 1, 2 )
```

» 3

〔그림 14〕

결과값은 동일하게 3이 나온다. 하지만 함수를 응용하면서 매개변수를 이용한다면 코드의 길이도 더 절약할 수 있고(위의 코드도 5줄에서 3줄로 줄어들었다.), 변수를 넣는 것은 워낙 간단하기 때문에 위의 두 가지 모두 차이가 없어 보이지만, 변수 대신 레이어와 같은 오브젝트가 들어가면 훨씬 복잡해지기 때문에 상황에 따라 매개변수를 이용한 함수로 코드를 누가 봐도 이해하기 쉽게 정리할 수 있다. 장문의 코드는 다른 사람이 보기에 이해하기가 어려우므로 협업 과정에서 문제가 생길 수 있기 때문이다.

주석 처리

프로그래밍을 할 때 주석 처리는 코드에 대해 설명하거나 메모를 적어 놓아야 하는 경우가 있다. 또한 특정 부분이 실행되지 않도록 막아 놓아야 하는 경우가 있다. 이럴 때는 주석을 사용하면 된다. 주석 처리를 한 코드나 글은 코드로 인식하지 않는다.

한 줄짜리 주석은 #(shift+3)이고, 여러 줄의 주석 처리 방법은 command + /(shift 좌측에 있는)다. 주석 처리를 없애는 것도 #을 지우거나 여러 줄의 주석을 지우려면 여러 줄을 선택한 후에 주석 처리할 때처럼 command + /(shift 좌측에 있는)를 누르면 된다. 주석 처리는 이전 코드를 주석 처리하면서 수정하거나 코드에 대한 메모를 하고 설명을 쓸 때 유용하게 쓰인다.

```
1    # 매개변수 함수에 대한 예제
2    function1 = ( X, Y) ->
3        print X + Y
4    # 매개변수에 1,2를 넣어 function1을 실행
5    function1( 1, 2 )
```

위와 같이 첫 번째 라인과 네 번째 라인에 주석으로 해당 코드에 대한 설명을 기재했다. 주석 처리된 줄은 프로그램에서 실행되지 않으므로 기존과 동일하게 작동하는 것을 볼 수 있다.

이제 커피스크립트 코드를 다루기 위한 기본적인 워밍업이 모두 끝났다. 세세한 문법은 뒤에서 예제 중심으로 다루면서 좀 더 자세히 살펴보자.

03
프레이머 시작하기

프레이머 인스톨하기

본격적으로 프레이머를 시작하기에 앞서 프레이머를 설치하자. 프레이머는 아직 맥의 OS X 운영체제에서만 작동되기 때문에 반드시 맥북이나 맥에서 설치해야 한다. 아래의 과정을 통해 본인의 OS X에 프레이머를 설치해보자.

프레이머 홈페이지 접속

먼저 프레이머 홈페이지인 framer.com에 접속한다(상세 주소: https://framer.com). 여러 가지 메뉴 중 홈페이지 각 탭에 대한 설명은 다음 장에서 다루도록 하고, 상단 우측의 Free trial 버튼을 눌러 다운로드 페이지로 이동하자.

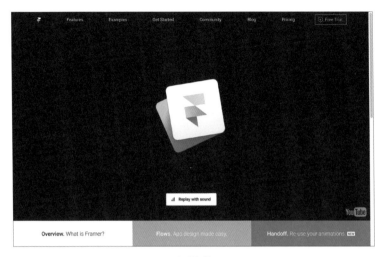

〔그림 1〕

다운로드 페이지

다운로드 페이지에 들어가면 몇 초 후에 자동으로 설치 파일이 다운로드된다. 다운로드가 시작되지 않으면 화면 가운데 'click Here' 부분을 눌러 수동으로 다운로드할 수 있다.

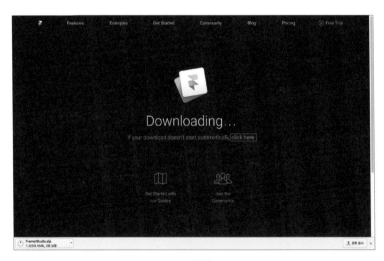

〔그림 2〕

프레이머 설치하기

다운로드가 완료된 FramerStudio.zip 파일을 더블클릭해 압축을 풀면 나타나는 Framer. app 파일을 실행하자.

〔그림 3〕

처음 프레이머를 시작하면 아래와 같은 화면이 나타나면서 2개의 선택지가 나온다.

〔그림 4〕

1. Framer.app 파일을 현재 위치에 유지한다.
2. Framer.app 파일을 애플리케이션 폴더에 옮기면 런치패드에 프레이머 아이 콘이 생성된다.

프레이머 실행하기

프레이머의 첫 화면은 아래와 같이 구성돼 있다. 이 중에서 1번을 선택해 기본 예제 프로젝트 파일을 열어보자.

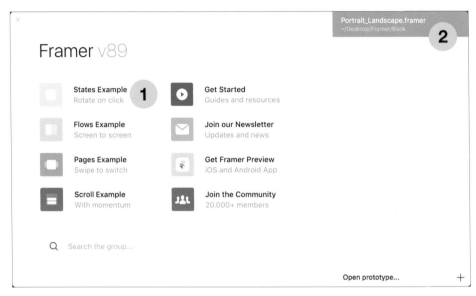

〔그림 5〕

1. 프레이머에서 제공하는 기본적인 예제 파일을 열어본다.
2. 기존에 작업하던 프로젝트 히스토리가 나열되는 화면이다.

이제 설치가 완료되고, 프레이머의 세계에 빠져들 준비가 완료됐다. 다음 장부터는 프레이머의 기본 기능을 배워보자.

〔그림 6〕

프레이머 기본 화면 알아보기 – v.89

이제 본격적으로 화면을 켜고 프레이머에 대해 차근차근 알아보자. 이번 장에서는 프레이머 화면에는 어떤 기능이 있고, 화면상에서 어떤 작업을 수행할 수 있는지 알아보자.

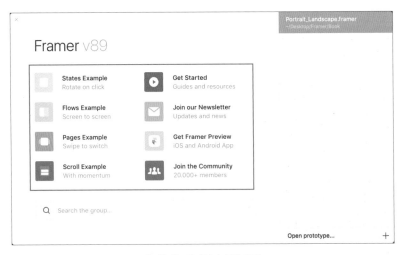

〔그림 1〕 프레이머 시작 화면

먼저 프레이머를 실행했을 때 나타나는 스타트 페이지에서 가운데 보이는 예제 중 아무 예제나 클릭해 들어가보자. 예제를 클릭하면 프레이머로 들어가고, 아래와 같은 화면이 나타난다. 이제 화면의 각 구성 요소에 대해 알아보자.

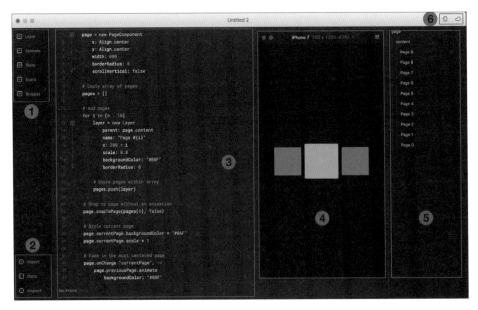

〔그림 2〕

1. 오토코드

화면의 좌측 상단에 보이는 layer, animation과 같은 메뉴가 있는 곳이 오토코드 메뉴를 모아 놓은 영역이다. 프레이머에서는 코드 기반으로 화면을 구성하고 움직이게 하는데, 코드를 일일이 치는 것이 여간 힘든 일이 아니다. 따라서 빈번하게 쓰이는 기본적인 기능을 이 오토코드 안에 넣어 놓고 쉽게 쓸 수 있도록 하고 있다. 오토코드에는 다음과 같은 다섯 가지 카테고리가 있다.

〔그림 3〕

- Layer: 레이어를 만들고 수정할 수 있다. 레이어 메뉴를 클릭하면 [그림 3]의 (i) 처럼 default, image, text 레이어를 만들 수 있는 메뉴가 나타나고, (ii)처럼 화면상에 새로운 레이어가 생성된다. 오토코드가 활성화된 상태에서는 화면상에서 레이어를 드래그해 위치를 바꾸거나 모서리를 클릭해 사이즈를 조절할 수 있다. 이렇게 레이어의 위치나 사이즈를 조절하면 (iii) 부분의 화면 가장 우측 레이어 속성 창에서 실시간으로 값이 바뀌는 것을 볼 수 있다. 현재 수정하고 있는 레이어의 코드 라인에서 다른 줄로 이동하면 오토코드가 비활성화되는데, 다시 수정하려면 (iv)의 작은 아이콘을 클릭하면 된다. 레이어에 대한 자세한 내용은 뒤에서 다룬다.

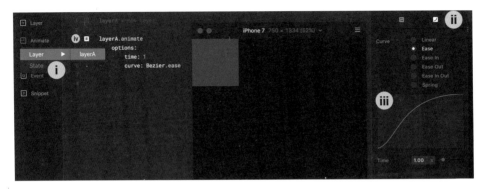

〔그림 4〕

• **Animation**: 만들어진 레이어에 애니메이션을 추가할 수 있다(반드시 하나 이상의 레이어가 만들어져 있는 상태여야 한다). 애니메이션 메뉴를 클릭하면 화면에 만들어진 레이어들의 리스트가 나오면서 어떤 레이어에 애니메이션을 만들 것인지 선택한다. (i) 위에서 만든 layer를 선택하면 (ii) 레이어 속성 창 상단에 우측 애니메이션 모드를 활성화해서 애니메이션 속성을 수정할 수 있다. 수정하는 수치는 (iii)의 그래프를 보면서 수정해도 되고, 코드 창에 직접 입력해도 된다. 애니메이션도 마찬가지로 (iv)의 버튼을 눌러 오토코드로 다시 들어갈 수 있다. 애니메이션에 대한 자세한 내용은 뒤에서 다룬다.

〔그림 5〕

• **State**: 스테이트는 레이어의 상태를 여러 개 저장해 놓았다가 필요한 상태를 꺼내 쓰는 기능이다. 애니메이션과 마찬가지로 만들어진 레이어 리스트가 나타나므로 스테이트를 추가할 수 있다. 스테이트에 대한 자세한 내용은 뒤에서 다룬다.

〔그림 6〕

- **Event**: 레이어에 이벤트를 추가할 수 있다. 이벤트는 레이어를 클릭, 드래그했을 때 입력해 놓은 명령어가 실행되도록 만들어줄 수 있다. 이벤트 메뉴를 보면 프레이머 안에서 실행할 수 있는 다양한 인터랙션 이벤트 종류가 나타난다. 이벤트에 대한 자세한 내용은 뒤에서 다룬다.

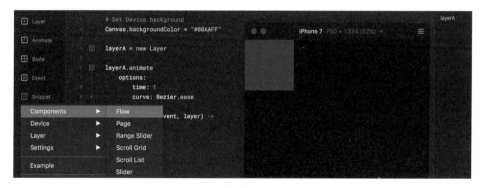

〔그림 7〕

- **Snippet**: 위의 네 가지 메뉴에 속하진 않지만, 빈번하게 쓰일 만한 여러 가지 컴포넌트들이나 잡다한 기능들이 모여 있다. 스니펫 폴더에 코드를 저장해 놓으면 나만의 기능을 저장해 놓고 사용할 수 있다.

2. Import, Docs, Inspect

프레이머 좌측 하단에는 포토샵이나 스케치, 피그마에서 디자인된 화면을 불러올 수 있는 import 화면(커맨드 + I), 프레이머 홈페이지의 도큐멘트 페이지를 볼 수 있는 Docs(커맨드 + D), 프레이머의 웹 인스펙트를 볼 수 있는 버튼 등이 있다. 스케치나 포토샵에서 파일을 불러오는 방법은 다음 장에서 자세하게 다룬다. 도큐멘트 화면은 코드를 기재하다가 자주 참고하게 되므로 단축키(커맨드 + D)를 외워 놓는 것이 좋다. 인스펙트 기능은 거의 사용하지 않는다.

〔**그림 8**〕 import(좌측), docs(중앙), inspect(우측) 화면

3. 코드 입력 창

코드를 입력할 수 있는 영역이다. 프레이머는 코드 기반 툴이기 때문에 실제로 가장 많은 작업을 하게 되는 영역이다.

i. 입력된 코드의 몇 번째 라인인지 표시된다. 가로로 길어서 여러 줄을 차지하는 하나의 줄 같은 경우, 숫자가 다음 줄로 넘어가기 때문에 숫자가 표시된 하나의 줄은 Enter를 눌러 다음 줄로 바꾼 것이라고 생각하면 된다.

ii. 앞에서 배운 오토코드 버튼이 있고, 세로로 긴 줄은 같은 기능을 하는 하나의 코드 그룹이라는 의미다. 아래 화면에서는 페이지 컴포넌트의 코드 그룹이 하나로 표시돼 있다.

iii. 탭 버튼을 눌러 인덴트를 들인 경우에는 조그만 ㄱ 꺾쇠가 표시된다. 인덴트를 넣는 의미는 윗줄 코드 안에 속해 있다는 의미다. 자바스크립트와 같은 다른 언어에서는 인덴트가 그저 사용자가 보기 편하게 하기 위해 기재하는데, 커피스크 립트를 사용하는 프레이머에서는 인덴트를 엄격하게 사용하고 있다. 따라서 인덴 트를 잘못 넣는 경우, 코드가 에러로 표시될 수 있기 때문에 반드시 인덴트 규칙을 지켜야 한다. 자세한 내용은 뒤의 커피스크립트 기본 문법을 배우면서 알아보자.

iv. #을 이용해 주석을 처리한 경우에는 프레이머상에서 코드로서 사용하지 않고 사용자에게 남기는 메시지로서 사용된다.

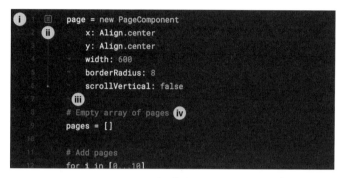

〔그림 9〕

4. 프리뷰 창

프레이머에서 작성되고 수정되는 일련의 과정들이 실시간으로 표시되는 결과 화면이다. 실제 기기에서 보는 것과 완전히 동일하다고 보면 될 것이다.

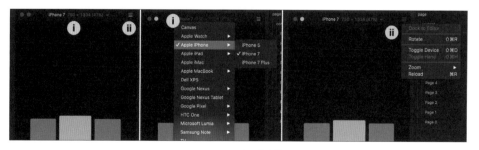

〔그림 10〕

i. 프리뷰 창의 상단 가운데 버튼을 누르면 기기의 종류와 해상도를 선택할 수 있다. 모바일, 태블릿, TV와 같은 기기를 선택하거나 **canvas**를 선택한 후 프리뷰 창의 모서리를 드래그해 원하는 사이즈의 해상도로 만들 수도 있다.

ii. 프리뷰 창 우측 상단에는 프리뷰가 실행되는 가상머신이 보여지는 모드를 변경할 수 있다. **Rotate**를 누르면 가로 모드로 회전하고, **Toggle Device**를 누르면 프리뷰 창에 기기의 외형이 보이거나 Toggle Hand로 손까지 보이게 만들 수도 있다. 메뉴 가장 밑의 **Reload** 버튼은 코드 창을 새로 불러오는 기능이다. 이는 빈번하게 쓰이는 기능이므로 단축키(command + R)를 외워 놓는 것이 좋다.

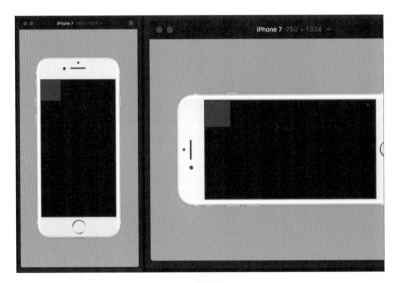

[그림 11]

5. 레이어 창

프레이머의 가장 우측에는 레이어 구조를 볼 수 있는 레이어 창이 보인다. 오토코드 모드일 때는 전체 레이어 구조가 보이는 화면이 아닌 오토코드로 수정되고 있는 레이어의 속성 창으로 변경된다.

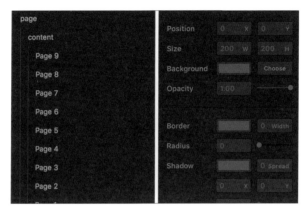

〔그림 12〕 가장 많이 보게 될 일반적인 레이어 창(좌측)과
오토코드 모드일 때 선택된 레이어의 속성만 보이게 되는 오토코드 속성 창(우측)

6. 업로드 버튼

프레이머 우측 상단에는 실제 기기에서 볼 수 있는 두 가지 방법의 버튼이 있다. 이를 통해 아이폰이나 안드로이드 폰에 작업한 결과물을 넣어 확인할 수 있다.

〔그림 13〕

i.   **로컬 네트워크**: 프레이머 작업을 하고 있는 맥이 연결된 와이파이와 업로드하려는 폰이 같은 와이파이에 연결돼 있으면 Access 코드를 이용해 기기에 바로 접속할 수 있다. 폰에서 프레이머 앱에 들어가면 같은 와이파이에 연결된 맥의 프레이머 프로젝트 파일 리스트가 나오는데, [그림 14]의 좌측 리스트 중에서 보려고 하는 프로젝트를 선택해 들어가면 Access 코드를 입력하라는 여섯 자리 숫자 입력 창이 나타난다. 이곳에 본인 맥에 보이는 Access code를 입력하면 된다.

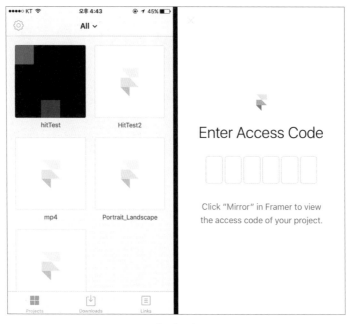

〔그림 14〕

ii.   **클라우드**: 프레이머 서버에 파일을 올려놓고 링크를 통해 타인에게 공유하거나 본인의 클라우드 서버에 저장해 놓고 결과물을 확인할 수 있다. 우측의 **upload** 버튼을 누르면 클라우드 서버로 업데이트되며(세이브가 돼 있는 상태여야 한다), 좌측의 대시보드 버튼을 클릭하면 본인의 클라우드 서버에 올려진 프로젝트 리스트를 웹 브라우저를 통해 볼 수 있다.

〔그림 15〕 프로젝트 리스트

프레이머 기본 화면 알아보기 – v.90 이상

이제 본격적으로 화면을 켜고 프레이머에 대해 차근차근 알아보자. 이번 장에서는 프레이머 화면에 어떤 기능이 있고, 화면상에서 어떤 작업을 수행할 수 있는지를 알아보자.

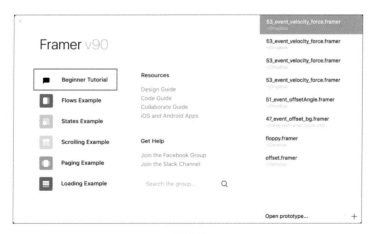

〔그림 1〕

먼저 프레이머를 실행했을 때 나타나는 스타트 페이지는 좌측에서 프레이머에서 기본적으로 제공하는 예제들을 볼 수 있는 리스트, 가운데에서 가이드와 같은 도움을 주는 페이지 링크, 우측에서 이전 작업들의 히스토리 리스트를 볼 수 있다. 좌측에 보이는 예제 중에서 Beginner Tutorial이라고 돼 있는 예제를 클릭해 들어가보자. 예제를 클릭하면 프레이머로 들어가고, 아래와 같은 화면이 나타난다. 이제 화면의 각 구성 요소를 알아보자.

V.90 버전부터 프레이머 안에서도 디자인 작업을 할 수 있도록 디자인 탭이 생겼다. 최초로 프레이머에 들어가면 이 디자인 탭이 기본적으로 보인다.

1. 디자인 탭, 코드 탭

프레이머 화면의 상단 중앙에는 디자인 탭과 코드 탭을 오갈 수 있는 토글 버튼이 있다. 디자인 탭은 화면을 만들고 화면상에 필요한 요소들을 만들어 디자인 작업을 할 수 있다. 코드 탭은 디자인된 요소들을 이용해 실질적인 움직임이나 인터랙션이 작동할 수 있도록 명령어를 추가하는 작업을 할 수 있다.

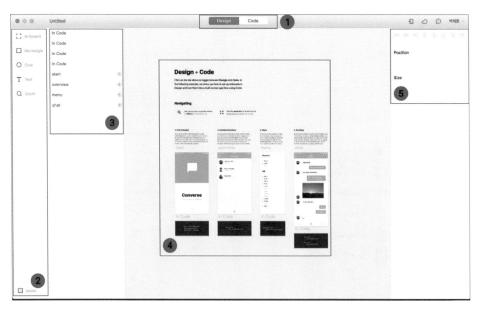

〔그림 2〕

2. 툴 탭

디자인 탭의 좌측에는 디자인에 필요한 툴을 모아 놓은 툴탭이 있다. 포토샵의 툴 탭처럼 사각형을 만들거나 텍스트 레이어를 만들 수 있다. 순서대로 아래와 같은 기능들이 있다.

아트보드

아트보드^{Artboard}는 프레이머에서 화면을 추가할 수 있다. 스케치의 도큐멘트를 만들어 새로운 화면을 만드는 것과 동일하고, 포토샵에서도 아트보드를 만들어 하나의 프로젝트 안에서 새로운 화면을 만드는 것과 동일하다. (i) 아트보드 버튼을 클릭하면 (ii) 화면 우측에 추가할 수 있는 화면들이 디바이스/해상도별로 나타난다. 이 중에서 추가하고 싶은 화면의 사이즈를 선택하면 (iii) 캔버스 화면에 새로운 화면이 추가된 것을 확인할 수 있다.

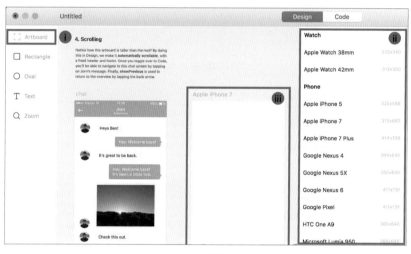

〔그림 3〕

렉탱글

렉탱글^{Rectangle}은 화면에 사각형 레이어를 그릴 수 있게 해준다. (i) 툴탭에서 Rectangle 버튼을 누르고 (ii) 캔버스의 아트보드 위에 드래그하면 사각형 레이어가 그려진다. 정사각형을 만들고 싶다면 Shift를 누른 채로 그리면 되고, Alt를 누른 채로 드래그하면 클릭 점을 중심으로 사각형이 그려진다. 레이어를 그릴 때 사각형 좌측 상단 부분에 있는 작은 점을 드래그하면 외곽선을 둥글게 만들 수 있다.

(iii) 그려진 사각형은 레이어 화면에 'Rectangle'이라는 이름으로 새로운 레이어로 추가된다. 사각형을 좀 더 정밀하게 수정하려면 우측의 **Properties** 속성을 수정하면 된다. 좀 더 자세한 내용은 뒤의 Properties 창에서 다룬다.

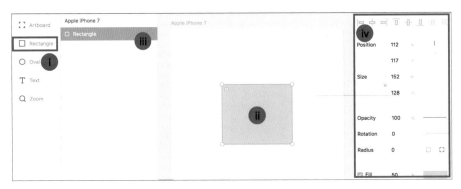

〔그림 4〕

Oval

프레이머에 원형 레이어를 추가할 수 있게 한다. 방법은 사각형과 동일하다.

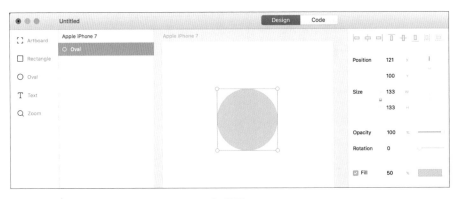

〔그림 5〕

Text

텍스트 레이어를 만들 수 있게 해준다. (i) 사각형 레이어를 만들 때와 동일하게 [Text] 버튼을 누른 후 (ii) 화면상에 입력하고 내용을 기재하면 된다. (iii) 레이어 이름은 입력한 내용과 동일하게 작성된다. (iv) 폰트를 바꾸려면 속성 창에서 폰트를 변경해주면 된다.

텍스트 레이어를 만드는 데는 두 가지 방법이 있다.

첫째, 캔버스 화면에서 사각형 레이어 만들 때와 동일하게 만들고자 하는 영역을 드래그해 영역을 정해준 후에 내용을 기재하는 방법이다.

둘째, 화면을 클릭하면 텍스트 레이어의 내용을 입력할 수 있는 깜빡이는 커서가 나타나는데, 이때 내용을 입력한 후 Enter를 누르면 전체 내용에 맞춰진 영역을 자동으로 전체 사이즈로 만들어주는 방법이다.

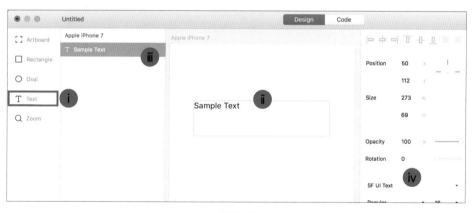

〔그림 6〕

Zoom

줌은 캔버스 화면을 확대/축소할 수 있다. (i) zoom 버튼을 누르면 현재 편집하고 있던 캔버스의 아트보드 화면 밑에 (ii) 그림과 같은 **확대/축소** 버튼이 생긴다. **플러스 마이너스** 버튼을 눌러 확대/축소할 수 있고, 가운데에는 전체 비율을 볼 수 있다. 보통은 Control+마우스 가운데 스크롤을 통해 확대/축소하거나 Command + 플러스 단축키를 통해 확대/축소한다.

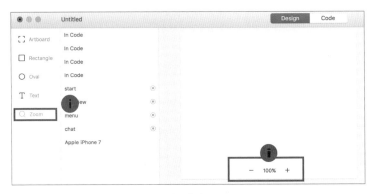

〔그림 7〕

Icons

UI 디자인상 자주 쓰는 아이콘들, 무난하게 사용할 수 있는 기본 아이콘들을 사용할 수 있다. (i) icons 버튼을 누르면 (ii) 우측에 아이콘 리스트들이 나타난다. 아이콘을 클릭하면 화면 중앙에 선택한 아이콘이 만들어진다. 원하는 위치에 만들려면 아이콘을 끌어당겨 원하는 위치에 떨어뜨려 놓을 수 있다. (iii) 서치 창은 찾고자 하는 아이콘 이름으로 검색할 수 있다. 예를 들어 'setting'이라고 입력하면 세팅에 관련된 아이콘들이 검색된다.

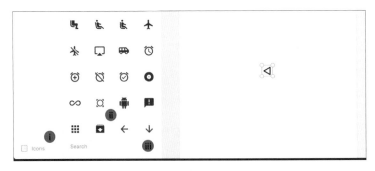

〔그림 8〕

3. 레이어 탭

화면상에 만들어진 레이어들의 리스트 볼 수 있다. 레이어 창에서 순서는 위에서부터 화면상에 위로 보이고 밑에 있는 레이어는 화면상에서 위의 레이어 밑으로 보인다. 레이어 순서를 바꾸려면 레이어를 선택한 후 드래그해 끌어당기면 된다.

(i) 레이어 창은 화면에서 현재 선택한 아트보드 화면의 레이어 리스트를 보여준다. (ii) 현재 선택한 화면의 레이어들의 리스트가 나타나고 레이어 종류에 따라 앞에 텍스트 레이어인지, 사각형 레이어인지 아이콘이 표시된다. 한 단 안쪽으로 들어가 있는 레이어는 위에 있는 레이어에 속해 있는 child 레이어다. 상위 레이어와 하위 레이어의 관계는 부모/자식 레이어로 볼 수 있는데, 이렇게 부모/자식 레이어로 설정하려면 레이어를 선택한 후 드래그해 레이어를 배치할 때 레이어 사이에 끌어 놓으면 해당 레이어 사이에 위치해 레이어 순서만 바뀌고, 특정 레이어에 끌어 놓으면 해당 레이어의 자식 레이어에 속하게 된다. (iii) 레이어 창에서 가장 중요한 기능으로, 화면상에 있는 모든 레이어가 코드 입력이 가능한 것이 아니다. 코드 창에서 기능을 넣어주려는 레이어들은 따로 코드 창에서 사용하겠다는 의미로 in Code 기능을 추가해줘야 하는데 레이어를 선택한 후 우측 끝에 점처럼 생긴 in code 버튼을 누르면 (iv) 코드 창으로 넘어갔을 때 아래 그림처럼 흰색의 눈에 띄는 글자로 돼 있는 레이어로 표시되며, 이름으로 코드를 쓰면 접근할 수가 있게 된다.

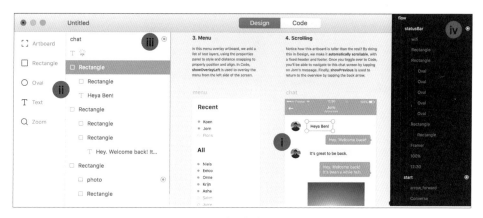

〔그림 9〕

4. Canvas

실제 디자인 작업이 진행되는 화면이다. 캔버스는 아트보드 화면과 아트보드 밖의 화면이 있는데, (i) 아트보드 밖의 화면을 클릭한 후 레이어를 만들면 주석과 같이 화면의 참고용으로 사용되고, 아트보드 밖의 레이어들은 실제 화면에서는 보이지 않게 된다. 디자인할 때 임의의 요소들이나 서브 요소들을 아트보드 밖에 두었다가 화면에 사용하기도 하고, 텍스트로 설명을 기재해 타인에게 전달할 주의사항이나 내용을 기재할 수도 있다. (ii) 아트보드를 클릭하면 레이어 창이 아트보드의 레이어를 표시하게 되는 것을 볼 수 있다. 레이어 창의 가장 상위에는 아트보드의 이름이 기재돼 있다. 아트보드 안에 레이어를 만들면 해당 화면에 자동으로 레이어가 보이면서 추가된다.

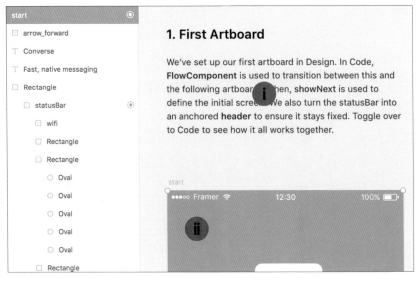

〔그림 10〕

5. Properties

속성 창은 레이어를 선택했을 때 레이어의 위치나 사이즈 같은 속성 정보들을 보여준다. 어떤 레이어를 선택하느냐에 따라 보이는 정보가 다른데, 기본적으로 위치, 사이즈, 투명도, 회전과 같은 정보는 공통적으로 갖고 있다. 레이어의 종류와 보이는 속성 창은 다음과 같다.

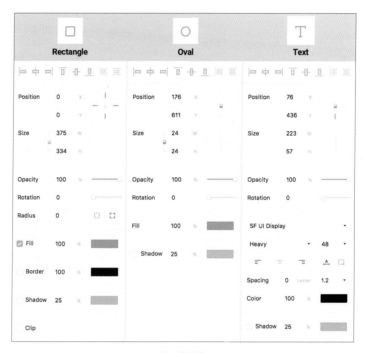

〔그림 11〕

- **Radius**: 사각형 레이어는 기본적인 속성과 더불어 Radius인 외곽을 둥글게 만드는 기능이 있다. 입력 창 안에 '10'을 입력하면, 10픽셀만큼 둥근 사각형이 된다. 4개의 모서리 중에서 특정 모서리만 둥글게 만들려면 우측 버튼을 눌러 각각의 Radius를 입력하면 된다.
- **Fill**: 선택한 레이어를 특정 색상으로 채운다. 입력 창 안에 퍼센트가 기재돼 있는 것은 이미지 레이어와 같은 경우 이미지 위에 특정 색상을 덧씌울 수 있기 때문이다. 색상 부분을 클릭하면 색상을 입력할 수 있는 상태가 된다.

- **Border**: 외곽선을 입력할 수 있다. 입력 창의 퍼센트는 외곽선 색상의 투명도를 의미한다. 외곽선을 사용하기 위해 체크박스를 누르면 하단에 외곽선의 두께를 입력할 수 있고, '10'을 입력하면 10픽셀 사이즈의 외곽선이 만들어진다.
- **Shadow**: 레이어의 그림자를 만들 수 있다. 입력 창은 그림자의 투명도를 입력할 수 있고, 우측에는 그림자의 색상을 변경할 수 있다. 그림자를 사용하기 위해 체크박스를 누르면 하단에 그림자의 X, Y 위치와 블러 정도를 입력할 수 있게 된다.
- **Text**: 텍스트 레이어의 속성에는 폰트를 지정하고 사이즈와 두께, 자간, 행간, 색상, 정렬 등을 지정할 수 있다.

이미지 레이어 만들기

디자인 소스에 이미지 레이어가 필요할 때 이미지를 캔버스로 드래그 앤 드롭하면 이미지 레이어가 자동으로 생성된다.

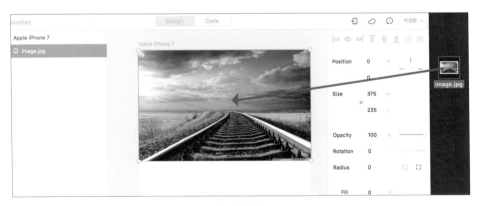

〔그림 12〕

코드 탭

코드 탭은 디자인 탭에서 디자인되거나 포토샵, 스케치와 같은 외부 프로그램에서 디자인된 레이어들을 실제 작동되도록 코드를 입력하는 창이다. 코드 탭의 구성 요소는 아래와 같다.

〔그림 13〕

i . 오토코드

화면의 좌측 상단에 보이는 layer, animation과 같은 메뉴가 있는 곳이 오토코드 메뉴를 모아 놓은 영역이다. 프레이머에서는 코드 기반으로 화면을 구성하고 움직이게 하는데, 코드를 일일이 치는 것이 여간 힘든 일이 아니다. 따라서 빈번하게 쓰이는 기본적인 기능을 이 오토코드 안에 넣어 놓고 쉽게 쓸 수 있도록 하고 있다. 오토코드에는 다음과 같은 다섯 가지 카테고리가 있다.

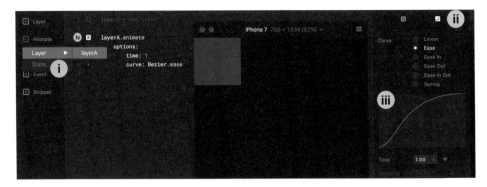

〔그림 14〕

- **Animate**: 만들어진 레이어에 애니메이션을 추가할 수 있다(반드시 하나 이상의 레이어가 만들어져 있는 상태여야 한다). 애니메이션 메뉴를 클릭하면 화면에 만들어진 레이어들의 리스트가 나오면서 어떤 레이어에 애니메이션을 만들 것인지 선택한다. (i) 위에서 만든 layer를 선택하면 (ii) 레이어 속성 창 상단에 우측 애니메이션 모드를 활성화해서 애니메이션 속성을 수정할 수 있다. 수정하는 수치는 (iii)의 그래프를 보면서 수정해도 되고, 코드 창에 직접 입력해도 된다. 애니메이션도 마찬가지로 (iv)의 버튼을 눌러 오토코드로 다시 들어갈 수 있다. 애니메이션에 대한 자세한 내용은 뒤에서 다룬다.

〔그림 15〕

- **State**: 스테이트는 레이어의 상태를 여러 개 저장해 놓았다가 필요한 상태를 꺼내 쓰는 기능이다. 애니메이션과 마찬가지로 만들어진 레이어 리스트가 나와서 스테이트를 추가할 수 있다. 스테이트에 대한 내용은 뒤에서 다룬다.

〔그림 16〕

- **Event**: Event: 레이어에 이벤트를 추가할 수 있다. 이벤트는 레이어를 클릭, 드래그했을 때 입력해 놓은 명령어가 실행되도록 만들 수 있다. 이벤트 메뉴를 보면 프레이머 안에서 실행할 수 있는 다양한 인터랙션 이벤트 종류가 나타난다. 이벤트에 대한 자세한 내용은 뒤에서 다룬다.

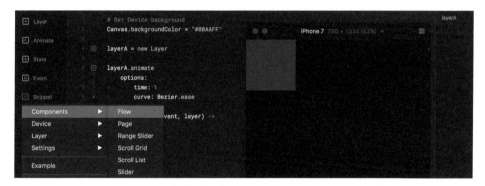

〔그림 17〕

- **Snippet**: 위의 네 가지 메뉴에 속하진 않지만, 빈번하게 쓰일 만한 여러 가지 컴포넌트들이나 여러 가지 기능들이 모여 있다. 스니펫 폴더에 코드를 저장해 놓으면 나만의 기능을 저장해 놓고 사용할 수 있다.

ⅱ. Import, Docs, Inspect

프레이머 좌측 하단에는 포토샵이나 스케치, 피그마에서 디자인된 화면을 불러올 수 있는 import 화면(커맨드 + I), 프레이머 홈페이지의 도큐멘트 페이지를 볼 수 있는 Docs(커맨드 + D), 프레이머의 웹 인스펙트를 볼 수 있는 버튼 등이 있다. 스케치나 포토샵에서 파일을 불러오는 방법은 다음 장에서 자세하게 다룬다. 도큐멘트 화면은 코드를 기재하다가 자주 참고하게 되므로 단축키(커맨드 + D)를 외워 놓는 것이 좋다. 인스펙트 기능은 거의 사용하지 않는다.

〔그림 18〕 import(좌측), docs(중앙), inspect(우측) 화면

ⅲ. 레이어 창

프레이머의 가장 우측에는 레이어 구조를 볼 수 있는 레이어 창이 보인다. 오토코드 모드일 때는 전체 레이어 구조가 보이는 화면이 아닌 오토코드로 수정되고 있는 레이어의 속성 창으로 변경된다.

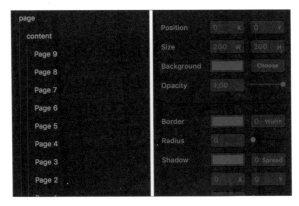

〔그림 19〕 가장 많이 보게 될 일반적인 레이어 창(좌측),
오토코드 모드일 때 선택된 레이어의 속성만 보이게 되는 오토코드 속성 창(우측)

iv. 코드 입력 창

코드를 입력할 수 있는 영역이다. 프레이머는 코드 기반 툴이기 때문에 실제로 가장 많은 작업을 하게 되는 영역이다.

a. 입력된 코드의 몇 번째 라인인지 표시된다. 가로로 길어서 여러 줄을 차지하는 하나의 줄 같은 경우, 숫자가 다음 줄로 넘어가기 때문에 숫자가 표시된 하나의 줄은 Enter를 눌러 다음 줄로 바꾼 것이라고 생각하면 된다.

b. 앞에서 배운 오토코드 버튼이 있고, 세로로 긴 줄은 같은 기능을 하는 하나의 코드 그룹이라는 의미다. 아래 화면에서는 페이지 컴포넌트의 코드 그룹이 하나로 표시돼 있다.

c. 탭 버튼을 눌러 인덴트를 들인 경우에는 조그만 ㄱ 꺾쇠가 표시된다. 인덴트를 넣는 의미는 윗줄 코드 안에 속해 있다는 의미다. 자바스크립트와 같은 다른 언어에서는 인덴트가 그저 사용자가 보기 편하게 하기 위해 기재하게 되는데, 커피스크립트를 사용하는 프레이머에서는 인덴트를 엄격하게 사용하고 있다. 따라서 인덴트를 잘못 넣는 경우, 코드가 에러로 표시될 수 있기 때문에 반드시 인덴트 규칙을 지켜야 한다. 자세한 내용은 뒤에 커피스크립트 기본 문법을 배우면서 알아보자.

d. #을 이용해 주석을 처리한 경우에는 프레이머상에서 코드로서 사용하지 않고 사용자에게 남기는 메시지로서 사용된다.

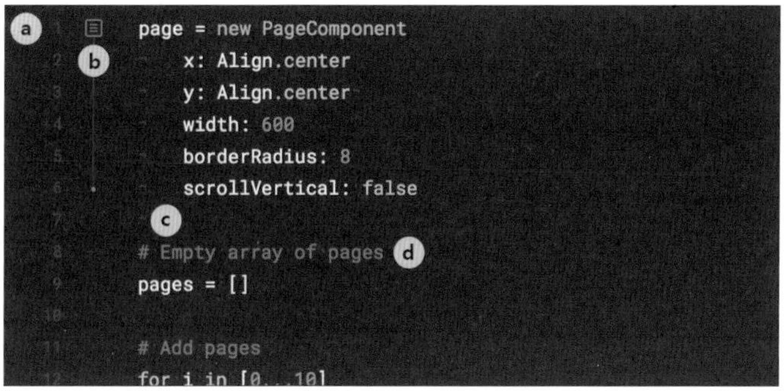

〔그림 20〕

v. 프리뷰 창

프레이머에서 작성되고 수정되는 일련의 과정들이 실시간으로 표시되는 결과 화면이다. 실제 기기에서 보는 것과 완전히 동일하다고 보면 될 것이다.

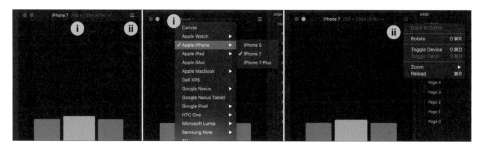

〔그림 21〕

i. 프리뷰 창의 상단 가운데 버튼을 누르면 기기의 종류와 해상도를 선택할 수 있다. 모바일, 태블릿, TV와 같은 기기를 선택하거나 canvas를 선택한 후 프리뷰 창의 모서리를 드래그해 원하는 사이즈의 해상도로 만들 수도 있다.

ii. 프리뷰 창 우측 상단에는 프리뷰가 실행되는 가상머신이 보여지는 모드를 변경할 수 있다. [Rotate]를 누르면 가로 모드로 회전하고, [Toggle Device]를 누르면 프리뷰 창에 기기의 외형이 보이거나 Toggle Hand로 손까지 보이게 만들 수도 있다. 메뉴 가장 밑의 [Reload] 버튼은 코드 창을 새로 불러오는 기능이다. 이는 빈번하게 쓰이는 기능이므로 단축키(커맨드 + R)를 외워 놓는 것이 좋다.

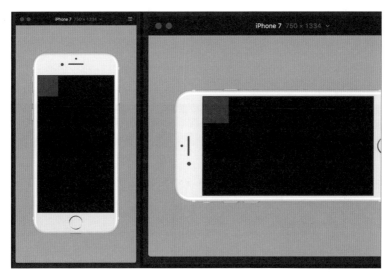

〔그림 22〕

vi. 업로드 버튼

프레이머 우측 상단에는 실제 기기에서 볼 수 있는 두 가지 방법의 버튼이 있다. 이를 통해 아이폰이나 안드로이드 폰에 작업한 결과물을 넣어 확인할 수 있다.

〔그림 23〕

a. 로컬 네트워크: 프레이머 작업을 하고 있는 맥이 연결된 와이파이와 업로드하려는 폰이 같은 와이파이에 연결돼 있으면 Access 코드를 이용해 기기에 바로 접속할 수 있다. 폰에서 프레이머 앱에 들어가면 같은 와이파이에 연결된 맥의 프레이머 프로젝트 파일 리스트가 나오는데, [그림 24]의 좌측 리스트 중에서 보려고 하는 프로젝트를 선택해 들어가면 Access 코드를 입력하라는 여섯 자리 숫자 입력 창이 나타난다. 이곳에 본인 맥에서 보이는 Access code를 입력하면 된다.

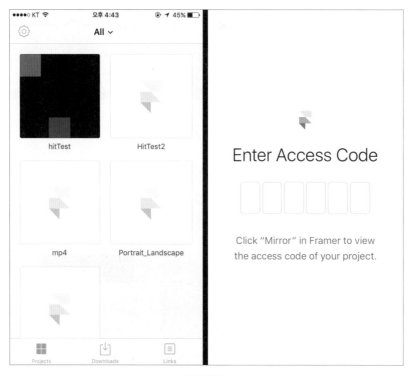

〔그림 24〕

b. 클라우드: 프레이머 서버에 파일을 올려놓고 링크를 통해 타인과 공유하거나 본인의 클라우드 서버에 저장해 놓고 결과물을 확인할 수 있다. 우측의 [upload] 버튼을 누르면 클라우드 서버로 업데이트되며(세이브가 돼 있는 상태여야 한다), 좌측의 대시보드 버튼을 클릭하면 본인의 클라우드 서버에 올려진 프로젝트 리스트를 웹 브라우저를 통해 볼 수 있다.

〔그림 25〕 프로젝트 리스트

c. 프레이머 문의: 프레이머 팀에게 채팅 창을 통해 문의 사항을 보낼 수 있다.

d. Profile: 프레이머 아이디로 로그인/로그아웃할 수 있다.

PSD 파일 레이어 정리

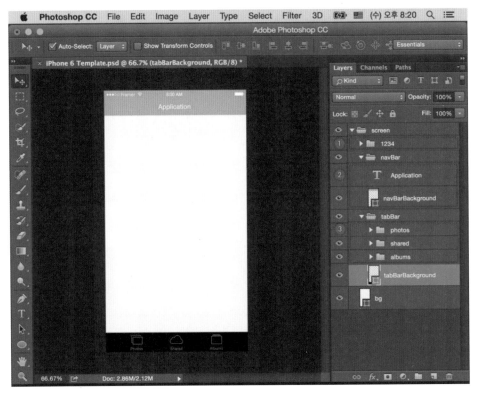

〔그림 1〕

프레이머로 PSD 파일을 임포트^{import}하려면 그림과 같이 이미지를 폴더로 묶어줘야 한다. 폴더로 묶인 이미지들은 하나로 머지^{merge}되거나 png 파일로 변환되면서 임포트되기 때문에 구조를 잘 생각하면서 레이어를 정리해야 한다. 주의할 점은 아래와 같다.

1. 레이어 이름 주의사항
    a. 숫자로 시작하는 그룹 폴더명 및 레이어명 사용 금지
    b. 폴더명 및 그룹 레이어명의 띄어쓰기는 _(언더바) 사용 추천

c. 실제 파일명으로 사용 불가능한 특수 문자는 그룹, 레이어명으로 사용 불가

d. 임포트되는 레이어는 레이어 눈 표시가 켜져 있는 레이어들만 임포트된다.

e. 레이어나 그룹 폴더에 투명도가 적용돼 있는 경우, 투명도가 적용된 상태로 이미지 생성

f. 중복되는 레이어 이름은 자동으로 중복되지 않는 이름으로 변환된다. 이름 뒤에 숫자가 붙는다.

숫자로 시작하는 이름의 폴더명은 가급적 사용하지 않도록 한다. 프레이머로 임포트 시 문제 없이 불러들일 수 있지만, 레이어 이름이 숫자로 돼 있는 상태에서 불러들여왔기 때문에 나중에 코딩할 때 레이어 이름이 아닌 함수로 인식할 수 있다. 그렇기 때문에 가급적 알파벳으로 시작하는 폴더명을 만들어주고, 띄어쓰기 또한 코딩 시 문제가 될 수 있으므로 _(언더바) 표시로 이름의 문장 간의 구분을 해주도록 하자. 폴더와 레이어의 투명도는 포토샵에서 적용한 상태 그대로 이미지에 적용된다. 그렇기 때문에 불투명한 상태의 이미지가 필요할 경우, 100%의 opacity 상태로 만들어주는 것 좋다.

1. 폴더 안에는 여러 개의 레이어가 들어가도 상관없으며, 비트맵, 벡터, 텍스트 모두 상관없다. 그리고 레이어 스타일이 적용돼 있어도 문제 없이 하나의 폴더가 하나의 이미지로 변환돼 임포트된다.

2. 폴더 그룹 안에 다른 폴더 그룹이 있다면 같은 이미지로 머지되는 것이 아니라 다른 이미지로 생성되며, 다만 하위 구조로 들어갈 뿐이다. 그렇기 때문에 폴더 안에 폴더의 계층hierarchy 구조를 만드는 것도 가능하다. 이때 tabBarBackground라고 돼 있는 벡터 레이어처럼 폴더로 만들어지지 않는 레이어가 tabBar라는 폴더에서 이미지로 만들어진다. 다시 말해서 tabBar라는 이미지 안에 photos 이미지, shared 이미지, albums 이미지가 포함되는 구조가 되는 것이다.

프레이머에서 임포트하기

포토샵은 켜둔 상태로 프레이머를 실행하자.

〔그림 2〕

1. 프레이머 메뉴의 file > import를 누르거나 import 단축 아이콘을 누른다.

2. Import again 메뉴는 한 번 부른 PSD를 업데이트할 때 사용된다. 같은 PSD 명은 기존에 있던 이미지들을 덮어씌우면서 새로운 레이어는 새롭게 추가하고, 이 전에 있던 레이어는 자동으로 삭제해준다.

3. 위와 같은 창이 나타나면서 현재 활성화돼 있는 sketch나 포토샵이 있는지 확 인한다. 임포트할 수 있는 파일이 있다면 우측 import 버튼이 활성화된다. 임포트 를 눌러 불러들이자.

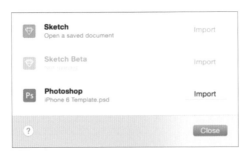

〔그림 3〕

확인하기

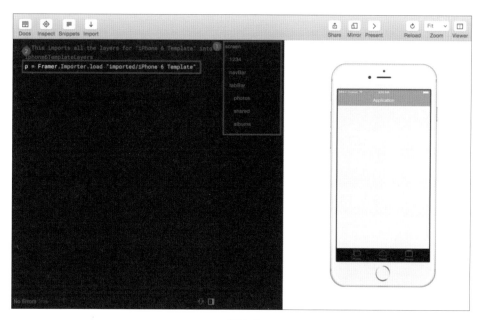

〔그림 4〕

1. 가운데 레이어 구조가 맞게 들어왔는지 확인하자. 빠진 레이어가 있다면, 포토샵에서 폴더로 만들어주지 않았거나 1번 과정에서 설명한 그룹 폴더명 규칙에 어긋나기 때문일 것이다. 또한 레이어 위에 마우스 커서를 올려 위치와 사이즈도 맞게 들어왔는지 확인하자. 가끔 레이어 사이즈가 화면 전체로 인식되는 경우가 있다. 이때에는 숨겨진 레이어나 투명도가 0%로 들어간 레이어가 해당 폴더 내에 있는지 확인해줘야 한다. 레이어의 좌표는 상위 레이어의 상대 좌표로 표시된다. photos 레이어 좌표 같은 경우에는 화면 좌측 최상단(x : 0, y : 0)에서부터 좌표가 계산되는 것이 아니라 tabBar의 좌표인 (x : 0, y : 1236) 좌표에서부터 계산되기 때문에 포토샵에 표시되는 절대 좌표인 (x : 132, y : 1250)로 표시되지 않고, (x : 132, y : 14)로 표시된다.

2. 포토샵 파일 임포트 시 다음과 같은 코드가 자동 생성된다. 임포트 시 자동으

로 레이어 이미지들을 png로 만들어 프레이머 폴더 안의 imported 폴더 안에 복사한 후에 포토샵 레이어 위치에 따라 불러들인다. 따라서 해당 코드는 imported 폴더 안의 이미지들을 불러들이라는 의미가 되며, 가장 앞의 'p' 부분에는 불러들인 포토샵 레이어에 대한 그룹명을 정해주는 것이다. 이 부분은 사용자가 임의로 이름을 바꿔줘도 된다. 프레이머상에서 레이어에 코드를 적용할 때 navBar라는 레이어에 코드를 적용하려면 레이어명 앞에 p.navBar라는 그룹명을 함께 적어주면 된다.

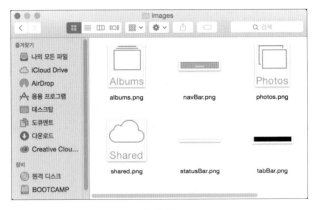

〔그림 5〕

● 프레이머 폴더 안의 imported/ PSD 이름 /images에 들어가보면, 위와 같이 레이어 이름으로 추출된 이미지들을 볼 수 있다.

3. 만약, 레이어가 잘못 생성돼 있거나 변경된 디자인을 다시 임포트해야 한다면 import again 버튼을 누르면 된다.

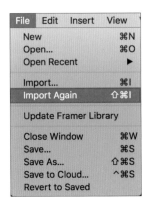

〔그림 6〕

요약

1. PSD 정리 요령은 이미지로 추출할 레이어들을 폴더로 묶어주면 된다.

2. 폴더 안의 폴더 구조로 제작할 수 있다.

3. 레이어 이름은 숫자로 시작되면 안 되고, 띄어쓰기보다는 언더 바 표시를 해줘야 한다. 또한 특수 문자는 파일명으로 사용할 수 없다. 프레이머의 import 버튼을 누르면 현재 활성화돼 있는 psd 파일을 임포트한다. import again 버튼을 통해 수정된 psd 파일의 업데이트가 가능하다.

프레이머 홈페이지 알아보기

프레이머 홈페이지에는 프레이머 학습에 필요한 여러 가지 정보들과 예제 자료들이 있다. 이번 장에서는 홈페이지에 어떠한 요소들을 이용할 수 있는지 그리고 프레이머를 사용하다가 막히는 곳이 있다면 어느 곳에서 어떻게 도움을 받아야 하는지를 알아보자.

이전 장에서 프레이머 홈페이지에 접속해 프레이머를 다운로드하는 방법을 알아봤기 때문에 프레이머 Framer.com에 접속해야 한다는 것은 알고 있을 것이다(상세 주소는 https://framer.com).

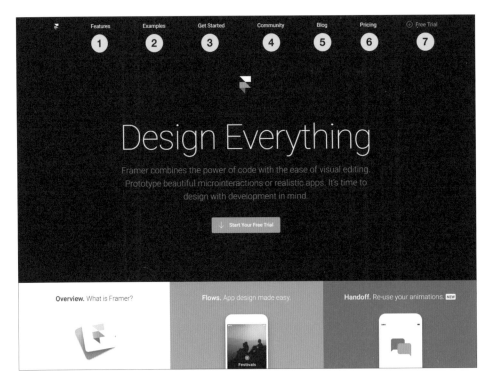

〔**그림 1**〕 프레이머 홈페이지 화면

Features 페이지

Features 페이지는 프레이머의 주요한 기능이나 특징들을 설명해 놓은 페이지다. 다른 프로토타이핑과의 차이점이나 디자인 프로세스에서 프레이머를 사용하면 좋은 점과 같은 정보가 잘 정리돼 있다. 또한 새로운 기능이 추가될 때마다 Features 페이지에 업데이트되기 때문에 가끔씩 들어가서 읽어보는 것이 좋다.

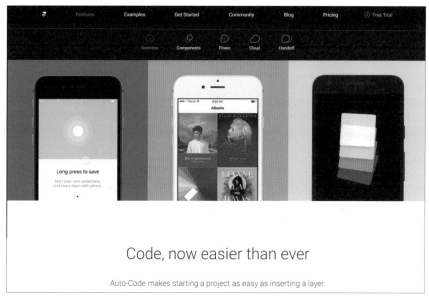

〔그림 2〕 Features 페이지

Examples 페이지

세계 여러 디자이너들이 프레이머로 만든 작품들이 업로드돼 있는 페이지다. 프레이머 운영진에 의해 엄선된 작업이 업로드돼 있기 때문에 깔끔한 디자인과 수준 높은 코딩으로 작업된 페이지의 작업들을 볼 수 있다. 상단 메뉴에는 디바이스별로 탭 메뉴가 보이는데 스마트와치, 폰, 태블릿, 데스크톱 등의 다양한 디바이스에서 만들어진 프로젝트들을 볼 수 있다.

〔그림 3〕 Examples 페이지

Get Started 페이지

프레이머를 처음 시작하는 사람에게 필요한 정보, 프레이머 사용 방법, 클라우드 이용 방법 등이 기재돼 있고, 프레이머에서 사용할 수 있는 모든 코드가 정리된 도큐멘테이션 페이지가 있다. 프레이머를 학습하다가 궁금한 점이 생겼을 때 들어오게 되는 페이지다. 또한 도큐멘트 페이지는 프레이머 안에서 Command+D를 통해 단축키로 지정될 만큼 가장 많이 보게 되는 페이지다.

〔그림 4〕 Docs 페이지

Community 페이지

각국의 프레이머 관련 커뮤니티와 밋업 정보를 보여주는 페이지다. 국내에는 페이스북 커뮤니티가 있고, 주소는 https://www.facebook.com/groups/framerkorea/로 돼 있다. 프레이머와 관련된 궁금증이나 해결할 수 없는 문제들은 이 프레이머 코리아 페이지에 문의하면 다른 실무자들이 친절하게 알려준다.

〔그림 5〕 프레이머 홈페이지 커뮤니티 화면

Blog 페이지

뉴스나 블로거들이 써 놓은 프레이머 관련 글들을 모아 놓은 페이지다. 프레이머 내부적인 기능 외에 외부적인 모듈을 사용하는 방법이나 프레이머를 더 잘 사용할 수 있는 방법 등과 같은 정보들이 다양한 블로거들을 통해 올라와 있고, 이 블로그 페이지를 통해 한눈에 볼 수 있다.

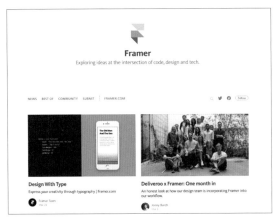

〔그림 6〕 프레이머 관련 블로그 화면

Pricing

프레이머의 이용 가격에 대한 정보를 볼 수 있고, 해당 페이지에서 바로 구매할 수 있다. 한 계정당 최대 2대의 맥에 설치할 수 있다. 회사에서 단체로 이용할 때 사용하는 엔터프라이즈Enterprise 라이선스가 있다. 가격 정책이나 구매에 대해 궁금한 점이 있다면, 우측 하단의 채팅 버튼을 눌러 프레이머 판매 담당자에게 바로 메시지를 보낼 수 있다.

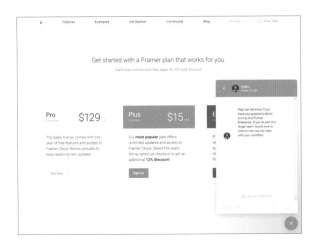

〔그림 7〕 프레이머 구매 페이지

Free Trial

마지막으로 이전 챕터에서 다룬 무료 버전 다운로드 페이지가 있다. 무료 버전은 15일간 이용할 수 있으며, 유료 버전과는 기능적인 차이가 없다. 따라서 15일간 편하게 무료 버전을 이용한 후에 구매해보는 것도 좋은 방법이다.

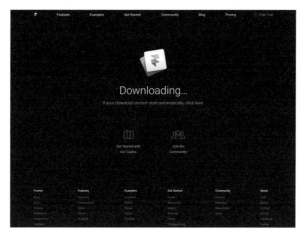

〔**그림 8**〕 프레이머 다운로드 페이지

04
레이어

레이어 알아보기

이제 본격적으로 프레이머를 시작해보자. 보통 프로토타이핑을 시작할 때 디자인된 화면은 보통 스케치나 포토샵을 통해 불러오지만, 프레이머 안에서 레이어를 만들어 코딩으로 화면을 그려 나가는 것도 가능하다. 이번 장에서는 프레이머의 가장 기초적인 기능인 레이어를 만들고 어떻게 수정할 수 있는지 그리고 레이어와 관련된 기능에는 무엇이 있는지 알아본다.

이 책의 구성은 각 장별로 해당 기능에 대해 어떤 코드들을 사용할 수 있는지 전체적으로 알아보고, 그 후에 실무 예제를 하면서 앞서 배웠던 코드들이 실제로 어떻게 사용되는지 배운다. 이번 레이어도 마찬가지로 먼저 레이어에 대한 전체적인 코드들을 훑어본 후에 그 코드들이 실무에서 어떻게 사용되는지 알아본다.

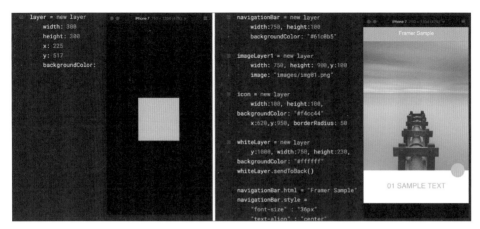

[그림 1] 좌측처럼 레이어의 기능 하나하나를 배운 후에
우측 화면과 같이 실무 예제를 통해 실제로 코드가 어떻게 사용되는지 알아본다.

Print

앞의 커피스크립트 기본편에서 설명했지만, 본격적으로 레이어의 기능을 알아보기 전에 다시 한 번 복습하는 의미로 출력 기능에 대해 알아보자. print 명령어를 사용하면 우측 화면에 메시지 칸이 나타나며, print로 출력한 내용이 보인다. print는 자바스크립트의 console.log와 같으며, 변수를 확인해볼 때 사용된다. 아래 코드는 결과값으로 Hello world라는 문자가 출력된다. 보통 입력한 값이나 명령어가 제대로 작동하는지 확인하기 위해 출력하는 기능이라 보면 될 것이다.

```
1    print "Hello world"
```

아래에는 layer1의 x, y 좌표가 표시된다. 또한 쉼표를 붙여 여러 값을 동시에 출력할 수 있다.

```
1    Layer1 = new Layer
2    Layer1 = new Layer
3
4    print layer1.id, layer2.id
```

〔그림 2〕 프레이머의 우측 화면상에서 프린트된 입력값을 확인할 수 있다.

레이어 생성과 수정

레이어는 프레이머에서 기본적인 용기로 사용된다. 이 용기에는 이미지, 비디오 파일, 텍스트가 들어갈 수 있다. 레이어는 좌푯값을 정의할 수 있는 숫자 데이터나 외형을 설정할 수 있는 특성들(투명도의 opacity, 회전값의 rotation, 크기의 scale 등)을 통해 형태를 변경할 수 있다.

레이어 만들기

레이어를 만들려면 'new'라는 키워드를 사용해야 한다. 모든 레이어는 기본 설정값이 있는데, 회색 배경에 폭과 너비가 200, 좌표는 (0, 0)의 레이어가 기본값이다.

```
1    layer1 = new Layer
```

레이어의 좌푯값이나 사이즈를 설정하려면 아래와 같이 입력한다.

```
1    layer1 = new Layer
2    layer1.x = 100
3    layer1.y = 100
```

위의 코드는 layer1의 x 좌표를 100으로 입력하겠다는 의미고, 세 번째 줄은 layer1의 y 좌표를 100으로 입력하겠다는 의미다.

또는 레이어를 만들어줄 때 한 번에 설정할 수 있다. 이때 두 번째 줄에서는 탭을 눌러 인덴트를 주는 것이 중요하다.

```
1    layer1 = new Layer
2        x : 100
3        y : 100
```

하단으로 길게 나열되는 것이 불편하다면, 아래와 같이 괄호로 정리하는 방법도 있다. 이러한 코딩 스타일은 개인의 취향에 따라 습관을 만들면 될 것이다.

```
1    layer1 = new Layer ( x : 100, y : 100 )
```

〔**그림 3**〕 세 가지 스타일 모두 layer1이라는 레이어가 만들어지고, x : 100 y : 100 좌표가 적용될 것이다.

오토코드

레이어 입력 시 오토코드를 이용하면 코드를 쓰지 않고도 레이어를 수정할 수 있다. 먼저 layer1을 만들어보자.

〔**그림 4**〕

코드 입력 창 좌측의 사각형 아이콘을 눌러보자. [그림 5]처럼 레이어 창이 레이어 속성 창으로 변환되는 것을 볼 수 있을 것이다.

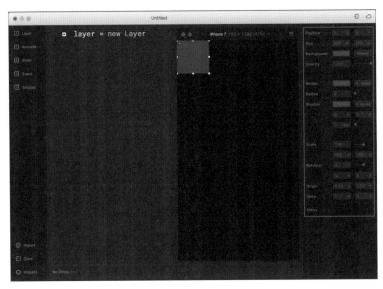

〔그림 5〕

변환된 레이어 에디트 창을 통해 레이어의 여러 가지 속성을 변화시켜보고, 속성을 추가
시켜볼 수 있다. [그림 6]과 같이 우측 코드 입력 창에 수정된 레이어 속성의 코드 값이 자
동으로 입력된 것을 확인할 수 있다. 이처럼 오토코딩을 통해 레이어의 수정을 비주얼적
으로 확인하면서 쉽고 간편하게 변경할 수 있다.

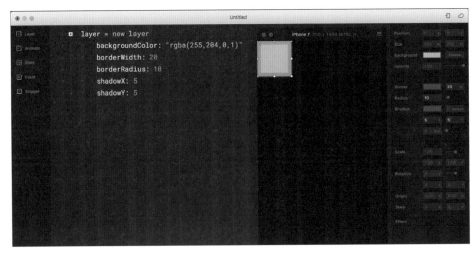

〔그림 6〕

레이어 id

레이어를 구분할 수 있는 고유한 번호다. 다른 레이어와 중복되지 않으며, 읽기만 가능하기 때문에 변경이 불가능하다. 아래 코드의 결과값으로는 layer1에 대한 아이디인 1이 나온다. layer2, layer3을 만들어주면 가가 아이디 2, 3으로 지정된다. 아래 코드는 layer1에 대한 id 값을 출력하라는 내용이다.

```
1    layer1 = new Layer
2    layer2 = new Layer
3    print layer1.id, layer2.id
```

〔그림 7〕 layer1과 layer2에 대한 id 값이 출력된다.

레이어 이름

레이어의 이름을 지정할 수 있다. 프레이머상에서 레이어를 만들어주면 처음에는 이름이 지정돼 있지 않다. 포토샵이나 스케치에서 임포트된 이미지 같은 경우에는 포토샵에서 지정된 이름으로 레이어 이름이 정해져 있다. 아래 코드는 layer1에 "김철수"라는 이름을 지어주고, 세 번째 라인에 이름을 출력해보는 코드다.

```
1    layer1 = new Layer
2    layer1.name = "Kim chul su"
3    print layer1.name
```

〔그림 8〕

Layer 좌표

레이어 좌표 layer.x 또는 layer.y

레이어의 x 좌표를 정의한다. 좌표의 기준점은 레이어의 좌상단 꼭짓점이다. 아래 코드는 layer1을 x 좌표로 100만큼, y 좌표로 100만큼 이동시킨다.

```
1   layer1 = new Layer
2       x : 100
3       y : 100
```

레이어의 x, y 좌표는 먼저 기재한 것처럼 위와 같은 형식으로 기재하면 된다. 또한 프레이머는 3d 좌표인 z축을 입력할 수 있다.

```
1   layer1 = new Layer
2       z : 500
```

layer.z는 레이어의 z 좌표를 정의한다. z 좌표는 깊이로도 표현된다. z축으로 좌표가 높아질수록 시점에서 멀어지기 때문에 레이어의 크기가 작아 보인다. 3d로 화면을 확인하려면 상위 레이어의 perspective 명령어를 활성화해줘야 3d로 보인다. 또한 2d상에서는 레이어 index에 따라 위아래 순서가 정해지기 때문에 index가 낮은 레이어는 index가 높은 레이어에 가려져 보이지 않게 되는데, 3d상에서는 이러한 index 값과 상관없이 z축의 좌표상으로 레이어가 가려져 보이지 않게 될 수도 있다. 쉽게 말해 멀리 있는 레이어는 가까이에 있는 레이어에 가려져서 안 보일 수 있다는 것이다. 같은 z축 좌표의 레이어들은 index 값으로 위아래가 판명된다.

〔**그림 9**〕 z 좌표에 '-500'을 입력했을 때 레이어는 뒤쪽으로 밀려났기 때문에
그림과 같이 아래로 내려온 것처럼 보인다.

레이어 좌표 layer.minX, layer.midX, layer.maxX

a. layer.minX

레이어의 좌측 모서리의 좌푯값이다. layer.x와 동일하다. 아래 코드는 layer1의
좌상단 모서리 좌표를 x : 100, y : 100으로 변경한다.

```
1    layer1 = new Layer
2        minX : 100
3        minY : 100
```

b. layer.midX

레이어의 중앙 좌푯값이다. 아래와 같이 화면 중앙에 위치하도록 할 수 있다. 아래
코드는 layer1의 중앙값을 화면 폭과 높이의 2분의 1에 해당하는 지점, 즉 화면 중
앙으로 만든다.

```
1    layer1 = new Layer
2        midX : Screen.width    2
3        midY : Screen.height  / 2
```

c. layer.maxX

레이어의 우측 끝 좌푯값이다. 아래와 같이 화면 끝지점에 위치하도록 할 수 있다.

```
1    layer1 = new Layer
2        maxX : Screen.width
3        maxY : Screen.height
```

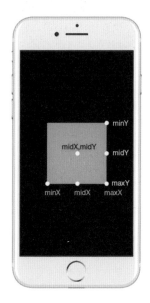

(**그림 10**) 각 레이어의 포인트별 위치

layer.point〈오브젝트〉

레이어의 좌푯값을 입출력할 수 있다. 아래 코드는 layer1의 좌표를 x와 y 모두 500으로 한꺼번에 입력시켜줄 수 있는 코드다.

```
1    layer1 = new Layer
2    layer1.point =
3        x : 500, y : 200
```

〔그림 11〕

layer.center()

해당 레이어를 상위 레이어의 중앙으로 좌표를 옮긴다. 상위 레이어가 없을 경우에는 화면 중앙으로 맞춘다. 아래 코드처럼 layer1을 화면의 정중앙으로 옮길 수 있고, layer1. centerX( )는 X축으로만 중앙으로 입력하는 것이고, layer2.centerY( )는 y축으로만 중앙으로 입력하는 것이다.

```
1    layer1 = new Layer
2    layer1.center()
```

〔그림 12〕 .center() 사용 시 화면 정가운데에 위치한다.

layer.pixelAlign()

레이어 좌표의 소수점을 반올림해 픽셀에 정확하게 맞춘다. Layer.center를 통해 중앙 좌표로 만들었을 경우, 소수점으로 표시돼 이미지가 살짝 깨져 보이는 경우가 있는데, 이 경우 pixel Align을 사용하면 된다.

```
1    layer1 = new Layer
2        x : 100.1234, y : 100.5678
3    layer1.pixelAlign()
4    print layer1.x, layer1.y
```

〔**그림 13**〕 pixelAlign을 이용하면 소수점 아래의 좌표가 지워져 정수로 변환된다.

layer.frame

레이어의 좌표, width, height의 값을 입출력할 수 있다. 아래 코드는 layer1의 좌표와 위치 사이즈를 한 번에 입력할 수 있다.

```
1    layer1 = new Layer
2    layer1.frame = { x : 200, y : 200, width : 400, height : 400 }
```

〔그림 14〕

layer.screenFrame

레이어의 좌표를 상위 레이어의 상대 좌표가 아닌 화면상의 절대 좌표로 입출력할 수 있다. 아래 코드와 같이 layer2가 layer1에 들어가 있는 경우, 입력한 x 좌표 100 외에 원래 layer1의 x 좌표에 영향을 받아 x 좌표의 절대 좌표가 200으로 나오는데, layer2의 좌표를 수정한다 해도 layer1에 종속돼 있는 이상, 항상 x : 100의 좌표에 영향을 받을 수밖에 없다. screenFrame은 이러한 상위 구조의 상대 좌표에 상관없이 화면상에 보이는 절대 좌표로 입력할 수 있다.

```
1   layer1 = new Layer
2       x : 100
3   layer2 = new Layer
4       x : 100, parent : layer1
5   print layer2.screenFrame
```

» {width:200, height:200, x:200, y:0}

〔그림 15〕

118

layer.contentFrame( )

레이어 콘텐츠 프레임은 해당 레이어에 속해 있는 콘텐츠들의 좌표와 크기값을 보여준다.

```
1   layer1 = new Layer
2   layer2 = new Layer
3       parent : layer1, x : 300
4   layer3 = new Layer
5       parent : layer1, y : 500
6   print layer1.contentFrame()
```

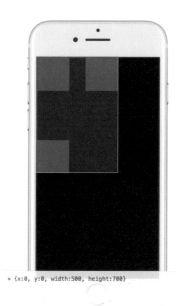

〔**그림 16**〕 contentFrame으로 layer1에 속한 layer2와 layer3의 전체 사이즈와 위치가 출력된다.

layer.originX

레이어의 중심점 좌표를 변경한다. 중심점을 변경하면 scale, rotate, skew와 같은 기능이 이 중심점에 따라 변경된다. 예를 들어, originX의 값을 변경하지 않고 scale 값에 2를 입력하면, 크기가 레이어의 중앙값으로 커지지만, originX의 값에 '0'을 입력하면 좌측을 기준으로 scale이 커진다. 아래 코드는 layer1의 중앙값을 −1로 입력하게 되므로 레이어 안에 중앙값이 있는 것이 아니라 레이어의 좌측 상단 부분으로 중앙값이 옮겨진다. 그 상태에서 스케일이 3 커지기 때문에 결과적으로 우측 하단으로 이동해 표시된다.

```
1    layer1 = new Layer
2        originX : 1, originY : -1, scale : 3
```

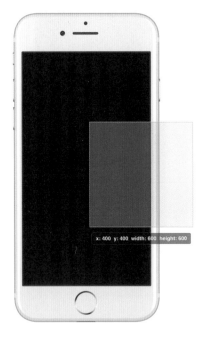

〔그림 17〕

Layer 크기

layer.width, layer.height

레이어의 폭^{width}, 높이^{height}값을 정한다. 하단의 코드는 layer1을 폭 500, 높이 250으로 만든다.

```
1    layer1 = new Layer
2    layer1.width = 500
3    layer1.height = 250
```

〔그림 18〕

layer.size

레이어의 폭^{width}, 높이^{height}값을 동시에 입력할 수 있다.

```
1    layer1 = new Layer
2    layer.size = { x : 500, y : 500 }
```

〔그림 19〕

layer.scale

레이어의 현재 사이즈를 1을 기준으로 배수로 키우거나 작게 만들 수 있다. 레이어의 가운데를 중심으로 사이즈가 변경된다. 아래와 같이 입력하면 원래 사이즈인 width : 200, height : 200의 2배가 되므로 width : 400, height : 400의 큰 사각형 레이어가 된다. 하지만 레이어 중앙을 중심으로 커지기 때문에 좌측 부분과 상단 부분은 화면 바깥으로 삐져나가는 것을 볼 수 있다. 하단의 코드는 layer1을 2배로 커지게 만든다.

```
1    layer1 = new Layer
2    layer1.scale = 2
```

〔**그림 20**〕 레이어의 중심점으로 크기가 커지기 때문에 좌측과 상단은 화면 밖으로 나와 보인다.

layer.scaleX〈숫자 데이터〉

레이어를 x 좌표로만 사이즈를 변경한다. y 좌표의 사이즈 변경은 scaleY를 사용하면 된다. 하단의 코드는 layer1을 x축으로만 2배로 커지게 만든다.

```
1    layer1 = new layer
2    layer1.scaleX = 2
```

〔그림 21〕

레이어 회전

layer.rotation

레이어의 회전값을 입출력한다. X, Y, Z축으로 입력 가능하며, 하단의 코드는 layer1을
X, Y, Z축으로 각각 45도씩 회전하게 만든다.

```
1    layer1 = new Layer
2    layer1.rotation = 45
```

〔그림 22〕

layer.rotationX

레이어의 3d 회전을 입력한다. rotationX는 x축 회전, rotationY는 y축 회전, rotationZ 는 z축으로 회전한다. z축 회전은 2d 회전과 같아 보이지만, 다른 회전축과 사용될 때 필 요하다. 축별 차이점은 아래와 같다.

```
1  layer1 = new Layer
2  layer1.rotationX = 45
```

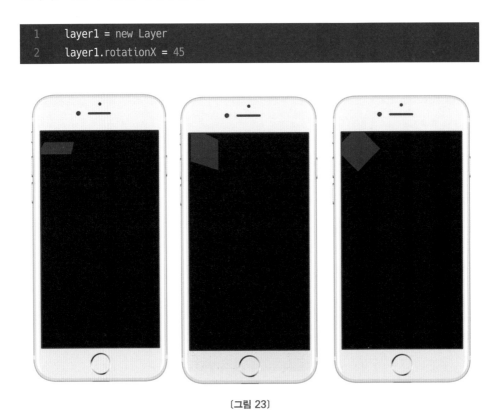

〔그림 23〕

레이어 시각화

layer.visible〈boolean 데이터〉

레이어의 시각화를 끄거나 켤 수 있다. Boolean 값인 true와 false 값이 입력될 수 있고, yes나 no 또한 입력이 가능하다. 하단의 코드는 layer1의 시각화를 꺼줘 화면상에서 보이지 않게 만든다.

```
1    layer1 = new Layer
2    layer1.visible = false
```

〔그림 24〕 생성된 layer1의 시각화가 바로 꺼지기 때문에 화면상에는 아무것도 보이지 않는다.

layer.opacity〈숫자 데이터〉

레이어의 투명도를 조절할 수 있다. 0에서 1 사이의 숫자를 입력할 수 있고, 1이 투명도 100%, 0이 투명도 0%인 상태를 의미한다. 하단의 코드는 흰색 색상 layer1의 투명도 값을 절반으로 만든다.

```
1    layer1 = new Layer
2        backgroundColor : "#FFFFFF"
3    layer1.opacity = 0.5
```

〔**그림 25**〕 #FFFFFF은 흰색의 컬러 코드다. 흰색의 투명도를 절반으로 입력했기 때문에 회색으로 보인다.

layer.clip〈boolean 데이터〉

프레이머 하위 버전에서 레이어가 child로 되면 parent 레이어의 사이즈에 맞춰 자동으로 잘려 보였지만, 프레이머가 버전업되면서 바뀌었다. 밑에 있는 이미지의 좌측이 디폴트 상태이며, 하단의 코드는 layer1의 클립 기능을 활성화시켜 layer2를 layer1의 사이즈 영역에 맞춰 보이게 만든다.

```
1    layer1 = new Layer
2    layer2 = new Layer
3        width : 400, height : 400, parent : layer1
4    layer1.clip = true
```

〔그림 26〕 좌측은 디폴트 상태이며, clip이 false된 상태다.
우측은 코드를 입력해 clip이 true된 상태이며, layer1 밖으로 나온 부분이 사라져서 보이지 않는 것을 알 수 있다.

레이어 구조 만들기

layer.parent

해당 레이어의 부모 레이어가 어느 것인지 입력할 수 있다. 부모 레이어 이름 대신 null 값을 입력하면 부모 레이어가 없는 가장 상위 레이어로 설정된다. 아래 코드는 layer1을 layer2의 부모 레이어로 만든다. 우측의 레이어 구조 창을 보면 layer2가 layer1에 포함된 것을 확인할 수 있다.

```
1    layer1 = new Layer
2    layer2 = new Layer
3    layer2.parent = layer1
```

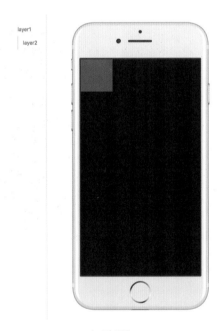

〔그림 27〕

layer.children

해당 레이어의 서브 레이어 정보를 볼 수 있다. 아래 코드는 layer1의 모든 서브 레이어들의 리스트를 출력해볼 수 있다.

```
1    layer1 = new Layer
2    layer2 = new Layer
3        parent : layer1
4    layer3 = new Layer
5        parent : layer1
6    print layer1.children
```

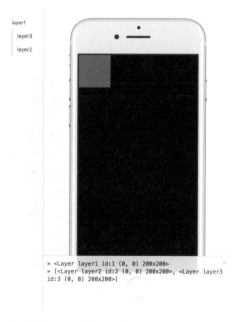

[그림 28] layer1에 layer2와 layer3이 포함된 구조다.
Output : [〈Object :Layer layer2〉, 〈Object :Layer layer3〉]이라고 출력된다.

subLayersByName(레이어 이름)

해당 레이어 이름을 갖고 있는 레이어를 검색할 수 있다. 아래 코드는 '바나나'라는 이름을 가진 레이어가 layer1의 서브 레이어 중에 어떤 레이어인지 출력한다.

```
1    layer1 = new Layer
2    layer2 = new Layer
3        name : "apple", parent :layer1
4    layer3 = new Layer
5        name : "banana", parent : layer1
6    print layer1.subLayersByName("banana")
```

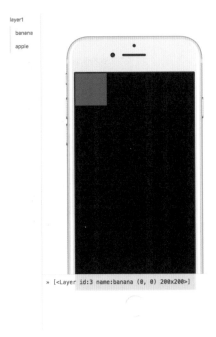

» [<Layer id:3 name:banana (0, 0) 200x200>]

〔그림 29〕 layer1의 서브 레이어 중에서 "banana"라는 이름을 가진 레이어를 찾게 되고, 해당 레이어를 출력해주기 때문에 # Output : 〔〈Object :Layer layer3〉〕이라고 출력된다.

addChild

괄호 안의 레이어를 해당 레이어의 서브 레이어로 종속시킨다. 아래 코드는 layer2를
layer1의 서브 레이어로 만든다.

```
1    layer1 = new Layer
2    layer2 = new Layer
3    layer1.addChild(layer2)
```

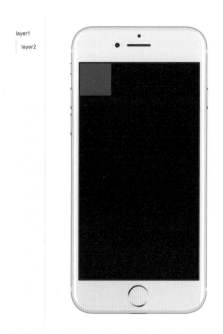

〔그림 30〕 layer2가 layer1에 포함되는 것을 볼 수 있다.

removeSubLayer(레이어 이름)

해당 레이어의 서브 레이어를 등록 해제한다. 괄호 안에 레이어 이름을 넣는다면 그 레이어가 상위 레이어로 옮겨진다. 이때 레이어의 구조는 원래 레이어의 바로 위로 올라간다. 아래 코드는 layer1에 속해 있던 서브 레이어 2를 다시 바깥으로 꺼낸다.

```
1    layer1 = new Layer
2    layer2 = new Layer
3        parent : layer1
4    layer1.removeSubLayer(layer2)
```

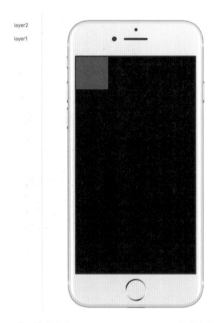

〔그림 31〕 layer2를 layer1에 포함시킨 후 removeSubLayer를 통해 레이어 종속 관계를 지웠기 때문에 layer2는 아무 곳에도 포함되지 않는 상태의 구조가 된다.

layer.siblings()

같은 부모 레이어를 가진 서브 레이어들의 리스트를 불러올 수 있다. 아래 코드에서는 layer2와 같은 부모를 가진 레이어들의 리스트를 볼 수 있다. 참고로 siblingsWithName (레이어 이름)을 통해 같은 부모 구조에 있는 레이어 중에서 이름으로 검색할 수 있다.

```
1    layer1 = new Layer
2    layer2 = new Layer
3        parent : layer1
4    layer3 = new Layer
5        parent : layer1
6    print layer2.siblings
```

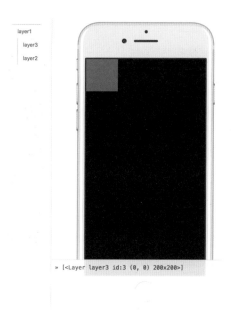

〔그림 32〕 # Output : 〔〈Object :Layer layer3〉〕

layer.index

해당 레이어의 순서를 바꿀 수 있다. Index 숫자가 낮은 레이어일수록 위로 표시된다. 서브 레이어는 부모 레이어의 index 값보다 낮게 입력된다. 만약, 부모 레이어의 index 값이 5라면, 서브 레이어는 5보다 큰 index 값으로 입력될 것이다. 아래 코드는 회색인 layer2가 흰색 layer1보다 위에 나온다.

```
1   layer1 = new Layer (backgroundColor : "#FFFFFF")
2   layer2 = new Layer (backgroundColor : "#275399")
3   layer1.index = 2
4   layer2.index = 1
```

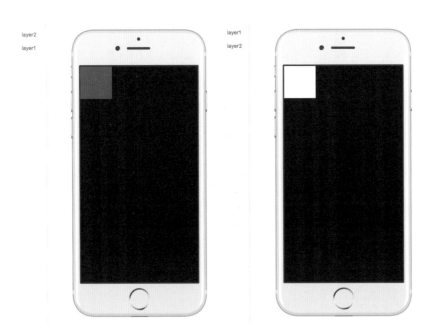

〔**그림 33**〕 좌측의 파란색 레이어가 위로 올라온 화면은 index로 순서 입력을 하기 전이고
우측은 index 입력을 통해 순서 입력을 한 경우다. 흰색인 layer1이 위로 올라온 것을 확인할 수 있다.

placeBefore(레이어 이름)

해당 레이어의 index 값을 변경해 괄호 안의 레이어 앞으로 배치한다. 같은 부모 안의 레이어에만 적용할 수 있다. 아래 코드는 layer2를 layer1 앞에 배치한다.

```
1  layer1 = new Layer (backgroundColor : "#FFFFFF")
2  layer2 = new Layer (backgroundColor : "#275399")
3  layer1.placeBefore(layer2)
```

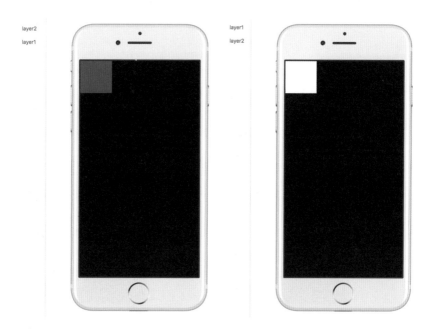

〔그림 34〕 index와 같이 레이어 순서가 바뀐다. 다른 점이 있다면 index는 번호를 통해 레이어 순서를 지정하는 방식이고, placeBefore는 레이어 이름을 직접 지정해 순서를 바꾸는 방식이다.

placeBehind(레이어 이름)

placeBefore의 반대 개념으로, 해당 레이어를 괄호 안의 레이어 후에 배치한다. 마찬가지로 같은 부모 안의 레이어에만 적용할 수 있다. 아래 코드는 layer2를 layer1 뒤에 배치한다.

```
1    layer1 = new Layer (backgroundColor : "#FFFFFF")
2    layer2 = new Layer (backgroundColor : "#275399")
3    layer2.placeBehind(layer1)
```

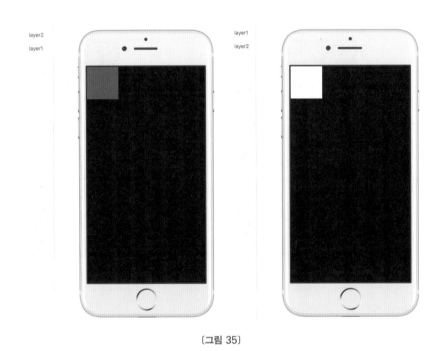

〔그림 35〕

bringToFront()

해당 레이어를 같은 부모 레이어 안에서 가장 상위에 배치한다. 아래 코드는 layer1을 가장 상위에 표시한다.

```
1   layer1 = new Layer (backgroundColor : "#FFFFFF")
2   layer2 = new Layer (backgroundColor : "#275399")
3   layer3 = new Layer (backgroundColor : "#275399")
    layer1.bringToFront()
```

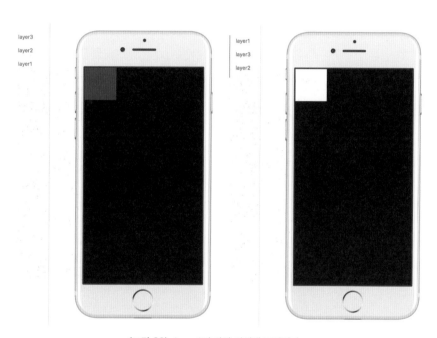

〔그림 36〕 layer1이 가장 상위에 표시된다.

sendToBack(레이어 이름)

bringToFront의 반대 개념이다. 해당 레이어를 같은 부모 레이어 안에서 가장 하단으로 보낸다. 아래 코드는 layer2를 가장 밑으로 보낸다.

```
1    layer1 = new Layer (backgroundColor : "#FFFFFF")
2    layer2 = new Layer (backgroundColor : "#275399")
3    layer3 = new Layer (backgroundColor : "#275399")
     layer2.sendToBack()
```

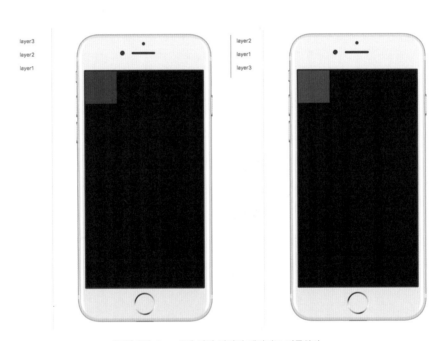

〔**그림 37**〕 layer2가 가장 하단의 레이어로 이동한다.

레이어 스타일

backgroundColor

해당 레이어의 색상을 변경할 수 있다. 컬러 값은 CSS 포맷의 문자 데이터로 입력된다. 아래 코드는 배경색을 넣을 수 있는 다양한 방식의 코드다.

```
1   # 색상 이름 입력 방식
2   layer1 = new Layer
3   layer1.backgroundColor = "red"
4   # 헥사 코드 방식
5   layer2 = new Layer
6   layer2.backgroundColor = "#00ff00"
7   # RGB 입력 방식
8   layer3 = new Layer
9   layer3.backgroundColor = "rgba(134, 12, 64, 0.3)"
10  # 레이어를 투명하게
11  layer4 = new Layer
12  layer4.backgroundColor = "transparent"
13  # 빈 레이어
14  layer5 = new Layer
15  layer5.backgroundColor = null
16  # 컬러 미지정
17  layer6 = new Layer
18  layer6.backgroundColor = ""
```

layer1처럼 간단한 색상의 명칭을 입력해 표현할 수 있다. layer2는 헥사 코드 값으로 입력된 색상이다. layer3은 RGB 컬러와 함께 마지막 소수점에 알파 값을 함께 입력할 수 있다. layer4, 5, 6 같은 경우에는 색상이 표현되지 않고 투명한 레이어가 만들어진다. 단, 하위 레이어는 투명해지지 않는다.

layer.html

레이어에 html 콘텐츠를 넣을 수 있다. 대표적으로 텍스트나 svg 같은 이미지가 있다. 아래 코드는 layer1에 헬로라는 텍스트를 만든다.

```
1    layer1 = new Layer
2    layer1.html = "Hello"
```

Style

레이어의 CSS 스타일을 설정할 수 있다. 입력 가능한 CSS 스타일의 종류는 다음 장에 첨부했다. 하단의 코드처럼 외곽선 스타일을 입력할 수 있다.

```
1    layer1 = new Layer
2    # 한줄 CSS 입력 예시
3    layer1.style["outline"] = "1px solid red"
4    # 여러 줄 CSS 입력 예시
5    layer1.style =
6        "outline" : "1px solid red",
7        "padding" : "10px"
8    # 특정 스타일 프린트 방법
9    print layer1.style["outline"]
```

그 외 적용 가능한 스타일 레이어 스타일 종류

```
1    layer1 = new Layer
2    # 레이어 밝기 조절
3    layer1.brightness = 20
4    # 레이어 채도 조절
5    layer1.saturate = 50
6    # 레이어 색상 조절
7    layer1.hueRotate = 180
8    # 레이어 대비 조절
```

```
 9    layer1.contrast = 50
10    # 레이어 색상 역전
11    layer1.invert = 100
12    # 레이어 흑백 모드
13    layer1.grayscale = 100
14    # 레이어 세피아톤 조절
15    layer1.sepia = 100
16    # 레이어 그림자 X축 거리
17    layer1.shadowX = 10
18    # 레이어 그림자 외곽선 조절
19    layer1.shadowBlur = 4
20    # 레이어 그림자 색상 조절
21    layer1.shadowColor = "rgba(0,0,0,0.2)"
```

〔그림 38〕

레이어 외곽선 스타일

아래 코드와 같이 레이어의 사각형 스타일의 외곽선을 수정해 원으로 만들거나 둥근 사각형 모양으로 만들 수 있으며, 외곽선 스타일도 설정할 수 있다. 원으로 만들려면 레이어 폭 또는 넓이의 절반을 borderRadius에 입력하면 된다(
은 92 이하 버전에서만 작동한다).

```
1    layer1 = new Layer
2    # 레이어 외곽선 컬러
3    layer1.borderColor = "red"
4    # 레이어 외곽선 컬러
5    layer1.borderWidth = 10
6    # 레이어 외곽선 모서리 둥글기 정도
7    layer1.borderRadius = 50
```

〔그림 39〕 layer1의 붉은색 외곽선이 생긴 것을 볼 수 있다.

텍스트 레이어

텍스트 레이어는 프레이머에서 문자열을 입력해 넣을 수 있도록 한다. 텍스트 레이어는 CSS 스타일을 기반으로 사용되기 때문에 거의 모든 CSS 스타일 속성을 사용할 수 있다. 텍스트 레이어의 폰트를 커스터마이징하고 싶다면, 로컬 폰트와 웹 폰트를 둘 다 사용할 수 있다. 로컬 폰트와 웹 폰트에 대한 자세한 사용 방법은 뒤의 실무 팁에서 다룬다.

텍스트 레이어 문자 입력

텍스트 레이어를 만들고 문자열을 입력하는 방법을 알아보자. 아래와 같이 입력하면 text1이라는 텍스트 레이어를 만들고, Hello Framer라는 문자가 레이어 안에 입력되는 것을 볼 수 있다.

```
1    text1= new TextLayer
2        text : "Hello Framer"
```

이때 텍스트 레이어의 사이즈는 텍스트 내용에 맞춰 크기가 정해진다.

〔그림 1〕

여러 줄을 입력하려면 텍스트 레이어의 text 입력이 아닌 html을 통해 입력한 후에 줄 바꿈할 위치에
을 입력해야 한다(
은 92이하 버전에서만 작동한다).

```
1    text1= new TextLayer
2        html : "Hello Framer <br> Hello Framer <br> Hello Framer"
```

〔그림 2〕

텍스트 레이어 폰트 스타일

폰트의 사이즈 입력 및 볼드, 이탤릭체에 해당하는 스타일 입력과 두께에 해당하는 weight 입력에 대해 알아보자.

```
1   text1= new TextLayer
2       text : "Hello Framer"
3       fontSize : 100
4       fontWeight : 100
5       fontStyle : "italic"
```

- fontSize : 폰트의 사이즈를 입력한다.

- fontWeight : 폰트의 두께를 입력한다. 기본 두께는 '400'으로 돼 있으며, 100 단위로 할 수 있다. 수치가 높을수록 두꺼워진다.

- fontStyle : 이탤릭 볼드 등의 스타일을 입력한다. 입력 가능한 스타일의 종류에는 italic, bold, oblique가 있다.

〔그림 3〕 코드 창에 기재된 대로 입력하면, 그림과 같이 폰트 100 사이즈의 이탤릭 스타일 폰트가 출력된다.

텍스트 레이어 정렬

폰트의 정렬에 필요한 명령어에 대해 알아보자. 좌측 정렬, 우측 정렬과 같은 align을 사용할 수도 있고, 간격을 직접 수치로 입력할 수 있는 padding을 사용할 수도 있다.

```
1    text1= new TextLayer
2        width : 750, height : 1334
3        text : "Hello Framer"
4        fontSize : 100
5        textAlign : "center"
6        padding : top : 500
```

위와 같이 입력하면, [그림 4]처럼 Hello Framer 텍스트가 화면 가운데로 이동하는 것을 볼 수 있다.

- textAlign : 텍스트 레이어의 영역에서 좌우 정렬에 해당하는 값을 입력할 수 있다. center, left, right를 입력할 수 있고, 각각 중앙, 좌, 우로 정렬된다.
- Padding : 좌우상하의 간격값을 입력할 수 있다. CSS 스타일에서는 텍스트의 좌우 정렬은 할 수 있지만, 상하 정렬은 할 수 없기 때문에 padding을 이용해 수치를 입력해야 한다. padding으로 입력 가능한 값은 top, bottom, left, right이다. 또한 Horizontal을 입력해 좌우의 여백값을 동시에 입력할 수도 있고, vertical을 통해 상하를 동시에 입력할 수도 있다. 정리하면 아래 표와 같다.

Top	상단 여백
bottom	하단 여백
left	좌측 여백
light	우측 여백
horizontal	좌우 여백 동시 입력
verticla	상하 여백 동시 입력

〔그림 4〕

텍스트 레이어 줄 간격, 문장 간격, 자간

텍스트가 장문일 경우, 줄 간격을 입력해야 하거나 자간과 문장 간격을 입력해야 할 때가 있다.

```
text1= new TextLayer
    html : "Hello Framer <br> Hello Framer"
    fontSize : 50
    lineHeight : 2
    wordSpacing : 50
    letterSpacing : 10
```

- lineHeight : 줄 간격 입력에 사용되며, 기본값은 1.25로 돼 있다.

- wordSpacing : 스페이스 바로 띄어쓰기된 간격을 입력할 수 있다. 기본값은 0
이다.

- letterSpacing : 자간에 해당하며, 기본값은 0이다. 수치를 늘릴수록 문자 간의
간격이 넓어진다.

〔그림 5〕

텍스트 레이어 대문자, 소문자

텍스트 내용을 모두 대문자로 바꾸거나 소문자로 바꿀 수 있다. 또는 단어의 첫 단어만 대문자로 바꾸는 것도 가능하다.

```
1   text1= new TextLayer
2       html : "Hello Framer <br> Hello Framer"
3       fontSize : 100
4       textTransform : "uppercase"
```

textTransform에 uppercase를 입력하면 모두 대문자로, lowercase로 바꾸면 소문자로 변환된다. 그리고 capitalize로 입력하면 단어의 첫 글자만 대문자로 변환된다.

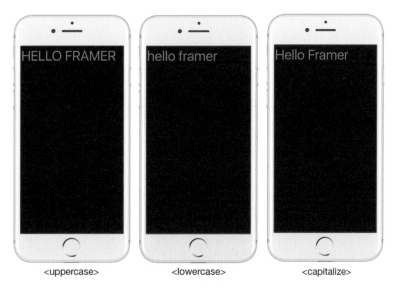

〔그림 6〕

텍스트 레이어 언더라인, 그림자

텍스트 레이어의 밑줄, 윗줄, 그림자를 입력할 수 있다.

```
1    text1= new TextLayer
2        html : "Hello Framer"
3        fontSize : 100
4        textDecoration : "underline"
5        shadowX : 20
6        shadowY : 20
```

Underline은 밑줄을 입력하고, overline은 윗줄을 입력한다. 또한 레이어 스타일처럼 shadowX, shadowY를 입력해 상하좌우 그림자를 입력할 수 있다.

〔그림 7〕

04
레이어 실전 예제

〔그림 1〕

앞에서 배운 레이어 제작 및 스타일 입력에 대한 예제를 차근차근 따라 하며 배워보자. 이번 예제에서는 레이어 제작 및 레이아웃에 따라 배치하고, 텍스트 입력과 CSS 스타일을 이용하는 방법을 배운다.

〔그림 2〕 예제의 레이어 구조

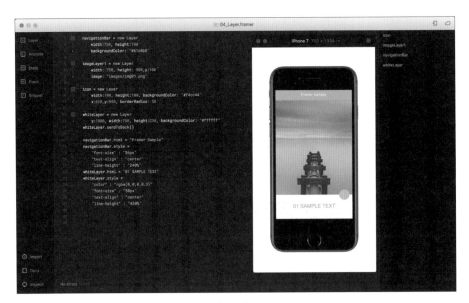

〔그림 3〕

시작하기에 앞서 framerstudy.com에 접속해 예제 파일을 다운로드한 후, 프레이머를 실행해보자. 예제 파일 안에는 예제에 필요한 이미지 파일이 들어가 있기 때문에 프레이머를 실행했을 때 빈 화면처럼 나와도 잘못 열린 것이 아닌지 걱정하지 말자.

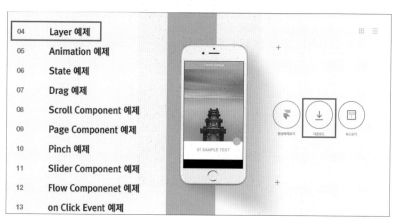

〔그림 4〕 Framerstudy.com에 접속해 Layer 예제 페이지로 접속한 후에 다운로드 버튼을 누르자.

레이어 만들기로 상단 내비게이션 바 만들기

레이어를 만드는 기본적인 명령어는 아래와 같다. 코드 창에 입력해보자.

```
1    navigationBar = new Layer
```

위와 같이 입력해 'navigationBar'라는 이름의 레이어를 만든다. 화면상에 파란색 사각형이 생성되고, 사이즈와 위치는 좌측 가장 상단 (0,0) 좌표의 x : 100, y : 100 사이즈로 생성될 것이다. 이것은 레이어를 생성할 때 위치값과 사이즈를 직접 입력하지 않으면, 기본으로 정해진 위치와 사이즈로 생성되기 때문이다.

〔그림 5〕

레이어 사이즈 입력하기

```
1    navigationBar = new Layer
2        width : 750, height : 100
```

첫 번째 줄에서 Enter를 눌러 두 번째 줄로 이동한 후, Tab을 눌러 단을 한 칸 들여쓴다. 그런 다음, 레이어의 좌우폭의 값을 'width : 750'으로 입력한다. 레이어의 좌우 사이즈가 화면 폭을 꽉 채우게 변경되는 것을 볼 수 있다.

그런 다음, 상하 높이값을 입력해보자. 다음 명령어를 입력하기 위해 쉼표를 넣고, 'height : 100'을 입력한다.

〔그림 6〕

레이어 배경 색상 입력하기

이제 내비게이션 바의 색상을 넣어보자.

```
1    navigationBar = new Layer
2        width : 750, height : 100
3        backgroundColor : "#61c0b5"
```

Enter를 눌러 한 줄 내려간 후 backgroundColor : "#61c0b5"라고 입력한다. 1번에서 입력한 것처럼 쉼표를 입력한 후에 써줘도 상관없다. 위와 같이 입력하면 내비게이션 바가 옥색으로 변하는 것을 볼 수 있다. 이렇게 색상의 Hex 값을 따옴표 안에 넣어도 되고, RGB 값을 입력하려면 backgoundColor : "rgba(96,183,173,1)처럼 RGB 컬러를 순차적으로 입력해도 된다. 마지막으로 입력한 1은 알파 값으로 투명도값을 나타낸다.

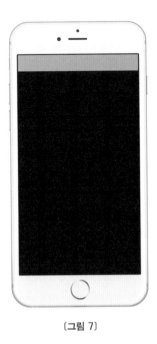

〔그림 7〕

이미지 레이어 사용하기

화면 중앙에 들어갈 이미지를 넣어준다. 다운로드한 프레이머 예제 파일 폴더 안의 image 폴더에 'imag01.png'라는 이미지 파일이 보일 것이다. 해당 이미지를 프레이머 화면에 드래그해 넣으면 아래와 같은 코드가 자동으로 생성된다(또는 원하는 이미지를 아무것이나 넣어도 예제를 연습하는 데는 지장이 없다).

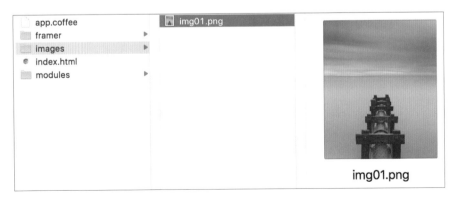

〔그림 8〕

```
5    imageLayer = new Layer
6        width : 750, height : 900
7        image : "images/img01.jpg"
```

이미지 레이어를 넣는다면 프레이머 버전에 따라 'imageLayer'라는 레이어 이름으로 만들어질 수도 있고, 이미지명인 'img01'이라는 레이어 이름으로 만들어질 수도 있을 것이다. 만약, 'img01'이라는 이름으로 레이어가 만들어졌다면 레이어 이름을 'imageLayer'라고 바꾸자.

또 다른 문제는 만들어진 이미지 레이어의 좌표가 x : 0, y : 0이기 때문에 내비게이션 바에 윗부분이 가려 보인다는 것이다.

〔그림 9〕

```
5    imageLayer = new Layer
6        width : 750, height : 900, y :100
7        image : "images/img01.jpg"
```

위의 밑줄 친 부분처럼 y 좌표에 100을 입력한다. 또는 가장 밑에 있는 줄에 "imageLayer.y = 100"을 입력해 이미지 레이어 Y 좌표가 아래로 이동하도록 만들자.

```
5    imageLayer = new Layer
6        width : 750, height : 900
7        image : "images/img01.jpg"
8        imageLayer.y = 100
```

[그림 10]

원 형태의 레이어 만들기

이제 이미지의 아래 부분에 둥근 버튼 레이어를 만들 차례다. 아래와 같이 아홉 번째 줄에 서부터 기재해보자.

```
10    icon = new Layer
11        width : 100, height : 100, x : 620, y : 950
12        backgroundColor : "#f4cc44"
```

〔그림 11〕

위와 같이 입력하면 4번에서 만든 이미지 레이어 위에 사각형의 노란색 레이어가 만들어
지는 것을 볼 수 있다. 이제 이 레이어를 원형으로 만들자. 좌표가 입력된 부분 후에 아래
와 같이 'borderRadius'를 입력한다.

```
10    icon = new Layer
11        width : 100, height : 100, x : 620, y : 950
12        backgroundColor : "#f4cc44"
13        borderRadius : 50
```

borderRadius 값은 레이어 사이즈의 절반 값을 입력했을 때 원형으로 만들어진다. 다시 말해, icon 레이어와 같은 경우, 좌우상하 사이즈가 100이었기 때문에 "50"을 입력했을 때 원형으로 만들어지는 것이다. 또는 "50%" 처럼 따옴표 안에 퍼센트 값을 입력해도 된다.

〔그림 12〕

레이어 순서 변경하기

아이콘 레이어 하단에 흰색 레이어를 하나 더 만들어보자.

```
15    whiteLayer = new Layer
16        y : 1000, width : 750 , height : 230, backgroundColor : "#ffffff"
```

만들어진 레이어는 5번에서 만든 노란색 아이콘 위에 만들어지기 때문에 아이콘 절반이 가려 보인다. sendToBack 명령어를 사용해 가장 뒤쪽으로 보내자.

〔그림 13〕

```
18    whiteLayer.sendToBack()
```

위와 같이 입력하면 레이어 하이라키[hierarchy]에서 가장 위에 있던 whiteLayer가 가장 밑으로 내려가는 것을 볼 수 있다.

〔그림 14〕

레이어에 텍스트 입력하기

상단에 보이는 내비게이션 바에 타이틀 텍스트를 입력해보자.

```
20    navigationBar.html = "Framer Sample"
```

위와 같이 입력하면 상단 좌측에 흰색 글자가 만들어지는 것을 볼 수 있다. 이제 CSS 스타일을 이용해 텍스트의 크기와 배치를 변경해보자.

〔그림 15〕

```
20    navigationBar.style =
21        "font-size" : "36px"
22        "text-align" : "center"
23        "line-height" : "240%"
```

위와 같이 .style로 스타일 적용 명령어를 적용한 후 Enter를 눌러 밑에 있는 줄부터 차례대로 사이즈, 정렬, 텍스트 상하 위치를 정한다. 레이어에 적용할 수 있는 CSS 스타일의 종

164

류는 다음 웹 사이트에서 확인할 수 있다.

https ://developer.mozilla.org/en−US/docs/Web/CSS/CSS_Properties_Reference

마지막으로 하단의 빈 영역에 텍스트를 하나 더 넣어주자.

```
25  whiteLayer.style =
26      "color" : "rgba(0,0,0,0.3)"
27      "font-size" : "50px"
28      "text-align" : "center"
29      "line-height" : "430%"
```

〔그림 16〕

전체 코드

```
1    navigationBar = new Layer
2        width : 750, height : 100
3        backgroundColor : "#61c0b5"
4
5    imageLayer = new Layer
6        width : 750, height : 900, y : 100
7        image : "images/img01.jpg"
8
9    icon = new Layer
10       width : 100, height : 100, backgroundColor : "#f4cc44"
11       x : 620, y : 950, borderRadius : 50
12
13   whiteLayer = new Layer
14       y : 1000, width : 750,  height : 230, backgroundColor : "#ffffff"
15   whiteLayer.sendToBack()
16
17   navigationBar.html = "Framer Sample"
18   navigationBar.style =
19       "font-size" : "36px"
20       "text-align" : "center"
21       "line-height" : "240%"
22   whiteLayer.html = "01 SAMPLE TEXT"
23   whiteLayer.style =
24       "color" : "rgba(0,0,0,0.3)"
25       "font-size" : "50px"
26       "text-align" : "center"
27       "line-height" : "430%"
```

05
애니메이션

이번 장에서는 애니메이션에 대해 배운다. 프레이머에서는 하나의 오브젝트를 움직이게 하는 애니메이션을 만들거나 다수의 오브젝트를 움직이게 하는 애니메이션 그룹을 지정해 아무 때나 호출해 사용할 수 있다.

애니메이션 명령어는 오브젝트의 위치, 사이즈, 투명도 등의 속성값들을 현재 값에서 애니메이션이 입력된 값으로 변환시킨다. 변환될 때의 속도는 curve 값이라고 하는 여러 가지 속도 변환 값으로 인해 조절되며, 만약 현재 값과 애니메이션 값이 동일하다면 애니메이션은 일어나지 않을 것이다.

단일 오브젝트에 애니메이션 만들기

하나의 오브젝트를 움직이는 애니메이션은 아래와 같다.

```
1    layer1 = new Layer
2    layer1.animate
3        x : 250, y : 500
```

첫 번째 줄은 앞서 배운 layer1을 만드는 명령어이고, 두 번째 줄이 layer1에 애니메이션을 적용하겠다는 명령어다. 그리고 세 번째 줄이 애니메이션을 어떻게 변하도록 하겠다는 속성값을 기재한 것이다. 위와 같은 코드를 프레이머에 입력하면 첫 번째 줄에서 만들어진 layer1의 위치는 기본값인 x : 0, y : 0으로 만들어지는데, 아랫줄에서 x : 100, y : 100으로 이동시킨다는 애니메이션 명령어로 인해 우측 하단으로 이동되는 것을 볼 수 있다. 레이어 이름.animate 명령어를 사용하면 레이어의 현재 속성값에서 애니메이션 속성값으로 변화되는 것을 볼 수 있다.

〔그림 1〕 사각형 박스가 화면 좌측 상단에서부터 화면 중앙으로 이동하는 것을 볼 수 있다.

애니메이션 가능한 속성

레이어에 적용 가능한 속성 중 애니메이션이 가능한 속성은 아래와 같다.

- X, Y, Z 좌표 위치와 minX, maxX와 같은 끝 좌표
- width, height와 같은 좌우 길이
- scale, scaleX, scaleY와 같은 사이즈
- originX, originY, originZ와 같은 중심점과 perspective 3d 시점값
- opacity와 같은 투명도와 backgroundColor와 같은 색상
- rotation, rotationX, rotationY, rotationZ와 같은 회전값
- borderRadius, borderColor, borderWidth와 같은 외곽선 속성
- grayscale, sepia, shadowBlur, shadowX, shadowY, shadowSpread, hueRotate, invert, contrast와 같은 레이어 스타일
- scrollX, scrollY와 같은 스크롤 위치값

속성 기재 방법

- 속성을 기재할 때 괄호 안에 기재해 한 줄로 연달아 쓸 수도 있지만, 괄호를 쓰지 않고 Enter를 눌러 밑으로 길게 내려쓰는 방법도 있다. 이때는 들여쓰기를 한 번 더 해야 한다.

```
1    layer1 = new Layer
2    layer1.animate
3        x : 250
```

- 같은 속성을 두 번 기재한다면 마지막 속성값만 적용된다. 아래와 같이 기재했을 때는 가장 마지막에 기재한 x : 500 값만 적용될 것이다.

```
1    layer1 = new Layer
2    layer1.animate
3        x : 250
4        x : 500
```

●주의할 점 대부분의 속성은 애니메이션 실행 시 GPU 가속의 도움을 받기 때문에 속도 문제가 없지만, 어떤 속성들은 CPU와 연결되기 때문에 다수의 애니메이션을 사용할 때는 느려질 수 있다. 문제가 생길 수 있는 속성은 아래와 같다.

width, height, scrollX, scrollY, borderRadius, borderWidth

애니메이션 타이밍 설정하기

```
1    layer1 = new Layer
2    layer1.animate
3        x : 250, y : 500
4        options :
5            time : 0.5
6            delay : 2
7            repeat : 2
```

애니메이트 명령어를 사용할 때 속성값을 통해 어디로 애니메이션을 줄 것인지 기재했다면, options를 통해 어떻게 애니매이션을 줄 것인지를 다양할 값들로 추가할 수 있다.

- Time : 애니메이션의 전체 시간을 정한다(curve 값이 spring인 상태에선 시간이 적용되지 않는다).
- Delay : 애니메이션이 시작될 때 바로 시작하지 않고 설정한 초만큼 대기했다가 시작한다.
- Repeat : 애니메이션이 반복되는 횟수를 설정한다.
- curve : 커브 값은 애니메이션의 가속도를 설정할 수 있다. Curve에 대해서는 다음 페이지에서 자세하게 다룬다.

〔그림 2〕

커브 속성 조절하기

커브는 프레이머 애니메이션의 가속도를 의미하며, 프레이머에서는 총 세 가지 종류의 커브를 사용할 수 있다.

- Bezier curve : 플래시나 자바스크립트에서 많이 사용되는 ease – in –out과 같은 커브 종류다. 총 4개의 포인트를 이용해 속도값의 기울기를 구해 공식을 만들어내는 커브의 한 종류다. 아래와 같이 "bezier-curve(0.25, 0.1, 0.25, 1)" 형식으로 기재하면 된다.

```
1    layer1 = new Layer
2    layer1.animate
3        x : 250, y : 500
4        options :
5            curve : "bezier-curve( 0.25, 0.1, 0.25, 1 )"
```

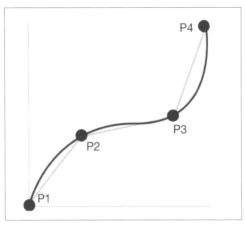

〔그림 3〕 배지어 커브

- **spring-rk4** : 부드럽게 탄성을 이루는 애니메이션을 만들어낼 수 있으며, 다음 네 가지의 수치에 의해 애니메이션이 결정된다.
  - 텐션긴장감 애니메이션 탄성의 힘에 대한 수치다.
  - 프릭션마찰 애니메이션 탄성의 무게감에 대한 수치다.
  - 속도velocity 애니메이션이 시작할 때 속도를 나타낸다.
  - 저항tolerance 애니메이션이 끝날 때의 최소 저항값을 나타낸다.

"spring(400, 30, 0)" 식으로 기재하면 되고, 마지막 저항값은 기재하지 않아도 무방하다.

```
1    layer1 = new Layer
2    layer1.animate
3        x : 250, y : 500
4        options :
5            curve : "spring( 400, 30, 0 )"
```

- **spring-dho** : spring-rk4와 비슷하지만, 다른 속성으로 애니메이션을 만든다. Spring-dho는 다음 네 가지 속성에 의해 애니메이션이 표현된다.
  - stiffness^{강연도} : 애니메이션 탄성의 힘에 대한 수치
  - damping^{제동감폭} : 탄성이 얼마나 빨리 줄어드는지에 대한 값
  - mass^{덩어리감} : 오브젝트의 무게감 값
  - tolerance^{저항력} : 애니메이션이 끝날 때의 최소 저항값

"spring-dho(800, 200, 10, 0.01)"와 같이 기재하면 되고, 마지막 저항값은 기재하지 않아도 무방하다.

```
1    layer1 = new Layer
2    layer1.animate
3        x : 250, y : 500
4        options :
5            curve : "spring-dho( 1000, 80, 15 )"
```

애니메이션 이징에 대한 것은 글로 읽는 것보다 실제 수치를 여러 값으로 입력하면서 보는 것이 좀 더 자세하게 볼 수 있다. 프레이머 앱에서 Framerstudy.com/easing/index.html에 접속하면 폰에서 수치를 직접 컨트롤해볼 수 있는 모션 슬라이더 예제 파일을 볼 수 있다. 해당 페이지를 통해 실제 모션감을 확인해보자.

오토코드를 이용해 애니메이션 추가 / 수정하기

애니메이션을 만들 때 코드로 하나하나 기재한다는 것은 상당한 중노동일 수밖에 없다. 프레이머는 자동으로 애니메이션을 입력하고 수정할 수 있는 기능이 있는데, 앞에서 제작한 적이 있는 오토코드와 비슷하다.

〔그림 4〕

A. 먼저 애니메이트 코드를 작성했을 때 작성한 코드의 좌측에 오토코드를 입력할 수 있는 버튼이 활성화된다. 오토코드가 활성화됐을 때 프리뷰 화면에서 레이어를 드래그해 애니메이트되는 위치와 사이즈, 회전 등을 직접 수정할 수 있다. 또한 우측 레이어 창에 직접 입력할 수도 있다.

B. B 버튼을 누르면 레이어 화면이 애니메이션 옵션 편집 화면으로 바뀐다.

C. 여러 가지 애니메이션 중에서 하나를 선택하고, 그래프까지 편집하면 자동으로 선택한 애니메이션에 대한 코드가 작성된 것을 볼 수 있다.

D. 프리뷰 화면 하단의 플레이 버튼을 통해 애니메이션을 프리뷰할 수 있다. 좌측부터 순서대로 반복 재생 버튼, 플레이 버튼, 느리게 재생 버튼이다.

애니메이션 저장해 호출하기

같은 애니메이션이 반복되는 경우가 있다면, 애니메이션을 저장해 원할 때마다 호출해 사용할 수 있다.

```
1    layer1 = new Layer
2    animation1 = new Animation layer1,
3        x : 250, y : 500
4    animation1.start()
```

두 번째 줄인 animation1 = new Animation은 animation1이라는 새로운 애니메이션을 만들겠다는 의미다. 그 뒤로 animation1에 대한 레이어가 layer1이라는 의미고, 세 번째 줄에서 상세한 애니메이션 값인 x를 100으로 움직이게 하라는 명령어가 들어간다. 이렇게 두 번째 줄에서부터 세 번째 줄까지가 "animation1은 어떠한 레이어를 어떻게 움직일 것이다"라는 프리셋이 지정되는 것이고, 이 animation1을 호출하려면 네 번째 줄처럼 animation1.start( )라고 기재하면 원하는 시점에 언제든지 animation1의 호출이 가능해진다. 따라서 layer1을 x : 100으로 움직이는 애니메이션을 재생시키려면 animation1.start( )만 기재해 사용할 수 있다. 반대로 재생되고 있는 animation1을 멈추고 싶다면 animation1.stop( )을 사용하면 된다.

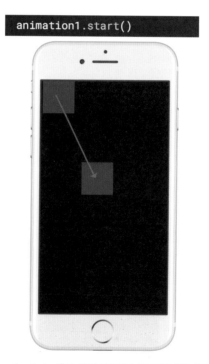

〔그림 5〕 animation1.start()를 통해 언제든지 애니메이션을 호출할 수 있다.

애니메이션 거꾸로 재생하기

설정된 애니메이션을 거꾸로 재생하려면 번거롭게 따로 만들 필요 없이 명령어 하나로 간단하게 거꾸로 된 애니메이션을 만들 수 있다.

```
1    layer1 = new Layer
2    animation1 = new Animation layer1,
3        x : 100, y : 100
4    animation2 = animation1.reverse()
5    animation1.start()
6    Utils.delay 1,->
7        animation2.start()
```

네 번째 줄에 기재된 reverse 명령어는 animation2라는 이름으로 새로운 애니메이션을 만들고, animation1과 반대로 돌아가도록 속성값이 기재된다. 일곱 번째 줄에 기재된 딜레이 명령어는 1초 후에 animation2를 실행하기 때문에 결국 layer1은 좌표 100으로 갔다가 1초 후에 되돌아온다.

〔그림 6〕

다중 애니메이션 설정

여러 개의 오브젝트를 한꺼번에 재생하고 싶을 때는 여러 개의 animate 명령어를 묶어 함수로 만든 후에 사용하는 방법이 있다.

```
1   layer1 = new Layer
2   layer2 = new Layer
3   animation1 = ->
4       layer1.animate
5           x : 250, y : 500
6       layer2.animate
7           x : 200, y : 200
8   animation1()
```

세 번째 줄을 보면 animation1이라는 이름의 함수를 만들게 되고, 네 번째 줄에서부터 layer1과 layer2의 animate 명령어를 차례대로 기재하면 된다. 함수에 포함되는 명령어를 밑으로 쓸 때 들여쓰기만 올바르게 하면 어떠한 명령어도 사용할 수 있다. 네 번째 줄에는 "layer1을 움직일 것이다"라는 animate 명령어를 쓰고, 다섯 번째 줄에는 layer1이 어떻게 움직일지 속성값인 x : 100, y : 100을 기재한다. 여섯 번째 줄에는 역시 마찬가지로 "layer2를 움직일 것이다"라는 animate 명령어를 쓰고, 일곱 번째 줄에는 상세한 속성값인 x : 200, y : 200을 기재한다. 마지막으로 설정한 animation1이라는 함수를 실행하려면 여덟 번째 줄처럼 함수 이름()이라고 기재하면 된다. 함수는 animate 명령어뿐만 아니라 어떠한 명령어를 넣어도 사용할 수 있기 때문에 반복 작업을 줄일 수 있다.

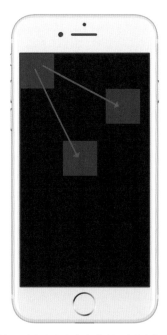

〔**그림 7**〕함수로 지정해 여러 가지 명령을 한꺼번에 처리할 수 있다.

05
애니메이션
실전 예제

앞서 배운 애니메이션을 직접 실습해보자. 예제 파일은 앱의 시작했을 때 나오는 화면인 스플래시 화면을 거쳐 로그인 화면이 나오는 부분까지의 애니메이션을 만들게 될 것이다.

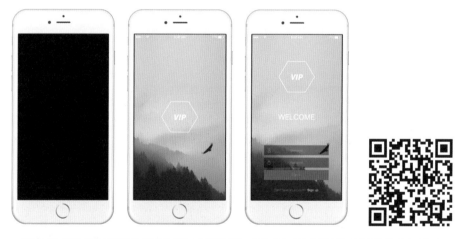

[그림 1] 처음 앱을 실행했을 때 좌측처럼 아무것도 없는 상태에서 가운데 화면인 스플래시 화면이 나오고 우측의 로그인 화면으로 진입하는 화면까지의 애니메이션을 실습할 것이다.

먼저 Framerstudy.com에 접속해 애니메이션 실습 예제를 다운로드하자.

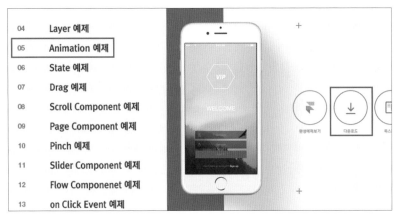

〔그림 2〕

프레이머 파일을 열면, 미리 작성돼 있는 코드 때문에 아무것도 보이지 않는 상태일 것이다. 애니메이션 예제를 연습하기 위해 사전에 준비돼 있는 코드로, 화면에 있는 레이어들의 투명도를 0으로 만들어 놓은 상태다. 전체적인 레이어의 구조는 [그림 4]를 참고하면 될 것이다.

〔그림 3〕

〔**그림 4**〕 레이어 구조

화면 우측 레이어 뷰어를 보면 5개의 레이어가 보이지만, 가운데 실제 화면에서는 아무것도 보이지 않을 것이다. 이유는 좌측 네 번째 줄에서부터 11번째 줄까지 미리 준비된 코드로 인해 모든 레이어의 opacity가 0으로 돼 있기 때문이다. 이제부터 차근차근 애니메이션 코드를 입력해 모든 레이어가 움직이면서 보여질 수 있도록 진행해보자. 진행하기에 앞서 주의할 점은 두 번째 줄 코드는 psd라는 이름으로 포토샵 psd 파일을 불러왔다는 의미다.

```
2   psd = Framer.Importer.load("imported/animation@1x")
```

따라서 레이어 이름을 쓸 때 그냥 쓰는 것이 아니라 레이어 이름 앞에 psd를 붙여 포토샵 psd에서 불러온 레이어라는 것을 반드시 기재해야 한다(예 : bg라는 배경 레이어는 psd.bg라고 기재하면 된다).

배경 이미지 애니메이션 만들기

현재 배경 이미지는 네 번째와 다섯 번째 줄 코드로 인해 크기가 1.2배 커져 있고, 투명도는 0이 돼 있는 상태다. 배경 이미지에 넣어줄 애니메이션은 원래 사이즈로 줄어들게 하면서 풍경이 살짝 멀어지며 나타나는 것처럼 만들 것이다.

```
13    psd.bg.animate
14        scale : 1, opacity : 1
```

13번째 줄부터 위와 같이 기재하면 배경 이미지인 psd.bg의 사이즈가 1로 되돌아오면서 투명도가 0에서 1로 변해 애니메이션이 나타나는 것을 볼 수 있다. 기재한 애니메이션을 확인하고 싶다면 Ctrl+R을 눌러 새로 고침하거나 우측 상단에 있는 Reload 버튼을 누르면 프레이머 화면이 초기화되면서 애니메이션을 확인할 수 있다.

〔그림 5〕

182

로고 애니메이션에 시간과 커브 값 입력하기

이제 로고 애니메이션을 만들어 스플래시 애니메이션을 완성하자. 현재 로고는 여섯 번째, 일곱 번째 줄의 코드로 인해 사이즈가 0.5인 절반 사이즈로 돼 있고, 투명도는 0으로 보이지 않게 돼 있다.

```
16    psd.logo.animate
17        scale : 1, opacity : 1
```

위와 같이 16번째 줄부터 기재해 로고 애니메이션도 사이즈가 원래 사이즈인 1로 커지면서 opacity가 1로 변해 보이도록 만들어보자. 그리고 이번 로고 애니메이션에는 속성값만 입력하는 것이 아니라 시간과 댐핑 값을 입력해 좀 더 세밀한 애니메이션으로 만들어보자.

```
16    psd.logo.animate
17        scale : 1, opacity : 1
18        options :
19            time : 0.5
20            curve : "Spring(damping:0.40)"
```

속성값 밑으로 시간 값인 time을 입력한 후에 0.5초에 해당하는 숫자 0.5를 입력하고, 그 밑에 있는 줄에는 curve라고 입력해 가속도값을 기재한다. 프레이머에 입력할 수 있는 여러 가지 방식의 커브 값 중에서 바운스가 일어나는 스프링가—4 형식으로 입력하자. spring(damping: 0,40)으로 입력하면 되고, 댐핑 값은 스프링 애니메이션의 진동폭이 억제되는 마찰값이라고 생각하면 된다.

오토코드 애니메이션 만들기

로고와 배경 애니메이션이 나오면서 스플래시 애니메이션이 완성됐다면, 이제 다음 화면인 로그인 화면으로 전환되는 애니메이션을 만들 차례다. 이전 단계에서는 애니메이션을 만들기 위해 코드를 기재했지만, 이번에는 오토코드를 이용해 로고의 다음 애니메이션을 만들어보자.

먼저 2번 과정에 진행했던 로고 애니메이션을 22번째 줄에 한 번 더 기재해 그림과 같이 상단에 위치하도록 만들자. 좌푯값은 y : 216이다.

```
22    psd.logo.animate
23        y : 216
```

위와 같이 기재하고 확인해보면, 로고가 화면에 나타남과 동시에 커지면서 상단으로 바로 이동하는 것을 볼 수 있다. 우리가 원하는 효과는 바로 이동하는 것이 아니라 첫 번째 애니메이션이 나온 후에 약간의 시간차를 두고 이동하는 효과를 원하기 때문에 오토코드를 이용해 애니메이션과 delay 기능을 넣어 1.5초간 기다린 후에 해당 애니메이션이 적용되도록 만들어보자.

〔그림 6〕

A. 먼저 psd.logo. animate 코드 좌측의 오토코드 버튼을 눌러 활성화한다.

B. 화면 우측 오토코드 화면에서 그래프 모드를 선택한다.

C. 모션 그래프에서 애니메이션 커브를 spring으로 선택한다.

D. damping에 "0.66"을 입력한다.

E. Delay에 "1.5"를 입력한다.

F. 화면 코드 기재 부분에 자동으로 코드가 입력되는 것을 볼 수 있다.

G. 플레이 버튼을 눌러 애니메이션을 확인할 수 있다. 좌측부터 순서대로 반복 버튼, 플레이 버튼, 느리게 재생 토글 버튼이다.

아래와 같이 기재된 것을 볼 수 있으며, 해당 애니메이션은 처음 애니메이션과 1.5초간의 시간차를 두고 위로 올라가는 것을 확인할 수 있다.

```
22    psd.logo.animate
23        y : 216
24        options :
25            delay : 1.5
26            curve : "Spring(damping : 0.66)"
```

〔그림 7〕

함수를 이용해 다중 애니메이션으로 로그인 화면 완성하기

이제 화면 가운데에 welcome 메시지와 하단의 로그인 버튼들을 움직일 차례다. 이번에는 다수의 오브젝트를 한 번에 제어할 수 있는 함수 방식을 이용해 애니메이션을 만들어보자.

```
28    animation1 = ->
```

animation1이라고 기재해 animation1이라는 함수를 만든다. 그리고 아래와 같은 welcome 이라는 문자가 그려진 레이어와 하단의 버튼이 그려진 레이어에 애니메이션을 기재한다.

```
28    animation1 = ->
29        psd.text_welcome.animate
30        opacity : 1
31            options :
32            delay : 1.5
33        psd.ui_btn.animate
34            y : 893, opacity : 1
35            options :
36                curve : "ease"
37                time : 0.5
38                delay : 1.5
```

30번째 줄은 welcome이라는 텍스트의 투명도를 1로 보이게 만드는 애니메이션과 세부 옵션으로는 32번째 줄에 해당 애니메이션이 바로 시작되지 않고 1.5초간의 시간차를 둔 후에 시작하는 delay 명령어를 기재한다.

(33번째 줄 코드) 다음으로는 하단의 버튼 레이어가 위로 올라오면서 나타날 수 있도록 y 좌표를 893으로 옮기면서 투명도를 1로 만들어주는 애니메이션을 만들자(35번째 줄 코드). 추가로 가속도 커브 값에 ease를 기재해 부드럽게 움직이도록 만들고, time을 기재해 애니메이션 시간을 설정한다. (38번째 줄 코드) 마지막으로 웰컴 메시지처럼 1.5초간의 시간차를 두도록 만들면 함수가 완성된다.

이제 만들어진 함수를 실행하기 위해 40번째 줄에 animation1( )을 기재하자.

```
40      animation1()
```

Reload 버튼(커맨드 + R)을 눌러 프레이머를 재시작하면 완성된 애니메이션을 확인할 수
있다.

〔그림 8〕

전체 코드

```
1
2      psd = Framer.Importer.load("imported/animation@1x")
3
4      psd.bg.scale = 1.2
5      psd.bg.opacity = 0
```

```
6      psd.bg.scale = 0.5
7      psd.bg.opacity = 0
8      psd.bg.midY = 667
9      psd.bg.welcome.opacity = 0
10     psd.ui_btn.y = 1100
11     psd.ui_btn.opacity = 0
12
13     psd.bg.animate
14         scale : 1, opacity : 1
15
16     psd.logo.animate
17         scale : 1, opacity : 1
18         options :
19             time : 0.5
20             curve : "Spring(damping : 0.40)"
21
22     psd.logo.animate
23         y : 216
24         options :
25             delay : 1.5
26             curve : "Spring(damping : 0.66)"
27
28     animation1 = ->
29         psd.text_welcome.animate
30             opacity : 1
31             options :
32                 delay : 1.5
33         psd.ui_btn.animate
34             y : 893, opacity : 1
35             options :
36                 curve : "ease"
37                 time : 0.5
38                 delay : 1.5
39
40     animation1()
```

188

06
스테이트

스테이트를 사용해 애니메이션 만들기

프레이머에서는 스테이트states라는 편리한 기능을 제공한다. 스테이트는 다수의 애니메이션이나 상태를 미리 지정해뒀다가 필요할 때 호출하는 기능이라고 생각하면 된다. 예를 들어, state1이라는 스테이트를 만들어 좌표를 저장한 후에 switch라는 명령어 하나로 애니메이션까지 자동 재생되면서 언제든지 저장해둔 좌표로 되돌아갈 수 있고, cycle이라는 명령어는 여러 가지 스테이트를 반복적으로 사용할 수 있기 때문에 무한 반복되는 애니메이션으로 사용하기에 편리하다. 단점이라면 여러 개의 레이어에 동시에 지정할 수 없다는 것이다. 앞에서 함수를 통해 여러 레이어에 애니메이션을 지정하는 방법을 배웠는데, 스테이트는 아쉽게도 하나의 레이어에만 적용할 수 있다. 이제 스테이트와 관련된 명령어를 하나씩 배워보자.

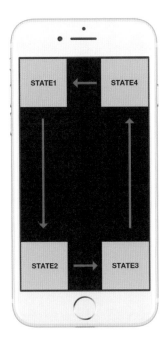

〔**그림 1**〕 states는 위치, 사이즈 같은 레이어의 속성을 저장해뒀다가
필요할 때마다 호출해서 해당 속성으로 이동할 수 있게 한다.

states 사용하기

states를 사용하려면 add를 이용해서 사용할 states를 만들어줘야 한다. 호출할 states 이름을 정의한 후 바꿀 property 값을 지정하면 된다. states 이름을 정하는 방법은 변수명과 같이 개개인이 정하면 된다. 코딩할 때 인지하기 좋은 작명(?) 실력으로 헷갈리지 않게 이름을 짓는 게 좋다.

layer1이라는 이름을 가진 레이어에 states를 추가하는 방법은 아래와 같다.

```
1    layer1 = new Layer
2    layer1.states.state1 =
3        x : 100
4    layer1.animate( "state1" )
```

State1로 이동하려면 .animate 괄호 안에 스테이트의 이름을 기재하면 된다. 또한 여러 스테이트를 동시에 추가하려면 아래와 같이 기재하면 된다.

```
1   layer1 = new Layer
2   layer1.states =
3       state1 :
4           x : 100
5       state2 :
6           x : 200
7   layer1.animate( "state1" )
```

위와 같이 기재하면 state1과 state2를 동시에 지정할 수 있다.

〔그림 2〕 state1인 x : 100 위치로 움직이는 것을 확인할 수 있다.

Cycle state

사이클은 2개 이상의 스테이트에 왕복 반복을 실행할 수 있다. 사용 방법은 아래와 같이 괄호 안에 스테이트 이름을 기재하면 된다.

```
1    layer1 = new Layer
2    layer1.states =
3        state1 :
4            x: 100
5        state2 :
6            x: 200
7    layer1.onTap ->
8        layer1.stateCycle( "state1", "state2" )
```

일곱 번째 줄에 기재된 **onTap** 이벤트는 뒤에서 배우지만, 간단하게 설명하면 레이어를 탭했을 때 실행되게 하는 명령어다. 여덟 번째 줄에서 stateCycle로 state1과 state2를 반복하게 만들어줬기 때문에 layer1을 탭할 때마다 x 값이 100과 200으로 반복되는 것을 볼 수 있다.

[그림 3] 처음 layer1의 x 좌표였기 때문에 최초 1회는 x 좌표 : 0에서
100으로 이동한 후에 200과 100을 반복한다.

states switch

애니메이션이 없는 상태로 states를 변경하려면 스위치 명령어를 사용할 수 있다.

```
1    layer1 = new Layer
2    layer1.states.state1 =
3        x: 100
4    layer1.stateSwitch( "state1" )
```

네 번째 줄에 사용한 것처럼 `stateSwitch`를 사용하면 애니메이션이 보이지 않고 한순간에 state1의 위치로 이동한 것을 볼 수 있다.

states previous, current, next

states에서 next 메서드를 쓰면 설정해 놓은 states를 차례대로 실행할 수 있다. 단, 사이클은 괄호 안에 직접 순환될 스테이트 이름을 기재해줬지만, next는 자동으로 다음 스테이트로 넘어간다는 것이 차이점이다.

```
1    layer1 = new Layer
2    layer1.states =
3        state1 :
4            x: 100
5        state2 :
6            x: 200
7    layer1.onTap
8        layer1.states.next()
```

위와 같이 기재해 일곱 번째 줄의 layer1에 탭 이벤트를 하나 만들고, 탭할 때마다 `states.next`를 호출하게 하자. 화면상의 layer1을 클릭해보면 `Cycle` 명령어와 달리, 처음에는 x 좌표가 0에서 시작됐다가 100에서 200으로, 다시 0으로 3개의 스테이트가 순환할 것이다. 그 이유는 states는 기본적으로 Default 상태가 있으므로 states를 만들기 전의 default까지 총 3개의 states가 생기게 되기 때문이다. 즉, 클릭할 때마다 first → second → default

→ first → second → default... 순으로 순환 애니메이션이 실행된다.

〔그림 4〕

일반적으로 next는 위에서 쓴 반복적인 애니메이션 구조를 쓸 때 많이 사용하며, 아래와 같은 사이클처럼 원하는 스테이트만 넣어줄 수도 있다.

```
1    layer1.states.next("state1", "state2" )
```

next에서는 cycle과 같이 순서대로 반복할 뿐이어서 차이점이 없을 것 같지만, previous 에서는 순서가 반대로 작동하기 때문에 차이점이 생긴다. 따라서 next와 previous를 이 용해 다음 스테이트와 이전 스테이트를 자유롭게 사용할 수 있다. Current 같은 경우에는 현재 스테이트를 출력하는 명령어다. 읽기 전용이기 때문에 주로 조건문에 사용돼 현재 스 테이트에 따라 조건을 달리하는 명령문에 사용된다.

```
1    print layer1.states.current.name
```

states remove

states 이름을 지정해 states를 첨가할 수 있듯이 remove를 기재한 후 states 이름을 써주면 states를 삭제할 수 있다.

```
1    layer1 = new Layer
2    layer1.states.state1 =
3        x: 100
4    layer1.states.remove( "state1" )
```

state1을 만든 후 remove를 써서 state1을 삭제하는 예제다. remove를 한 후에 `layer1.states.switch("state1")`을 입력하면 state1을 찾을 수 없다고 나온다.

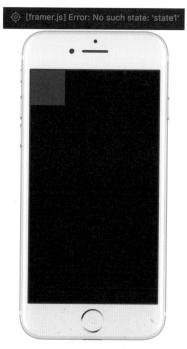

〔그림 5〕 state1을 지운 후에 animate나 switch로 state1을 호출하려면
에러 창이 나타나면서 찾을 수 없다고 나온다.

states animationOptions

states도 애니메이션이므로 당연히 time, delay, curve 값에 대한 옵션을 줄 수 있다. 사용 방법은 아래와 같다.

```
1   layer1 = new Layer
2   layer1.states =
3       state1 : x : 400
4   layer1.states.animationOptions =
5       curve : "spring(250,10,0)"
6       time : 0.5
7
8   layer1.states.next()
```

layer를 만들고, states를 추가하는 방법은 위 과정과 똑같다. layer.states.animation Options에서 curve 값과 time, delay에 대한 상세한 정의를 할 수 있다. animationOptions 에서 애니메이션 속성값을 한 번 정의하면 states를 정의한 states를 호출할 때마다 같은 애니메이션 속성으로 애니메이션이 진행된다.

[그림 6] 지정한 애니메이션처럼 탄성이 적용된 spring 애니메이션이 재생되는 것을 볼 수 있다.

하지만 상황에 따라 state1, state2의 애니메이션 속성을 다르게 주고 싶을 때도 있을 것이다. 그럴 때는 아래와 같이 states를 호출할 때 애니메이션 옵션을 다르게 설정하면 된다.

```
1    layer1.states.switch( "state2", animationOptions = curve :
2    "spring(250,10,0)", time : 0.5 )
```

●애니메이션 커브 값에 대한 커스터마이징은 프레이머의 큰 장점이다. 애니메이션 옵션의 curve에서 수치값을 조정하면서 내가 원하는 다양한 애니메이션 값을 조정할 수 있다.

http ://easings.net/#에 가보면 curve 값에 대한 자세한 표를 볼 수 있다.

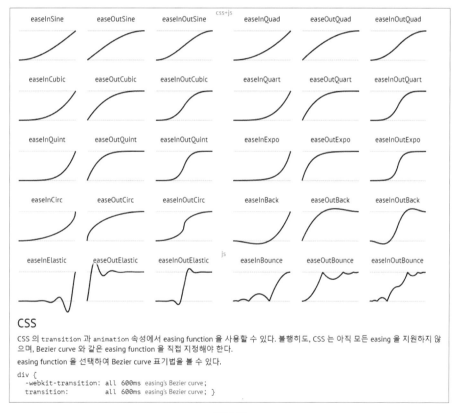

〔그림 7〕

easings.net에 접속하면 모션 그래프와 CSS 값을 확인할 수 있다.

06
스테이트 실전 예제

[**그림 1**] 스테이트를 실전에서 사용할 수 있도록 예제를 실습해보자.

Framerstudy.com에 접속해 스테이트 예제를 다운로드한 후 프레이머에서 열어보자.

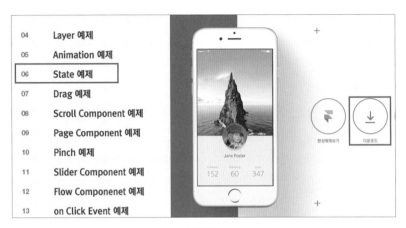

〔그림 2〕

이번에 연습할 예제는 프로필 화면으로, 가운데 인물 사진을 클릭했을 때 아이콘이 나오고 하단의 팔로워 정보도 다음 정보로 변하게 되는 화면을 만든다. 예제 파일을 열어보면 첫 번째 라인은 PSD 임포트를 위한 코드만 기재돼 있을 것이다. 이제 예제를 시작해보자.

〔그림 3〕 예제가 완성되면 위와 같은 코드를 기재한다.

X 버튼에 ON, OFF 스테이트 추가하기

가장 먼저 가운데 인물 사진 위에 올려진 x라고 돼 있는 레이어인 버튼에 on과 off에 대한 스테이트를 만든다. 이전 강좌 예제처럼 이 프레이머 예제도 PSD 파일을 임포트한 상태이기 때문에 모든 레이어 이름 앞에 psd를 붙여야 한다.

```
3    psd.x.states =
4        on : rotation : 0, opacity : 1
5        off : rotation : -45, opacity : 0
```

세 번째 줄에서부터 위와 같이 기재한다. 세 번째 줄에는 x 레이어의 states를 기재하기 위한 정의가 입력돼 있다. 그리고 밑으로 네 번째 줄과 다섯 번째 줄에 각각 on 이라는 스테이트에 회전이 0, 투명도가 1인 상태의 스테이트를 만들고, off라는 스테이트에는 -45도로 회전하고, 투명도가 0인 off 상태의 스테이트를 만든다. 결과적으로 on상태일 때는 x라는 버튼 레이어가 보이고, off 상태일 때는 시계 반대 방향으로 회전하면서 보이지 않게 되는 2개의 상태가 저장되는 것이다. 참고로 앞서 배운 코드에는 스테이트의 이름 밑에 있는 줄에 이동할 옵션 값을 적었는데, 위와 같이 한 줄에 쉼표로 함께 기재해도 무방하다.

〔그림 4〕 스테이트가 on일 때(좌측), 스테이트가 off일 때(우측)

X 버튼의 초기 상태 off로 변환하기

처음 앱을 실행했을 때 나타나는 화면에서는 버튼이 비활성화된 off 스테이트 상태로 보여져야 자연스러운 상황일 것이다. X 버튼의 스테이트를 off 상태로 시작하도록 만들자.

```
7    psd.x.states.switch("off" )
```

위의 코드를 기재하면 X 버튼이 사라지는 것처럼 보인다. 위의 stateSwitch 코드는 X 버튼의 스테이트를 off 상태로 한순간에 바꿔버리는 명령어다. 애니메이션 없이 순식간에 상태를 변하도록 할 때 사용하는 명령어라고 생각하면 될 것이다.

〔**그림 5**〕 stateSwitch 명령어를 사용하면 x 레이어가 신속하게 사라져 보인다.

X 버튼 클릭 이벤트 추가

이번 스텝에서 사용할 onTap 명령어는 9장에서 배울 내용으로, 간단하게 설명하면 버튼을 탭했을 때 일어나는 상황에 어떠한 이벤트가 일어날 것인지를 쓰게 되는 명령어다. 사진을 눌렀을 때 기대되는 행동은 현재 스테이트가 on인 상황에서는 버튼을 눌렀을 때 off가 돼야 하고, off인 상황에서는 on돼야 할 것이다.

```
9    psd.photo.onTap ->
10       psd.x.states.next( "on" , "off" )
```

아홉 번째 줄과 10번째 줄에 위의 코드를 기재하자. 아홉 번째 코드는 psd.photo 레이어인 초상화 이미지를 눌렀을 때의 탭 이벤트를 추가하는 코드이고, 10번째 줄의 코드는 탭했을 때 일어나는 상황인 x 레이어의 스테이트를 다음 스테이트로 변경한다는 의미를 가진 코드다. 괄호 안의 스테이트 on과 off의 현재 스테이트에서 다음 스테이트로 왔다갔다 하게 되는 것이다. 이제 인물 화면 부분을 누르면 없어져 보였던 X 버튼이 시계 방향으로 회전하면서 나타나는 것을 볼 수 있고, 다시 누르면 사라지는 것을 볼 수 있다. Next 명령어를 반대 순서로 사용하려면 previous를 기재하면 된다. 참고로 current 명령어는 현재 스테이트 상태를 출력할 수 있고, print psd.x.states.current와 같은 출력용으로만 사용할 수 있다.

〔그림 6〕

스테이트 애니메이션 옵션 추가하기

X 버튼을 눌렀을 때 스테이트가 정상적으로 바뀌긴 하지만, 애니메이션의 가속도가 없기 때문에 매우 허전한 느낌이 든다. 커브 값을 적용해 자연스러운 애니메이션을 추가하자.

```
12    psd.x.states.animationOptions =
13        curve : "spring( 300, 20, 0 )"
```

13번째 줄은 x 레이어의 스테이트에 애니메이션 옵션을 추가하겠다는 의미를 가진 코드다. 구체적인 애니메이션 값은 14번째 줄에 기재한다. spring이라는 커브를 추가하고, spring 애니메이션은 전체 시간에 대한 값을 추가할 수는 없지만, 커브 값이 bezier 커브나 "ease-out"과 같은 커브를 사용했다면, 다음 줄에 time : 0.5처럼 전체 애니메이션 시간을 수정할 수 있다. 이제 X 버튼을 누르면 탄성을 가지면 애니메이션되는 버튼을 볼 수 있다.

하단 트윗 정보 스테이트 추가하기

하단의 정보가 기재된 이미지에도 스테이트를 추가해 클릭했을 때 다른 정보가 보일 수 있도록 위에 올려진 이미지의 투명도가 0이 되는 스테이트를 추가해보자. 또한 이번에는 애니메이션 옵션을 함께 기재해보자.

```
15    psd.info1.states =
16        default : opacity : 1
17        state2 : opacity : 0
18        animationOptions : time : 0.5
19
20    psd.info1.onTap ->
21        psd.info1.states.next()
```

위의 코드는 이전 스텝과 동일하게 2개의 스테이트를 기재하게 되는데, 첫 번째 스테이트는 이름을 default로 만들었다. 그 이유는 가장 마지막에 설명하고, 먼저 default라는 이름의 스테이트는 투명도가 1이 되고, state2일 때는 0으로 만들어 보이지 않게 만든다. 18번째 줄에는 애니메이션 옵션으로 전체 시간을 0.5초로 만들었다. 마지막 두 줄의 코드는 x 레이어와 동일하게 info1을 눌렀을 때 다음 스테이트로 넘어가게 만들었다. 괄호 안에 특정 스테이트 이름을 기재하지 않아도 레이어가 갖고 있는 모든 스테이트를 자동으로 로테이션하게 되는데, 앞서 설명하지 않은 첫 번째 스테이트 이름을 defualt라고 만든 것도 스테이트의 중복을 피하기 위해서다. 본래 스테이트는 기본 상태를 defualt라는 이름을 가진 스테이트로 항상 갖고 있기 마련이다. 따라서 우리가 첫 번째 스테이트의 이름을 default가 아닌 state1과 같은 다른 이름으로 만들어주면 psd.info1 레이어는 defualt, state1, state2라는 3개의 스테이트를 갖게 되는 것이다. 또한 위와 같이 next( ) 명령어 다음에 특정 스테이트 이름을 기재하지 않고 모든 스테이트가 로테이션되게 만들었다면, default, state1, state2 순으로 반복되기 때문에 사용자 눈에는 탭이 한 번도 안 눌리는 것처럼 보일 것이다. next나 previous와 같은 순서 명령어를 사용할 때는 반드시 기본 상태의 스테이트가 어떻게 적용돼 있는지 확인하자.

이제 하단 info 레이어를 클릭해보면 레이어의 스테이트가 바뀌는 것을 볼 수 있다.

〔그림 7〕 default 스테이트(좌측), state2(우측)

전체 코드

```
1   psd = Framer.Importer.load("imported/states@1x")
2
3   psd.x.states =
4       on : rotation : 0, opacity : 1
5       off : rotation : -45, opacity : 0
6
7   psd.x.stateSwitch("off" )
8
9   psd.photo.onTap ->
10      psd.x.states.next( "on" , "off" )
11
12  psd.x.states.animationOptions =
```

```
13        curve : "spring ( 300, 20, 0 )"
14
15    psd.info1.states =
16        default : opacity : 1
17        state2 : opacity : 0
18        animationOptions : time : 0.5
19
20    psd.info1.onTap ->
21        psd.info1.states.next()
```

07

드래그

드래그 알아보기

모바일 프로토타이핑을 하면서 한 번은 꼭 만나게 되는 기능인 드래그를 다룰 차례다. 드래그 기능은 프레이머에서 제공하는 스크롤, 페이지 컴포넌트들과 함께 많이 쓰이므로 꼭 알아두자.

드래그 활성화

레이어에 드래그 기능을 추가하려면 draggable.enabled = true라는 구문만 넣어주면 된다.

```
1    layer1 = new Layer
2    layer1.draggable.enabled = true
```

위와 같이 기재한 후에 화면상의 layer1을 드래그할 수 있다.

〔**그림 1**〕 레이어를 자유롭게 드래그할 수 있다.

드래그 방향 설정

1번 과정에서 만든 드래그는 상하좌우로 드래그가 가능한 것을 볼 수 있다. 일단 draggable.enabled = true를 설정하면 모든 방향으로 드래그할 수 있지만 상하, 좌우 한 방향으로만 드래그되도록 설정할 수도 있다. 좌우 방향으로의 드래그를 막으려면 아래와 같이 기재한다.

```
1    layer1 = new Layer
2    layer1.draggable.enabled = true
3    layer1.draggable.horizontal = false
```

세 번째 줄에 기재된 .horizontal이 false로 적용돼 있기 때문에 수평 방향으로의 드래그가 막히는 것을 볼 수 있다. 상하 방향으로의 드래그를 막으려면 아래와 같이 기재한다.

```
3    layer1.draggable.vertical = false
```

[**그림 2**] horizontal은 수평으로, vertical은 수직으로 드래그를 제어할 수 있다.

드래그 속도 설정

드래그되는 속도도 제어할 수 있다. 초깃값은 1이고, 1이 가장 최댓값이다. 최솟값은 0이고, 0으로 설정하면 움직이지 않는다.

```
1    layer1 = new Layer
2    layer1.draggable.enabled = true
3    layer1.draggable.speedX = 0
```

이렇게 설정하면 좌우로 움직이지 않는다. 위에서 봤던 좌우 드래깅을 막는 .horizontal = false 명령어와 같다. 속도는 드래그의 저항감을 연출할 때 유용하다.

〔그림 3〕 드래그 속도를 조절할 수 있고, 0으로 하면 드래깅되지 않는다는 것을 알 수 있다.

드래그 영역 설정

드래그되는 영역을 설정할 수 있다. 예를 들어, 특정 영역에서만 드래그되도록 constraints 를 사용해 영역을 설정할 수 있다. 드래그 영역을 설정하지 않으면 화면 밖으로 나갔을 때 제어할 방법이 없으므로 매우 중요한 기능이다. X와 Y와 값은 기재하지 않으면 0, 0을 기본값으로 한다. 반드시 아래와 같이 적어줄 필요는 없고, 생략할 수도 있다.

```
1   layer1 = new Layer
2   layer1.draggable.enabled = true
3   layer1.draggable.constraints =
4       x : 0
5       y : 0
6       width : 750
7       height : 1334
```

〔그림 4〕 화면 사이즈와 동일한 영역 제한을 만들어줬기 때문에 레이어가 화면 밖으로 나가지 않는 것을 볼 수 있다.

드래그 bounce

드래그되는 레이어가 영역 밖으로 넘어가는 반동을 받을 때 화면 밖으로 자연스럽게 넘어가는 바운스 기능을 설정/해제할 수 있다. 아래의 다섯 번째 코드처럼 .bounce를 false로 하면 레이어의 드래그 반동이 사라지기 때문에 화면 밖으로 삐져 나가지 않게 된다. 기본 상태는 물론 true로 돼 있다.

```
1   layer1 = new Layer
2   layer1.draggable.enabled = true
3   layer1.draggable.constraints =
4       x : 0, y : 0, width : 750, height : 1334
5   layer1.draggable.bounce = false
```

[그림 5] 레이어가 화면 밖으로 삐져 나가는 탄성이 사라지고, 탄성 없이 부딪히는 것을 볼 수 있다.

directionLock

directionLock은 예를 들어 좌우로 스크롤되는 영역에서 상하로 스크롤되거나 드래그되는 오브젝트가 있을 때 유용하게 쓰일 수 있다. 좌우로 스크롤을 하는데 상하로 드래그되는 오브젝트는 움직이면 안 되므로 이런 UI 구조가 있다면 directionLock을 적극 활용하자.

```
1    layer1 = new Layer
2    layer1.draggable.enabled = true
3    layer1.draggable.directionLock = true
```

layer1을 하나 만들고, 드래그 기능을 true로 설정한다. 그리고 draggable.directionLock = true로 설정한다.

layer1을 드래그해보면, 좌측으로 움직이면 위아래 스크롤이 막혀 있고 상하로 움직이면 좌우 스크롤이 막혀 있다는 것을 확인할 수 있다.

즉, 내가 드래그하는 방향에 맞게 오브젝트가 드래그된다는 것을 알수 있다. directionLock은 스크롤 컴포넌트에서 유용하게 사용할 수 있다. 이 부분은 뒤에서 다시 다룬다.

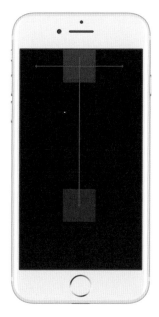

〔그림 6〕 좌우 또는 상하로만 드래그되는 것을 볼 수 있다.

direction

드래그하는 상하좌우 방향을 알아낼 수 있다. 이를 이용해 특정 방향으로 드래깅하거나 스크롤할 때 다른 애니메이션을 줄 수 있다.

```
1    layer1 = new Layer
2    layer1.draggable.enabled = true
3    layer1.draggable.vertical = false
4    layer1.onDragMove ->
5        if layer1.draggable.direction is "right"
6            layer1.html  = "오른쪽"
7        else if layer1.draggable.direction is "left"
8            layer1.html = "왼쪽"
```

첫 번째 줄부터 네 번째 줄까지는 레이어를 만들고, 좌우 드래그를 하도록 하는 구문이다. 다섯 번째 줄부터가 드래그 무브 이벤트에 관련된 내용인데, 프레이머가 업데이트되면서 이벤트에서 short-cut 개념이 생겼다. 그래서 레이어.onClick, 레이어.onDragMove… 등의 형태로 접근할 수 있다(Event에 대한 자세한 내용은 9장 "Event" 편을 참고하기 바란다.)

onDragMove 이벤트는 레이어가 드래그될 때 계속 참조할 수 있다. 그래서 우측으로 드래그하면 "오른쪽"이라는 텍스트가 나타나고, 좌측으로 드래그하면 "왼쪽"이라는 텍스트 메시지가 나타난다. "up"과 "down"을 통해 상하로 드래그하는 방향도 읽어낼 수 있다.

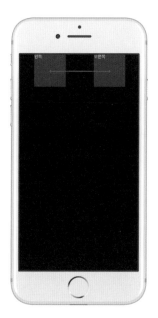

[**그림 7**] 레이어 드래그의 이동 방향을 읽을 수 있다.

isDragging

isDragging은 드래그되는 영역에 터치되는 이벤트가 함께 있는 구조에서 매우 유용하게 쓰인다.

예를 들어, 우리가 휴대폰 연락처에 있는 번호를 스크롤하는 와중에 터치가 된다면 매우 불편할 것이다. isDragging은 이러한 경우에서 드래깅되는 케이스를 잡아내 터치를 막을 수 있다.

isDragging을 판단하는 방법은 레이어 이름. `draggable.isDragging`이다. 여기에 참, 거짓 상태만 추가하면 된다. 예를 들어, isDragging되는 상태라면, 즉 드래그를 하고 있는 상태라면 레이어. `draggable.isDragging is true`일 것이고, 그렇지 않으면 `isnt true`일 것이다. 드래그하고 있지 않을 때 클릭 혹은 터치 이벤트를 줘야 하기 때문에 일반적으로 `draggable.isDragging isnt true`를 많이 쓴다. 프레이머 버전이 업데이트되면서

isDragging을 쓰는 방법도 조금 달라졌다. 드래그되는 레이어에 터치 이벤트를 넣으려면 Tap 이벤트로 대체하면 된다.

```
1    layer1 = new Layer
2    layer1.draggable.enabled = true
3    layer1.onTap ->
4        if layer1.draggable.isDragging isnt true
5            print "클릭"
```

먼저 드래그되는 레이어를 하나 만들자. 세 번째 줄의 코드부터는 layer1에 탭 이벤트를 하나 만드는데, 여기에 드래그되는지 판단해야 하기 때문에 조건문을 붙여야 한다. 그래서 네 번째 줄의 if문의 isDragging 구문 때문에 사각형을 드래그하지 않고, 그냥 클릭할 때 print가 찍히는 것을 확인할 수 있다.

〔그림 8〕

propagateEvents

propagate event는 드래그 레이어 안에 드래그 레이어가 중복으로 돼 있을 때 유용하게 쓰인다. child되는 오브젝트에 propagate event 적용하는 것이 일반적이다.

```
1    layer1 = new Layer
2        width : 600, height : 600, backgroundColor : "yellow"
3    layer1.draggable.enabled = true
4    layer2 = new Layer
5        width : 200, height : 200, backgroundColor : "green"
6        parent : layer1
7    layer2.draggable.enabled = true
8    layer2.draggable.propagateEvents = false
```

Line 1~3 : 가로, 세로가 600이고, 백그라운드 컬러가 노란색인 layer1을 만들고 드래그가 가능하도록 만든다.

Line 4~7 : 가로, 세로가 200이고, 백그라운드 컬러가 파란색인 layer2를 하나 더 만들고, parent를 layer1로 설정한다.

Line 8 : layer2의 propagateEvent를 false로 설정하자(기본값은 true이다).

propagateEvent 구문을 빼고 실행해보면 확실한 차이를 느낄 수 있다. propagateEvent를 설정하지 않고 실행하면 녹색 박스를 드래그할 때 노란색 박스도 함께 움직인다. 하지만 propagateEvent를 false로 설정한 후에 실행해보면, 녹색 박스를 드래그해도 노란색 박스에 영향을 주지 않는다는 것을 알 수 있다.

drag에서 쓰이는 명령어들은 페이지, 스크롤 컴포넌트에도 오버랩되는 경우가 많다. 지금 당장은 이해되지 않더라도 이후에 페이지, 스크롤 컴포넌트 예제들과 함께 다시 다룰 예정이므로 너무 걱정하지 않아도 된다.

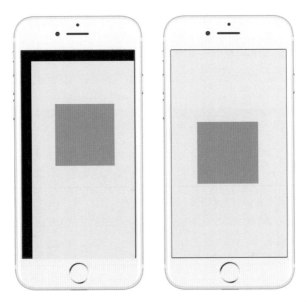

〔**그림 9**〕 좌측은 propagateEvents가 활성화된 기본 상태로, 드래그가 중복되는 것을 볼 수 있다.
propagateEvents를 비활성화하면 드래그가 중복되지 않고 하나의 layer2만 움직이는 것을 볼 수 있다.

07
드래그 실전 예제

〔**그림 1**〕 예제의 레이어 구조. 이번 예제에서는 가운데 카드처럼 생긴 레이어만 다룰 것이기 때문에
간단한 구조로 돼 있다.

이제 모바일에서 오브젝트를 손으로 끌어다 움직일 수 있는 드래그 기능을 예제로 연습
해볼 것이다. 예제는 모바일 카드 페이지로, 화면 가운데 카드를 이리저리 움직일 수 있
게 하고, 여러 가지 드래그 옵션을 이용해 사용자가 원하는 설정으로 드래그할 수 있도록
하는 것이 목표다.

먼저 Framerstudy.com에 접속해 드래그 예제를 다운로드하자.

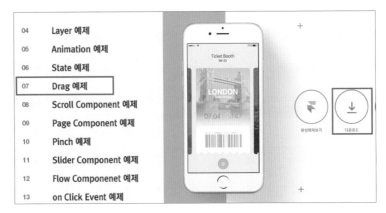

〔그림 2〕

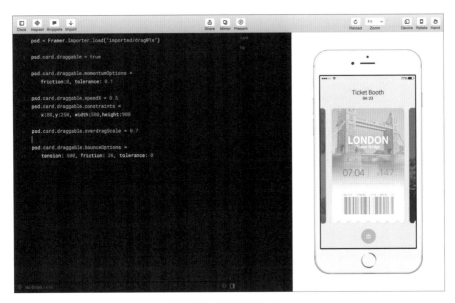

〔그림 3〕 완성된 예제 코드

카드 레이어 드래그 활성화

예제 파일을 열어보면 카드 이미지와 배경 이미지의 두 가지로 매우 심플하게 구성돼 있는 화면을 볼 수 있다. 먼저 가운데 카드는 card라는 이름으로 돼 있고, 앞서 연습한 예제와 같이 포토샵 파일을 임포트했기 때문에 모든 레이어 이름 앞에 psd를 붙여줘야 한다.

```
5    psd.card.draggable = true
```

세 번째 줄에 위와 같은 코드를 기재한 후, 화면상에서 카드를 이리저리 끌어당겨보자. 레이어 이름을 .draggable =true로 활성화하면, 해당 레이어를 드래그할 수 있다. 반면, 드래그되는 오브젝트를 비활성화하려면 레이어 이름을 .draggable = false라고 기재하면 된다.

〔그림 4〕 draggable을 활성화한 후에 화면 가운데 카드 레이어를 드래그하면 움직이는 것을 볼 수 있다.

드래그 가속도 반동 설정하기

1번 과정에서 활성화한 드래그는 한 가지 문제가 있다. 카드 레이어를 이리저리 움직이다가 손가락을 떼면 카드 레이어가 반동을 갖고 화면 밖으로 나가버린다. 손가락을 떼었을 때 생기는 반동 옵션을 제어해보자.

```
5    psd.card.draggable.momentumOptions =
6        friction : 8 , tolerance : 0.1
```

위와 같이 기재하고 카드를 드래그하다가 손을 떼면 마찰력이 생긴 것처럼 이전보다 미끄러지는 부분이 적어진다.

가속도 반동을 아예 해제하려면 아래와 같이 기재하면 된다.

```
7    psd. card.draggable.momentum = false
```

〔**그림 5**〕 draggable만 활성화하면 레이어가 화면 밖으로 나갔을 때 제어할 방법이 없게 된다.

드래그 영역 지정하기

가속도 반동을 설정했지만, 여전히 화면 밖으로 나갔을 때 카드 레이어를 되돌릴 수 있는 방법이 없다. 이번에는 드래그의 영역 제한 구역을 만들어 화면에서 손을 뗐을 때 영역 제한으로 되돌아오도록 만들어보자.

```
10    psd.card.draggable.constraints=
11        x : 88, y : 250, width : 580, height : 900
```

위와 같이 기재하면 카드가 위치한 곳에 카드와 동일한 사이즈의 제한 구역이 생기게 되고, 카드 레이어를 드래그해 바깥쪽으로 끌어당겨도 다시 제자리로 되돌아오게 된다. 이처럼 드래그 레이어의 제한 구역을 설정하려면 Constraints 명령어를 사용한 후 하단에 좌표와 사이즈를 지정하면 된다.

〔그림 6〕 카드 레이어 뒷 배경에 그려진 영역만큼 constraints를 지정해줘서
드래그가 끝날 때 레이어가 지정한 영역으로 되돌아올 수 있도록 범위를 설정하자.

드래그 속도 조절하기

이번에는 드래그 속도를 조절해 상하로 드래그했을 때는 정상 속도로 제어되지만, 좌우로
드래그했을 때는 절반 속도로 드래그되도록 만들어보자.

```
8    psd.card.draggable.speedX = 0.5
```

위와 같이 기재하면 카드 레이어를 드래그했을 때 x축 좌표, 다시 말해서 좌우로 드래그
했을 때는 원래 속도보다 절반으로 드래그되기 때문에 드래그가 살짝 불편한 것처럼 느껴
진다. 이처럼 .draggable.speedX는 좌우 드래그 속도를 조절하고, .draggable.speedY
는 상하 드래그 속도를 조절한다. 기본값은 1이고, 1보다 작아질수록 속도가 느려지고 커
질수록 빨라진다.

〔그림 7〕 이제 상하로 드래그할 때보다 좌우로 드래그하는 속도가 절반으로 줄어든 것을 볼 수 있다.

오버 드래그 조절하기

카드 레이어를 드래그할 때 이전 단계에서 constraints를 설정해줬기 때문에 드래그되는 범위가 영역에서 너무 멀리 벗어날 수 없어 답답한 느낌이 든다. 오버 드래그되는 사이즈를 조절해 좀 더 멀리까지 드래그될 수 있도록 만들어보자. 아래와 같이 오버 드래그 스케일을 0.7로 입력하자. 기본값은 0.5로 돼 있기 때문에 0.7로 입력하면 20% 정도 더 드래그할 수 있다.

```
13    psd.card.draggable.overdragScale = 0.7
```

〔그림 8〕 오버 드래그 스케일을 조절해 좀 더 가볍고 멀리까지 드래그되는 것을 볼 수 있다.

드래그 탄성 설정하기

이제 마지막으로 레이어를 드래그하다가 손을 뗐을 때 제자리로 되돌아오는 애니메이션에 탄성을 추가하자.

```
15    psd.card.draggable.bounceOptions =
16       tension : 500, friction : 26, tolerance : 0
```

위와 같이 적용하면 드래그를 하다가 손을 뗐을 때 애니메이션에 탄성이 적용된다. 탄성 속성은 spring 애니메이션과 비슷하게 `tension`(장력), `friction`(마찰), `tolerance`(저항력)의 값을 기재해 탄성 애니메이션을 만들어주면 된다.

〔그림 9〕 레이어를 드래그하다가 손을 떼면 탄성을 이루면서 제자리로 되돌아가는 것을 볼 수 있다.

전체 코드

```
1    psd = Framer.Importer.load("imported/drag@1X")
2
3    psd.card.draggable = true
4
5    psd.card.draggable.momentumOptions=
6        friction : 8 , tolerance : 0.1
7
8    psd.card.draggable.speedX = 0.5
9
10   psd.card.draggable.constraints=
11       x : 88, y : 250, width : 580, height : 900
12
13   psd.card.draggable.overdragScale = 0.7
14
15   psd.card.draggable.bounceOptions=
16       tension : 500, friction : 26, tolerance : 0
```

08

스크롤 컴포넌트

스크롤 알아보기

스크롤 컴포넌트Scroll Component는 손으로 화면을 드래그하면 레이어 전체가 이동하는 일종의 화면 전환 레이어다. 스크롤 컴포넌트는 2개의 레이어로 이루어져 있다. 첫째는 스크롤 컴포넌트 레이어로, 손으로 드래그할 수 있는 영역을 담당하며 화면에 보이는 영역과는 다르다. 둘째는 콘텐츠 레이어로, 스크롤 레이어가 손으로 드래그될 때 움직일 콘텐츠를 집어넣는 레이어라고 보면 된다. 콘텐츠 레이어에 포함하지 않고 스크롤 컴포넌트 레이어에 포함하면 화면을 드래그해도 스크롤되지 않으므로 주의하자. 이번 장에서는 스크롤 기능에 대해 배워보자.

Scroll component 만들기

화면상에 레이어를 스크롤하는 데는 두 가지 방법이 있는데, 그중 기본적인 방법은 스크롤 컴포넌트를 수동으로 만든 후, 그 안의 콘텐츠 레이어에 움직일 레이어들을 넣는 방식이다. 사용 방법은 아래와 같다.

```
1    scroll1 = new ScrollComponent
2        width : Screen.width
3        height : Screen.height
4
5    layer1 = new Layer
6        width : 375, height : 375, backgroundColor : "yellow"
7        parent : scroll1.content
8
9    layer2 = new Layer
10        y : 377, width : 375, height : 375, backgroundColor : "blue"
11        parent : scroll1.content
```

Line 1~3 : 화면 사이즈와 동일한 scroll1이라는 스크롤 컴포넌트를 만든다.

Line 5~7 : 노란색 layer1을 만든다. 이때 사이즈는 상하좌우 375의 정사각형 레이어이며, parent를 scroll1의 스크롤 컴포넌트의 content에 포함시킨다. 반드시 스크롤 컴포넌트 이름 다음에 .content를 기재해야 스크롤 기능이 제대로 동작한다.

Line 9~11 : 파란색 layer2를 만들고, scroll1의 콘텐츠 레이어에 포함시킨다. 두 번째 레이어는 y 값을 377로 만들어 간격을 살짝 띄워주기로 한다.

위의 코드를 입력한 후에 화면을 드래그해보면 layer1, layer2가 손을 따라 드래그되는 것을 볼 수 있다. 이처럼 스크롤 컴포넌트는 내부의 content 레이어에 포함된 모든 레이어를 스크롤되도록 만들 수 있다.

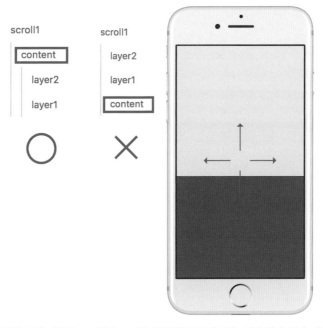

〔**그림 1**〕화면을 드래그하면 layer1과 layer2가 상하좌우로 드래그되는 것을 볼 수 있다. 이전 강좌에서 배운 draggable과의 차이점이라면 스크롤 컴포넌트이기 때문에 영역이 제한돼 있다는 것이다. 이때 주의할 점은 반드시 content 레이어 안에 스크롤할 레이어들을 넣어야 한다는 것이다. .content를 기재하지 않으면 아무리 스크롤 컴포넌트 안에 포함돼 있어도 스크롤 기능이 작동하지 않는다.

Wrap scroll

두 번째는 wrap 기능을 이용해 레이어를 스크롤 컴포넌트로 빠르게 감싸는 방법이다. 이 기능을 이용하면 스크롤 안에 들어갈 레이어의 사이즈와 위치에 자동으로 맞춰지기 때문에 편리하지만, 이와 반대로는 설정할 수 없기 때문에 불편할 때도 있다. 그렇기 때문에 위치와 사이즈가 이미 앞서 정의된 레이어의 경우(또는 포토샵이나 스케치를 이용해 임포트한 레이어처럼 위치 및 사이즈의 수정이 어려운 경우), wrap을 사용하는 것이 편리하지만, 수정될 가능성이 있는 레이어는 스크롤 컴포넌트를 수동으로 만들어 넣는 것이 편리하다.

```
1    layer1 = new Layer
2        width : 375, height : 2000, backgroundColor : "green"
3
4    scroll1 = ScrollComponent.wrap(layer1)
```

세로가 2000픽셀인 긴 녹색 layer1을 만들고, scroll1이라는 스크롤 컴포넌트를 만듦과
동시에 wrap 기능을 이용해 layer1을 스크롤 컴포넌트에 넣는다. wrap 명령어는 먼저 만
들어질 스크롤 이름을 기재한 후에 =을 붙이고, 괄호 안에는 스크롤 안에 들어갈 레이어
이름을 기재하면 된다.

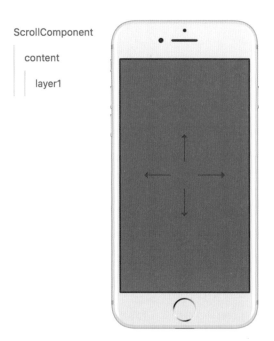

〔그림 2〕 스크롤 컴포넌트의 content 레이어 안에 layer1이 자동으로 들어간 것을 볼 수 있다.
화면을 드래그해보면 스크롤이 상하좌우로 잘 작동하는 것을 알 수 있다.

232

스크롤 방향 잠금

스크롤 컴포넌트를 처음 생성하면 상하좌우 전 방향으로 드래그가 가능하기 때문에 원하는 방향으로만 스크롤하려면 좌우 방향인 X축의 스크롤을 막거나 상하 방향인 Y축의 스크롤을 막아야 한다. X축의 스크롤을 제어하려면 scrollHorizontal을 true나 false로 입력해 활성/비활성화할 수 있으며, Y축도 scrollVertical을 이용해 제어할 수 있다.

```
1    scroll1 = new ScrollComponent
2        width : 375, height : 667, scrollHorizontal : false
3
4    layer1 = new Layer
5        width : 375, height : 375, backgroundColor : "yellow"
6        parent : scroll1.content
7
8    layer2 = new Layer
9        y : 377, width : 375, height : 375, backgroundColor : "blue"
10        parent : scroll1.content
```

위 코드는 1번 과정과 동일한 코드에 붉은색으로 밑줄 친 scrollHorizontal 부분만 추가했다. 화면상에서 드래그해보면 좌우 수평의 드래그는 막히고, 위아래의 스크롤만 이루어지는 것을 확인할 수 있다.

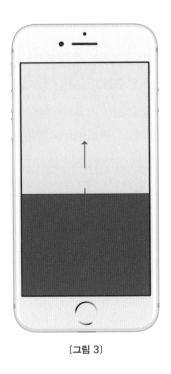

〔그림 3〕

Scroll content inset

가끔씩 스크롤 안의 레이어 영역과는 상관없이 좀 더 스크롤 범위를 넓게 허용해서 사용해야 하는 경우에는 content inset을 사용하면 된다. content inset은 스크롤 컴포넌트 안에 여백을 만든다. 상하좌우 네 가지의 여백을 입력할 수 있는 경우에는 픽셀 수치를 각각 top, bottom, left, right로 입력하면 된다. 스크롤 콘텐츠 영역을 늘려준다고 보면 될 것이다.

```
1   scroll1 = new ScrollComponent
2       width : 375, height : 667, scrollHorizontal : false
3
4   layer1 = new Layer
5       width : 375, height : 375, backgroundColor : "yellow"
6       parent : scroll1.content
7
8   layer2 = new Layer
9       y : 377, width : 375, height : 375, backgroundColor : "blue"
10      parent : scroll1.content
11
12  scroll1.contentInset =
13      top : 100, bottom : 100, right : 0, left : 0
```

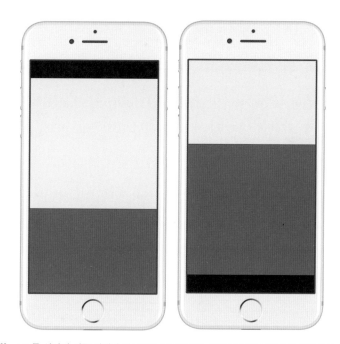

[그림 4] 스크롤 상단의 위쪽 여백이 만들어진 상태(좌측), 하단의 아래 여백이 만들어진 상태(우측)

Scroll speed

손으로 화면을 드래그했을 때 스크롤되는 속도를 설정하려면, speed 기능을 이용하면 된다. 드래그 속도를 설정했듯이, 스크롤의 속도도 설정할 수 있다. 속도의 기본값은 1로 돼있으며, 2를 적용하면 2배 빨라지고 0.5를 적용하면 절반으로 느려지는 식이다. 좌우 스크롤인 x축 스크롤의 속도를 변경하려면 .speedX를 사용하고, 상하 스크롤인 y축의 스크롤 속도를 이동하려면 .speedY를 사용한다.

```
1    scroll1 = new ScrollComponent
2        width : 375, height : 667
3
4    layer1 = new Layer
5        width : 750, height : 2000, backgroundColor : "yellow"
6        parent : scroll1.content
7
8    scroll1.speedX = 0.5
```

위의 코드를 해석하면, scroll1이라는 스크롤 컴포넌트를 만들고 layer1을 만들어 scroll1의 콘텐츠 레이어에 포함시킨 후에 scroll1의 좌우 스피드인 speedX를 절반 속도로 드래그되도록 속도를 수정했다.

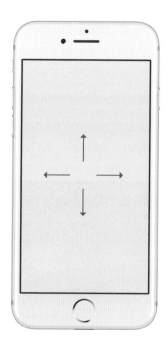

〔그림 5〕 화면을 스크롤해보면 스크롤 속도가 절반으로 줄어 저항감이 생긴 것처럼 조금 느리게 움직이는 것을 볼 수 있다.

스크롤 활성/ 비활성화

스크롤의 작동이 멈추게 만들 수 있다. 다른 명령어와 마찬가지로 true로 활성화, false로 비활성화할 수 있다.

```
1  scroll1 = new ScrollComponent
2      width : 375, height : 667
3
4  layer1 = new Layer
5      width : 750, height : 2000, backgroundColor : "yellow"
6      parent : scroll1.content
7
8  scroll1.scroll = false
```

〔**그림 6**〕 스크롤을 false로 한 후에 화면을 스크롤해보면 작동하지 않는 것을 볼 수 있다.

Scroll X, Y

스크롤 안 콘텐츠의 X나 Y 좌표를 지정해 입력할 수 있다. 스크롤되는 콘텐츠를 중간 위치부터 시작하고 싶거나 특정 버튼을 눌렀을 때, 스크롤되는 콘텐츠를 이동할 때 많이 사용한다.

```
scroll1 = new ScrollComponent
    width : 375, height : 667

layer1 = new Layer
    width : 750, height : 2000, backgroundColor : "yellow"
    parent : scroll1.content

scroll1.scrollY = 300
```

위와 같이 기재하면 scrollY에 의해 스크롤의 시작점이 Y 좌표 300에서부터 시작한다. 화면상에 layer1에 마우스 커서를 올려놓으면 중간부터 시작된 것을 영역을 통해 알 수 있다.

〔**그림 7**〕 scrollX나 scrollY는 스크롤의 위치값을 변경할 수 있다.

Scroll point

스크롤의 좌표 입력 기능과 같이 스크롤 안의 콘텐츠 좌표를 이동하는 명령어다. 차이점은 X 좌표와 Y 좌표를 동시에 입력할 수 있다는 것이다.

```
1    scroll1 = new ScrollComponent
2        width : 375, height : 667
3
4    layer1 = new Layer
5        width : 1000, height : 2000, backgroundColor : "yellow"
6        parent : scroll1.content
7
8    scroll1.scrollPoint = x : 100, y : 200
```

[그림 8] scrollPoint는 scrollX와 마찬가지로 스크롤의 위치값을 변경할 수 있다.

Scroll velocity

스크롤의 초당 픽셀을 이동하는 속도와 방향성을 출력할 수 있다. x 값과 y 값이 출력되며, 방향이 +인지, −인지를 통해 판단할 수 있다. 아래와 같이 이벤트를 만들어 scroll1이 스크롤될 때마다 velocity 값을 출력하게 만들 수 있다.

```
1   scroll1 = new ScrollComponent
2       width : 375, height : 667
3
4   layer1 = new Layer
5       width : 1000, height : 2000, backgroundColor : "yellow"
6       parent : scroll1.content
7
8   scroll1.onScroll ->
        print scroll1.velocity
```

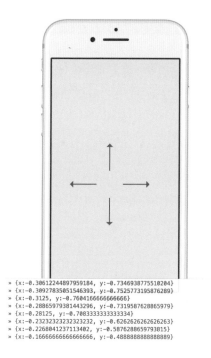

» {x:-0.30612244897959184, y:-0.7346938775510204}
» {x:-0.3092783505154639, y:-0.7525773195876289}
» {x:-0.3125, y:-0.7604166666666666}
» {x:-0.28865979381443296, y:-0.7319587628865979}
» {x:-0.28125, y:-0.7083333333333334}
» {x:-0.23232323232323232, y:-0.6262626262626263}
» {x:-0.2268041237113402, y:-0.5876288659793815}
» {x:-0.16666666666666666, y:-0.4888888888888889}

〔**그림 9**〕 scroll1을 스크롤했을 때 속도가 화면에 표시된다.

Scroll is draging, is moving

스크롤이 움직일 때 드래그되는지 안 되는지 파악할 수 있다. 이를 통해 손이 화면에 접지한 드래그되는 순간에만 특정한 이벤트를 만들 수 있다.

```
scroll1 = new ScrollComponent
    width : 375, height : 667

layer1 = new Layer
    width : 500, height : 500
    parent : scroll1.content
layer1.center()

scroll1.onMove ->
    if scroll1.isDragging
        layer1.html = "드래그중"
    else
        layer1.html = "드래그안 됨"
```

위와 같이 기재하면 scroll1이 드래그되는 순간에만 layer1의 텍스트가 "드래그 중"이라고 표시한다. 마우스에서 손을 떼는 순간부터는 "드래그 안 됨"으로 바뀐다.

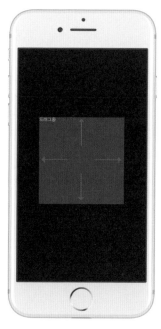

〔그림 10〕

Scroll direction

스크롤 방향도 스크롤 속도와 비슷하게 출력할 수 있다. 이를 통해 어느 방향을 스크롤하느냐에 따라 다른 이벤트를 줄 수 있다. 예를 들어, 아래로 스크롤할 때 화면 상단에 검색 창이 보이도록 만들 수도 있다. "up", "down", "left", "right"의 네 가지 방향을 출력할 수 있다.

```
1   scroll1 = new ScrollComponent
2       width : 375, height : 667
3
4   layer1 = new Layer
5       width : 500, height : 500
6       parent : scroll1.content
7   layer1.center()
```

```
8
9    scroll1.onScroll ->
10       if scroll1.direction is "down"
11           layer1.html = "위쪽"
12       else if scroll1.direction is "up"
13           layer1.html = "아래쪽"
14       else if scroll1.direction is "left"
15           layer1.html = "오른쪽"
16       else if scroll1.direction is "right"
17           layer1.html = "왼쪽"
```

위와 같이 기재하면, 스크롤할 때마다 layer1에 스크롤 방향이 나타난다. 이때 주의할 점은 스크롤 레이어 입장에서의 화면 제스처와 반대 방향으로 움직이기 때문에 "up"이라고 기재해야 아래쪽으로 움직이는 방향을 입력받을 수 있다는 것이다. 쉽게 말해, 반대 방향으로 입력하면 된다.

〔그림 11〕 layer1에 방향이 표시되는 것을 볼 수 있다.

Scroll directionLock

드래그와 동일하게 스크롤의 방향 잠금을 설정해 한 번에 상하 또는 좌우 한 방향으로만 움직이도록 설정할 수 있다.

```
1    scroll1 = new ScrollComponent
2        width : 375, height : 667
3
4    layer1 = new Layer
5        width : 1000, height : 750, backgroundColor : "yellow"
6        parent : scroll1.content
7
8    layer2 = new Layer
9        y : 752, width : 1000, height : 750, backgroundColor : "blue"
10       parent : scroll1.content
11
12   scroll1.directionLock = true
```

위와 같이 기재한 후에 화면을 스크롤해보면 한 번에 상하 또는 좌우 한 방향으로만 스크롤되는 것을 볼 수 있다. directionLock은 스크롤 안의 스크롤 레이어 구조에서 유용하게 쓰인다.

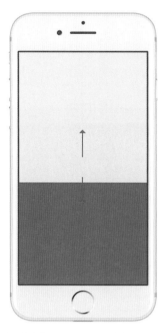

[**그림 12**] 위아래 또는 좌우 직선 방향으로만 움직인다.

Scroll angle

스크롤되는 각도를 출력할 수 있다. 다이얼과 같이 드래그를 따라 회전하는 UI를 만들 때 유용하다. 아래와 같이 화면 중앙에 layer1을 만든 후에 scroll1이 스크롤될 때마다 회전 값을 음수값으로 받아오는 이벤트를 만들면, 가운데 레이어가 다이얼처럼 스크롤되는 것을 볼 수 있다.

```
1   scroll1 = new ScrollComponent
2       width : 375, height : 667
3
4   layer1 = new Layer
5       width : 300, height : 300, backgroundColor : "yellow"
6   layer1.center()
7
```

```
8    scroll1.onScroll ->
9        layer1.rotation = -scroll1.angle
```

〔그림 13〕 스크롤이 회전되는 방향에 맞춰 레이어가 회전하는 것을 볼 수 있다.

Scroll to point, scroll to layer

스크롤의 특정 좌표로 애니메이션되도록 이동할 수 있다.

```
1    scroll1 = new ScrollComponent
2        width : 375, height : 667
3
4    layer1 = new Layer
5        width : 1000, height : 750, backgroundColor : "yellow"
6        parent : scroll1.content
7
```

```
8      layer2 = new Layer
9          y : 752, width : 1000, height : 750, backgroundColor : "blue"
10         parent : scroll1.content
11
12     scroll1.scrollToPoint( y : 200 )
```

위와 같이 기재하면 스크롤이 y : 200 좌푯값으로 이동한다. 괄호 안에 애니메이션 옵션 값을 기재해 이동할 수 있으며, scrollToLayer 명령어를 이용해 특정 레이어 이름을 기재 한 후 이동할 수도 있다.

```
12     scroll1.scrollToLayer( layer2 )
```

〔그림 14〕 scrollToPoint와 scrollToLayer는 특정 좌표나 레이어로 이동하는 명령어다.

마우스 휠 활성화

PC에서 프레이머를 확인할 때 마우스 휠을 이용해 스크롤이 가능하도록 할 것인지를 설정하는 명령어다. Enable를 true로 하면 동작한다.

```
1    scroll1 = new ScrollComponent
2        width : 375, height : 667
3
4    layer1 = new Layer
5        width : 1000, height : 750, backgroundColor : "yellow"
6        parent : scroll1.content
7
8    layer2 = new Layer
9        y : 752, width : 1000, height : 750, backgroundColor : "blue"
10       parent : scroll1.content
11
12   scroll1.mouseWheelEnabled = true
```

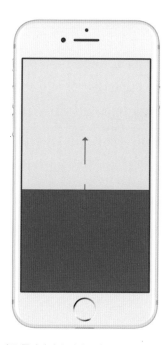

〔**그림 15**〕 맥북에서 사용 중이라면 손가락 2개를 스와이프해야 스크롤을 할 수 있다.

Scroll propagate event

레이어 구조상 스크롤 컴포넌트 안에 스크롤이 있거나 페이지 컴포넌트 안에 스크롤 컴
포넌트 등이 중복 사용되는 경우가 있다. 이때 중복된 영역의 부모, 자식 레이어의 드래
그가 서로를 방해하는 경우가 있는데, 이를 방지하기 위해 propagate event를 사용한다.

```
1    scroll1 = new ScrollComponent
2        width : 375, height : 667
3
4    layer1 = new Layer
5        width : 1000, height : 375, backgroundColor : "yellow"
6        parent : scroll1.content
7
8    layer2 = new Layer
9        y : 377, width : 1000, height : 750, backgroundColor : "blue"
10       parent : scroll1.content
11
12   layer1.draggable.enabled = true
13   layer1.draggable.propagateEvents = false
```

위와 같이 기재해 layer1의 드래그를 활성화하면 스크롤 컴포넌트 안에 드래그 레이어 구
조가 된다. 13번째 라인에 propagateEvents를 false로 비활성화했기 때문에 화면상에
서 layer1의 노란색 레이어를 드래그했을 때 전체 스크롤 컴포넌트는 움직이지 않는 것
을 볼 수 있다.

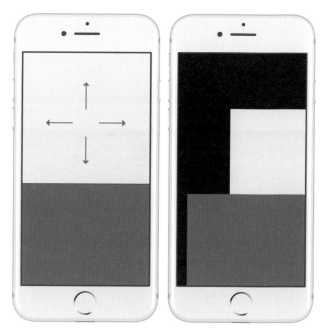

〔**그림 16**〕 propagate Events를 비활성화하면 좌측 이미지처럼 중복되지 않고 layer1을 드래그할 수 있지만, 활성화된 상태에서 layer1을 움직여보면 확연한 차이를 알 수 있다. layer1을 드래그했을 때 전체 스크롤 컴포넌트도 중복으로 드래그되기 때문에 화면이 전체적으로 왜곡돼 보인다.

08
스크롤 컴포넌트
실전 예제

이번 장에서는 스크롤 컴포넌트를 이용해 상하로 긴 레이어를 손으로 끌어 당길 수 있는
페이지나 좌우로 스크롤할 수 있는 예제를 실습해보자.

〔그림 1〕 예제의 전체 레이어 구조는 위와 같다.

FramerStudy.com 홈페이지에서 스크롤 컴포넌트의 예제를 다운로드해 프레이머에서 열어보자.

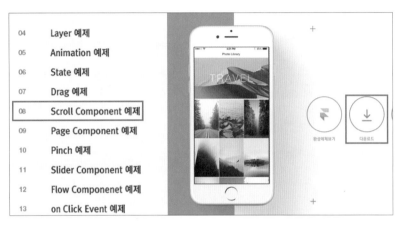

〔그림 2〕

스크롤 예제 파일을 열어보면 [그림 3]과 같은 화면이 나온다.

〔그림 3〕

〔그림 4〕

하지만 원래 화면 밑으로 가려진 영역에는 [그림 4]처럼 더 길게 내려가는 레이어들이 있으며, 아직은 코드를 입력하지 않았기 때문에 화면을 눌러봐도 아무런 반응이 없다. 이제 순차적으로 진행해 상하 스크롤을 적용하고 상하 스크롤 안에 좌우 스크롤을 적용해보자.

스크롤 컴포넌트 만들기

첫 번째 줄에는 미리 psd 파일이 로드돼 있는 코드가 기재돼 있을 것이다. 네 번째 줄에 스크롤 컴포넌트를 만드는 코드를 기재하자.

```
3    scroll1 = new ScrollComponent
4        width : 750, height : 1334, parent : psd.page
```

위와 같이 기재해 화면을 꽉 채운 사이즈의 스크롤 컴포넌트를 만들고 parent를 통해 포토샵에서 임포트된 page 레이어에 종속시킨다. [그림 5]처럼 마우스로 화면을 드래그해보면 만들어진 스크롤 컴포넌트의 레이어를 이리저리 움직이게 할 수 있다.

〔그림 5〕

스크롤 컴포넌트 안에 콘텐츠 넣기

이제 스크롤 컴포넌트 안에 내용물을 넣어보자. 일곱 번째 줄에 아래와 같은 코드를 기재한다.

```
6    psd.scr1.parent = scroll1.content
```

코드를 해석해보면 scr1이라는 레이어를 scroll1이라는 스크롤 컴포넌트 안에 콘텐츠로 집어넣겠다는 의미다.

```
6    psd.scr1.parent = scroll1
```

만약 scroll1 후에 .content를 빼고 위와 같이 기재하면 sc1 레이어가 스크롤 컴포넌트 안에 들어가긴 하지만, 화면을 드래그해보면 스크롤이 작동되지 않는다.

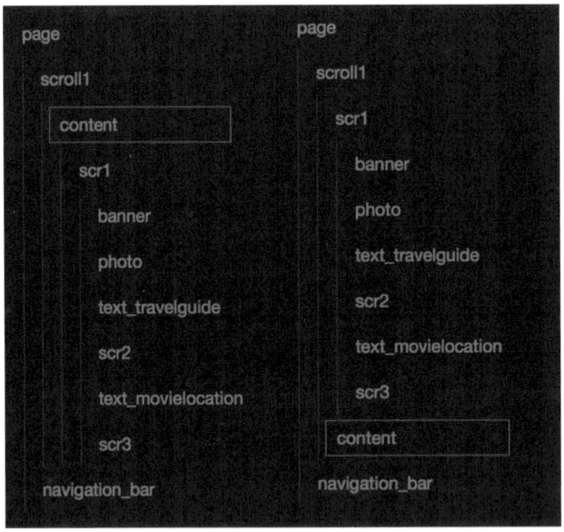

〔그림 6〕

그 이유는 [그림 6]처럼 스크롤 컴포넌트 안의 구조가 다르기 때문인데, 좌측과 같이 content 안에 레이어가 들어가지 않고, scr1에 포함된 레이어들은 우측처럼 스크롤 컴포넌트에 영향을 받지 않고 스크롤되지 않는다.

256

정리하면, 스크롤 컴포넌트라고 해도 스크롤의 content 레이어 안에 포함하지 않으면 스크롤되지 않는다. 제대로 된 코드를 입력한 후에 화면을 드래그해 스크롤되는 것을 확인하자.

좌우 스크롤 막기

화면을 드래그 하다 보면 상하 스크롤만 돼야 하는데 좌우 스크롤도 동시에 적용되기 때문에 보이지 말아야 할 부분까지 드래그돼 화면이 벗어나는 것을 볼 수 있다.

〔그림 7〕

scroll1의 좌우 스크롤을 해제해 상하 스크롤만 적용되도록 만들어보자.

```
8    scroll1.scrollHorizontal = false
```

위와 같은 코드를 기재하면 scroll1에 대한 좌우 스크롤을 막을 수 있다. 상하 스크롤을 막으려면 .scrollVertical = false를 기재하면 된다.

wrap을 이용해 스크롤 컴포넌트 빠르게 만들기

앞서 진행했던 과정처럼 스크롤 컴포넌트를 만들어 요소들을 content 안에 포함시켜 스크롤되게 만드는 방법이 가장 일반적이지만, 스크롤 사이즈와 위치를 수동으로 정해줘야 하고, 하위 콘텐츠들의 위치값이 의도하지 않게 달라질 수 있다는 단점이 있다(예를 들어, 이미 y 좌표가 100인 콘텐츠를 스크롤 컴포넌트에 포함시키면 스크롤 컴포넌트 안에서도 동일하게 y 좌표가 100이 되기 때문에 스크롤에서 100만큼 밑으로 내려가 보인다).

스크롤 컴포넌트를 만드는 데는 wrap을 이용하는 방법이 있다. wrap을 이용하면 자동으로 좌표와 사이즈를 잡아주기 때문에 좌푯값을 다시 설정해줘야 하는 일이 없어서 포토샵이나 스케치에서 불러온 레이어를 스크롤 컴포넌트에 넣는 데 매우 유용하다. 아래 코드를 기재해 scroll2라는 스크롤 컴포넌트를 만들고, psd의 scr2 레이어 그룹을 포함시켜보자.

```
10    scroll2 = ScrollComponent.wrap(psd.scr2)
```

코드를 해석해보면, 괄호 안의 레이어인 psd.scr2를 scroll2라는 스크롤 컴포넌트로 만들면서 포함하겠다는 의미다. 하지만 여기서 또 한 가지 문제가 생기는데, 레이어 그룹을 보면 [그림 8]처럼 새로 만들어진 scroll2라는 스크롤 컴포넌트가 가장 상위 레이어에 생성되면서 화면상에 보이지 않는다(scroll2의 y 좌표가 자동으로 766으로 들어갔기 때문이다).

〔그림 8〕

```
10    scroll2 = ScrollComponent.wrap(psd.scr2)
11    scroll2.parent = psd.scr1
12    scroll2.scrollVertical = false
```

위와 같은 코드를 추가해 다시 scroll2 스크롤 컴포넌트를 scr1 레이어 안에 넣어보자. 또한 상하 스크롤을 막아 좌우 스크롤만 가능하도록 만들어보자.

화면을 하단으로 내려 좌우 scroll2가 제대로 스크롤되는지 확인해보자.

〔그림 9〕

좌우 스크롤할 때 상하로도 같이 움직이고, 좌측 여백이 없어서 너무 붙어 보이는 문제가 있긴 하지만, 좌우 스크롤이 제대로 작동되는 것을 확인할 수 있다. 이제부터 문제점들을 하나씩 고쳐보자.

contentInset을 이용해 스크롤에 여백 적용하기

contentInset 기능을 이용하면 스크롤 컴포넌트 상하좌우에 여백을 줘 콘텐츠를 조금 떨어진 위치로 밀어낼 수 있다.

```
14    scroll2.contentInset = left : 50
```

위와 같이 입력해 scroll2의 좌측에 여백을 만들자. 이전에는 화면 좌측에 붙어 있던 레이어가 [그림 10]과 같이 'Travel Guide'라는 텍스트에 맞춰 간격이 떨어진 것을 확인할 수 있다.

〔그림 10〕

동시 드래그되는 스크롤 컴포넌트 해결하기

스크롤 안에 스크롤 컴포넌트가 들어 있는 구조에서는 안에 있는 스크롤을 제어할 때 바깥의 스크롤 또한 같이 드래그될 수밖에 없다. scroll2를 좌우로 드래그할 때 scroll1이 같이 드래그돼 결과적으로 화면이 상하좌우로 살짝 움직이기 마련인데, 이러한 동시 스크롤 문제는 propagateEvents 기능을 통해 해결할 수 있다. propagateEvents를 false로 적용하면 터치된 레이어의 드래그만 활성화할 수 있다. 가령 A 레이어 안에 B 레이어가 있고 B 레이어를 터치하면 곁에 있는 A 레이어는 활성화되지 않고 B 레이어만 활성화되는 방식이다. 모든 레이어는 기본적으로 propagateEvents가 true로 활성화돼 다른 레이어들과 동시에 드래그될 수 있게 돼 있다.

아래와 같은 코드를 기재해보자.

```
16    scroll2.content.draggable.propagateEvents = false
```

scroll2 콘텐츠 레이어의 드래그 기능에 propagatEvents를 비활성화해 scroll2만 드래그
되도록 설정하는 코드다. 이제 화면을 드래그해보면 scroll2를 좌우로 드래그할 때 위아래
로 움직이는 현상이 없어진 것을 확인할 수 있다.

나머지 레이어

이제 나머지 레이어에도 위에서 배운 기능들을 적용해 완성해보자.

```
18    scroll3 = ScrollComponent.wrap(psd.scr3)
19    scroll3.parent = psd.scr1
20    scroll3.scrollVertical = false
21    scroll3.content.draggable.propagateEvents = false
22    scroll3.contentInset = left : 50
```

Line 18 : 화면 하단의 scr3 레이어도 scroll3 스크롤 컴포넌트로 묶어준다.

Line 19 : 이전 과정처럼 슈퍼레이어를 원래대로 scr1로 만든다.

Line 20 : scroll2와 마찬가지로 좌우 스크롤만 되도록 상하스크롤을 막아주고,

Line 21 : 스크롤될 때 상하로 삐걱거리며 움직이지 않게 만들기 위해 propagateEvents
를 비활성화하자.

Line 22 : 좌측에 여백을 50픽셀만큼 만들어줘 시작점이 좌측으로 너무 붙지 않도록 만든다.

〔그림 11〕

마지막으로 scroll1을 최하단으로 내렸을 때 레이어 끝까지 내려가지 않는 문제점이 있다. 이 부분에 아래와 같이 contentInset을 추가해 레이어의 끝까지 내려갈 수 있도록 만들자.

```
24    scroll1.contentInset = bottom : 50
```

〔그림 12〕 contentInset을 추가하기 전, 스크롤이 화면 끝까지 내려가지 못한 모습(좌측),
contentInset을 추가해 스크롤이 레이어 끝까지 내려간 모습(우측)

전체 코드

```
1    psd = Framer.Importer.load("imported/scroll@1x")
2
3    scroll1 = new ScrollComponent
4        width : 750, height : 1334, parent : psd.page
5
6    psd.scr1.parent = scroll1.content
7
8    scroll1.scrollHorizontal = false
9
10   scroll2 = ScrollComponent.wrap(psd.scr2)
11   scroll2.parent = psd.scr1
```

```
12    scroll2.scrollVertical = false
13
14    scroll2.contentInset = left : 50
15
16    scroll2.content.draggable.propagateEvents = false
17
18    scroll3 = ScrollComponent.wrap(psd.scr3)
19    scroll3.parent = psd.scr1
20    scroll3.scrollVertical = false
21    scroll3.content.draggable.propagateEvents = false
22    scroll3.contentInset = left : 50
23
24    scroll1.contentInset = bottom : 150
```

09
페이지 컴포넌트

페이지 알아보기

우리가 프로토타이핑 툴을 쓰는 이유는 다양한 기능을 간단하게 정의해 놓고 그것을 쉽게 가져다 쓸 수 있기 때문이다. 프레이머에서도 그러한 기능들을 많이 제공한다. 이제부터 다룰 페이지 컴포넌트Page Component가 이에 속한다. 휴대폰을 쓰다 보면 좌우 스와이프로 페이지를 넘기면서 콘텐츠를 보는 경우가 있을 것이다. 페이지 컴포넌트는 이러한 인터랙션을 만들 때 이용한다.

페이지 컴포넌트 만들기

페이지 컴포넌트를 사용하려면 페이지 컴포넌트를 선언해 만들어야 한다. 만드는 방법은 아래와 같다.

```
1    myPage = new PageComponent
2        width : 375, height : 667, scrollVertical : false
```

위와 같이 하면 myPage라는 페이지 컴포넌트가 만들어진다. 가로, 세로 길이에 대한 정의 그리고 상하 스크롤만 쓸 것인지, 좌우 스크롤만 쓸 것인지에 대한 스펙 정의는 레이어 속성을 정의하듯이 넣어주면 된다.

위의 코드는 가로는 375이고, 세로는 667로 아이폰 전체 화면에 해당하는 사이즈의 페이지 컴포넌트를 만들었다. 그리고 좌우 스크롤만 되도록 좀 더 추가적인 속성 정의를 해줬다. 여기까지만 진행하면 페이지 컴포넌트 안에 페이지 내용이 아무것도 없기 때문에 화면을 드래그해도 페이지가 넘어갈 요소들이 없다. 이제 이 안에 페이지를 넣어 좌우로 스크롤했을 때 페이지가 넘어가도록 만들어보자.

〔그림 1〕 스크롤 컴포넌트처럼 페이지 컴포넌트만으로는 페이지 기능을 할 수 없으므로 페이지 내용물인 콘텐츠 레이어를 넣어줘야 한다.

addPage로 페이지 추가하기

1번 과정에서는 페이지 컴포넌트를 만들어 책의 겉표지에 해당하는 껍데기를 만들었다고 보면 된다. 현재까지 책의 껍데기는 만들어졌지만, 내용이 없기 때문에 책을 넘겨볼 수 없는 상태라고 보면 된다. 이제 책 내용을 추가하는 방법을 알아보자.

페이지를 추가하는 데는 addPage를 이용해 페이지별로 하나씩 넣는 방법과 직접 좌표 및 parent를 설정해 페이지 컴포넌트에 페이지를 추가하는 방법이 있다. 실질적으로는 두 번째 방법이 반복문과 결합해 실무에 많이 쓰인다. 먼저 addpage를 이용한 페이지 추가 방법을 알아보자.

```
1    myPage = new PageComponent
2        width : 375, height : 667, scrollVertical : false
3
```

먼저 1번 과정에서 만들어진 myPage를 그대로 사용한다.

```
4    page1 = new Layer
5        width : 375, height : 667
6        backgroundColor : "blue"
7    page2 = new Layer
8        width : 375, height : 667
9        backgroundColor : "green"
10
```

그리고 페이지 컴포넌트 안에 들어갈 page1과 page2 레이어를 만들자. 아직 페이지 컴포넌트 안에 넣지 않았기 때문에 2개의 레이어 모두 화면상에서 드래그되지는 않을 것이다.

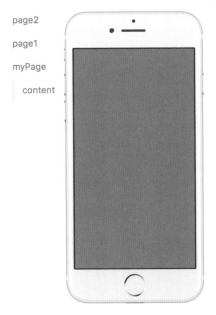

page2

page1

myPage

content

〔**그림 2**〕 가장 마지막에 만들어진 page2가 위에 보인다.

이제 addPage를 통해 페이지 컴포넌트에 한 페이지씩 넣어보자.

```
11    myPage.addPage( page1 )
```

위와 같이 기재해 page1을 myPage에 첫 번째 페이지로 add시켜준다. **addPage** 명령어는 페이지 컴포넌트에 콘텐츠를 한 장 한 장 등록할 때 사용하는 명령어다. 레이어 구조를 보면 이제 page1은 자동으로 myPage에 등록돼 첫 번째 장에 들어간다.

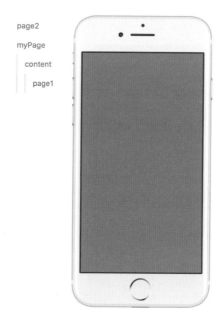

page2

myPage

content

page1

〔**그림 3**〕 레이어 구조를 보면, 이제 page1이 myPage 페이지 컴포넌트의 콘텐츠 안에 들어간 것을 볼 수 있다.

```
12    myPage.addPage( page2, "right" )
```

이제 두 번째 페이지인 page2를 등록해 좌에서 우로 페이지가 전환될 수 있도록 만들어보자. Page1을 등록했을 때와 같이 addPage를 이용해 추가한 후에 괄호 안에 쉼표로 우측에 추가한다는 의미인 "right"를 기재한다. addPage 방향은 우측 또는 아래 방향인 "down"을 이용해 추가할 수 있다. 따라서 좌우로 넘겨보는 페이지 컴포넌트를 만들 때는 "right"를 이용해 다음 페이지를 추가하고, 상하로 넘겨보는 페이지를 추가할 때는 "down"을 이용해 추가한다.

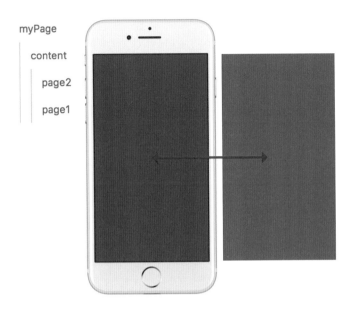

［그림 4］ 이제 page1, page2가 모두 myPage에 들어가 있고,
화면을 좌우로 드래그해보면 페이지가 바뀌는 것을 알 수 있다.

Parent로 페이지 추가하기

가장 일반적인 페이지 추가 방식으로, 특별히 addPage처럼 따로 명령어를 넣어줄 필요
없이 개별 페이지들의 X 위치만 수동으로 나열한 후 페이지 컴포넌트에 추가하면 된다.

일단 1번에서 만들어진 것처럼 myPage라는 이름의 페이지 컴포넌트를 만든다.

```
1.    myPage = new PageComponent
2        width : 375, height : 667, scrollVertical : false
3
```

그런 다음, myPage 컴포넌트 안에 들어갈 page1과 page2 레이어를 만들어 myPage에
들어가도록 만든다. 이때 두 번째 장에 해당하는 page2는 반드시 x 좌표가 375로 page1
의 끝 좌표에 있어야 한다. 그래야만 자연스럽게 우측으로 페이지를 넘기는 구조가 될 수
있다.

```
4     page1 = new Layer
5         width : 375, height : 667
6         backgroundColor : "blue", parent : myPage.content
7     page2 = new Layer
8         x : 375, width : 375, height : 667
9         backgroundColor : "green", parent : myPage.content
10
```

이제 화면을 드래그해보면 좌우로 페이지가 전환되는 것을 볼 수 있다. 이처럼 2번 과정의 addPage로 페이지를 추가하는 방법도 있고, 추가되는 레이어의 좌표가 페이지 컴포넌트 사이즈와 맞아떨어지면 자동으로 좌표에 따라 다음 페이지로 등록하는 방법도 있다.

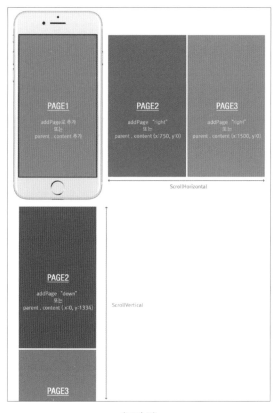

〔그림 5〕

정리하면, [그림 5]와 같이 좌우 스크롤은 addPage를 통해 등록할 때는 괄호 안에 "right"를 기재해 우측으로 등록하고, parent를 통해 등록할 때는 x 좌표에 1페이지 끝 좌표를 입력하면 자동으로 2페이지가 된다. 상하 페이지 또한 addPage로 등록할 때는 괄호 안에 "down"을 기재하고, parent로 등록할 때는 1페이지 y 좌표 끝을 입력하면 된다. 참고로 좌우 페이지와 상하 페이지가 동시에 있어도 무방하다. 이럴 땐 상하좌우로 페이지가 전환되는 페이지가 만들어진다. 자세한 방법은 다음 내용인 반복문에서 만들어본다.

반복문으로 여러 페이지 만들기

실무에서 페이지를 만들 때 간단하게는 포토샵에서 모든 페이지를 만들어 임포트하는 경우도 있지만, 프레이머 안에서 모든 페이지를 만들거나 동적으로 페이지가 생성되는 경우도 있을 것이다. 이럴 때는 한 페이지 한 페이지를 수동으로 만드는 것이 아니라 반복문을 통해 입력한 횟수만큼 자동으로 페이지를 만든다. 많이 쓰이는 반복문 안에서 페이지를 생성해보자. 5개의 레이어를 만들어 페이지 컴포넌트에 추가해보자.

```
1    myPage = new PageComponent
2        width : 375, height : 667, scrollVertical : false
3
```

먼저 1번과 같이 myPage라는 이름의 페이지 컴포넌트를 만든다.

```
4    for i in [0...5]
5        page = new Layer
6            width : 375, height : 667
7            backgroundColor : Utils.randomColor()
8            x : i*375
9            parent : myPage.content
10
```

Line 4 : for문을 통해 반복문을 시작한다. 괄호 안에 [0...5]라고 돼 있는 것은 숫자 0에서부터 5가 되기 전까지 하나씩 i라는 변수에 넣겠다는 의미다. 이 i라는 문자는 원하는 단어로 바꿔도 무방하다.

Line 5~6 : page라는 이름의 레이어를 만들고, 사이즈는 myPage와 동일하게 만든다. 반복문이 다섯 번 반복됐기 때문에 레이어 리스트를 보면 page라는 레이어가 5개 만들어진 것을 볼 수 있다.

Line 7 : 만들어지는 각 레이어 컬러를 랜덤으로 만든다. 랜덤 컬러 기능은 후에 Utils 강좌에서 다시 한 번 다룰 것이다.

Line 8 : 만들어지는 레이어의 x 좌표를 입력하는데, i라는 변숫값에 좌표를 곱했기 때문에 i가 0일 때의 첫 번째 레이어는 0×375로 좌표가 입력된다. 따라서 좌표가 0이 된다. 두 번째 레이어는 i 가 1이기 때문에 1×375인 x 좌표 375가 입력되고, 세 번째 레이어는 i가 2에 2×375인 x 좌표 750이 입력된다. 이렇게 첫 번째 페이지에서부터 다섯 번째 페이지까지 좌표가 자동 입력된다.

Line 9 : 마지막으로 만들어진 레이어가 myPage의 콘텐츠 레이어에 들어간다.

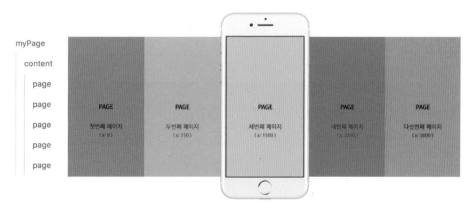

〔**그림 6**〕 화면을 스와이프해보면 좌우로 5개의 페이지가 넘어가는 것을 볼 수 있고, 각 레이어의 색상은 새로 고침할 때마다 랜덤으로 바뀌는 것을 볼 수 있다.

페이지에 이벤트 추가하기

페이지 컴포넌트에 주로 쓰는 이벤트는 change :currentPage이다. 이 이벤트는 페이지가 바뀔 때 들어온다. 즉, 1페이지에서 2페이지로 특정 레이어에 애니메이션을 주려면 change :currentPage를 쓰자. 위에 적은 예제에서 붉은색으로 밑줄 친 구문만 추가해보자.

```
1    myPage = new PageComponent
2        width : 750, height : 1334, scrollVertical : false
3
4    for i in [0...5]
5        page = new Layer
6            width : 750, height : 1334
7            backgroundColor : Utils.randomColor()
8            x : i*750
9            parent : myPage.content
10
11   myPage.on "change:currentPage", ->
12   print myPage.horizontalPageIndex(myPage.currentPage)
```

스와이프해보면 페이지가 바뀔 때마다, 현재 페이지가 바뀔 때마다 이벤트가 작동하는데, print로 현재 페이지 번호가 입력되는 것을 확인할 수 있다(참고로 pageIndex는 첫 페이지가 0부터 시작한다). 이 이벤트를 이용해 아래와 같이 페이지가 바뀔 때 scale과 opacity가 바뀌는 애니메이션을 만들어보자.

〔그림 7〕

```
1    myPage = new PageComponent
2        width : 750, height : 1334, scrollVertical : false
3
4    for i in [0...5]
5        page = new Layer
6            width : 750, height : 1334
7            backgroundColor : Utils.randomColor()
8            x : i * 750
9            parent : myPage.content
10   myPage.on "change:currentPage",
11       myPage.previousPage.animate
12           scale : 0.7, opacity : 0.5
13           options : curve : "spring"
14       myPage.currentPage.animate
15           scale : 1, opacity : 1
16           options : curve : "spring"
17
18
```

Line 1~10 : 10번째 줄까지는 기존과 동일하게 작성한다.

Line 11 : myPage의 현재 페이지가 변할 때마다 이벤트가 발생한다.

Line 12~14 : myPage의 이전 페이지에 애니메이션이 발생한다. 11번째 줄에 의해 페이지가 변할 때마다 애니메이션이 발생하므로 페이지가 바뀔 때마다 현재 페이지가 이전 페이지로 변하면서 사이즈가 작아지고, 투명도가 낮아지는 애니메이션이 발생한다.

Line 15~17 : myPage의 현재 페이지에 애니메이션이 발생한다. 11번째 줄에 의해 페이지가 변할 때마다 애니메이션이 발생하므로 페이지가 바뀔 때마다 현재 페이지가 들어오면서 애니메이션이 발생하는데, 사이즈가 다시 1로 커지고, 투명도도 다시 1로 변하면서 현재 페이지가 된다.

〔**그림 8**〕 페이지를 스와이프할 때마다 이전 레이어는 작아지고,
현재 페이지는 다시 커지면서 입력되는 것을 알 수 있다.

특정 페이지로 이동하기 - 1

포털 사이트의 모바일 앱에서 내비게이션 메뉴를 탭하면, 그 메뉴에 해당하는 페이지로 스와이프되는 구조를 많이 봤을 것이다. 프레이머에서 이런 애니메이션을 만들 때 사용하는 명령어가 snapToPage( )이다.

페이지컴포넌트.snapToPage(이동할 페이지)

아래 예제를 살펴보자.

```
1    myPage = new PageComponent
2        width : 375, height : 667, scrollVertical : false
3
4    page1 = new Layer
5        width : 375, height : 667
6        backgroundColor : "green"
7        parent : myPage.content
8    page2 = new Layer
9        x : 375, width : 375, height : 667
10       backgroundColor : "blue"
11       parent : myPage.content
```

먼저 1, 2번 과정에서 사용했던 페이지 구조를 다시 한 번 기재해보자.

```
11    myPage.snapToPage( page2 )
```

그리고 위와 같이 snapToPage로 page2를 기재한다. 그리고 새로 고침이나 command + R을 눌러 리로드하면 신scene이 시작하자마자 page2로 자동으로 이동하는 것을 볼 수 있다. 이처럼 snapToPage는 페이지 인디케이터나 페이지 버튼과 같이 특정 페이지로 이동할 때 사용한다.

〔**그림 9**〕 자동으로 page2로 이동하는 것을 볼 수 있다.

특정 페이지로 이동하기 – 2

그렇다면 addPage로 넣는 페이지가 아닌 반복문 안에서 넣은 페이지에 snapToPage는 어떻게 사용할까? 앞에서 다뤘던 배열을 사용하면 쉽게 제어할 수 있다.

```
1   pageItems = []
2
3   myPage = new PageComponent
4       width : 375, height : 667, scrollVertical : false
5
6   for i in [0   5]
7       page = new Layer
8           width : 375, height : 667
9           backgroundColor : Utils.randomColor()
10          x : i 375
```

```
11          parent : myPage.content
12      pageItems.push(page)
13
14  myPage.snapToPage(pageItems[2])
```

Line 1 : 반복문을 이용해서 만드는 레이어들을 담아 놓을 배열이 필요하므로 pageItems 라는 배열을 하나 선언하자.

Line 3~4 : 역시 똑같이 페이지 컴포넌트를 만든다.

Line 6~11 : 레이어를 5개 만들고, parent를 myPage.content로 설정한다.

Line 12 : push 명령어를 이용해 pageItems 배열에 만들어지는 페이지 레이어들을 넣는다. 처음 만들어지는 레이어부터 다섯 번째 레이어까지 5개가 pageItems라는 배열에 들어가는데, 첫 번째 레이어는 pageItems[0]을 통해 호출할 수 있다. 다시 말하면, 레이어 이름 대신 사용할 수 있다는 것이다. 이와 마찬가지로 두 번째 레이어는 pageItems[1]과 같이 사용할 수 있는 것이다.

Line 14 : myPage.snapToPage(pageItems[2])로 쓰면 네 번째 페이지(배열은 인덱스가 0부터 시작하므로)로 이동한다. 배열을 쓰는 이유는 반복문 안에서 만든 레이어들을 넣고, 인덱스(순서)로 제어하기 위함이다. 앞에서 본 snapToPage 예제1은 page1과 page2라는 정확한 레이어 이름이 있었기 때문에 그냥 snapToPage(page2)이라고 기재하면 되지만, 반복문을 통해 생성된 5개의 레이어는 모두 page라는 이름을 갖고 있기 때문에 레이어 이름으로는 호출이 불가능하고, 배열에 넣어 배열의 몇 번째 레이어를 호출하는 방법을 사용한 것이다. 컴퓨터에게 정확히 "네 번째 레이어의 페이지로 가!"라고 말하고 싶은데, 말할 방법이 없는 것이다. 그렇기 때문에 배열 안에 차례로 레이어들을 넣고, 인덱스 순번으로 제어하는 것이다.

myPage

content

page → pageItems = [4]

page → pageItems = [3]

page → pageItems = [2]

page → pageItems = [1]

page → pageItems = [0]

〔그림 10〕

09
페이지 컴포넌트
실전 예제

[그림 1]

페이지 스크롤을 이용해 좌우, 상하가 페이지 스와이프되는 날씨 앱을 만들어보자. 예제
의 구조는 [그림 2]와 같다. 좌우로는 날짜별로 확인할 수 있는 4개 페이지의 스크롤이 가
능하고, 상하로는 다른 나라의 날씨나 정보를 볼 수 있는 3개 페이지로 돼 있는 좌우상하

가 모두 가능한 구조로 돼 있다. 단, 좌우 페이지가 가능한 페이지1은 상하 페이지의 1페이지에 속해 있기 때문에 page1-1에서부터 page1-4에 이르기까지 어떤 페이지를 보고 있든 하단으로 내리면 바로 page2가 나타난다.

〔그림 2〕

페이지 컴포넌트 만들기

FramerStudy.com에 접속해 페이지 컴포넌트 예제를 다운로드하자. 프레이머에서 예제를 열면, 첫 번째 라인에 PSD 파일을 임포트한 코드가 기재돼 있을 것이다.

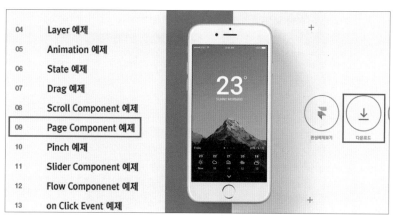

〔그림 3〕

첫 번째 과정으로 먼저 하단 페이지 컴포넌트를 만들어 전체 페이지가 위에서 아래로 가능하게 만들어보자. 세 번째 줄에서부터 기재하면 된다.

```
3    pageComp1 = new PageComponent
4        width : 750, height : 1334, scrollHorizontal : false
5        index : 0, directionLock : true
```

Line 3 : pageComp1이라는 페이지 컴포넌트를 만든다.

Line 4 : 750×1334의 아이폰 6 사이즈에 맞춘다. 그런 다음, scrollHorizontal를 false로 만들어 좌우 스크롤이 되지 않도록 만들자.

Line 5 : 그리고 index0을 추가해 만들어진 페이지 컴포넌트가 가장 하단 레이어에 위치하도록 하자. Index를 추가하면 가려졌던 indicator가 위로 올라올 것이다. 마지막으로 directionLock을 true로 지정해 하위 레이어들이 상하나 좌우 한 방향으로만 드래그되거나 스크롤되도록 지정한다. 이렇게 하면 페이지 컴포넌트 안의 페이지 컴포넌트 구조라도 좌우상하 드래그가 중복되지 않고 한 가지 방향으로 깔끔하게 적용될 것이다.

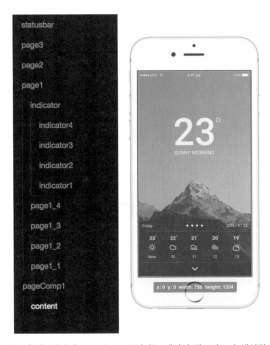

〔**그림 4**〕 하단에 pageComp1이라는 페이지 컴포넌트가 생성된다.

상하 페이지 콘텐츠 넣기

이제 page1에서부터 3까지 콘텐츠를 페이지 컴포넌트에 넣어주자.

```
6    psd.page1.parent = pageComp1.content
7    psd.page2.parent = pageComp1.content
8    psd.page3.parent = pageComp1.content
```

Psd.page1의 부모 레이어를 pageComp1의 콘텐츠로 입력한다. 포토샵에서 불러왔기 때문에 가장 상단에 있는 포토샵 레이어의 그룹명인 psd를 붙여주는 것을 잊지 말고, pageComp1에 넣을 때 가장 뒤에 .content를 입력해 페이지 컴포넌트에 바로 넣지 않고 콘텐츠 레이어에 넣어준다. 스크롤 레이어처럼 콘텐츠 레이어에 넣어야 페이지 스크롤이 제대로 작동하기 때문이다. 위와 같이 기재한 후에 화면을 상하 스크롤해보면 다른 화면들을 하단으로 페이지 스크롤할 수 있다는 것을 확인할 수 있다.

〔**그림 5**〕 page1이 다음 페이지로 내려갔다가 다시 올라오면 화면 중간으로 강제 이동한다. 페이지 컴포넌트는 큰 사이즈의 레이어를 강제로 중앙으로 맞추기 때문에 페이지 이동 시에 레이어 위치가 강제로 이동하는데, 다음 단계에서부터 해결할 것이기 때문에 걱정하지 않아도 된다.

좌우 페이지 컴포넌트 만들기

```
10    pageComp2 = new PageComponent
11        width : 750, height : 1334, scrollVertical : false,
12        parent : pageComp1.content
13
14    page1arr = [ psd.page1_1, psd.page1_2, psd.page1_3,
      psd.page1_4 ]
15
16    for i in page1arr
17        i.parent = pageComp2.content
18
```

Line 10~12 : 이제 Page1에 속해 있는 좌우 페이지 4개를 페이지 컴포넌트에 넣어보자. 먼저 pageComp2를 만든 후 사이즈를 750×1334로 적용하고, scrollVertical을 false로 적용해 이번에는 상하로 움직이지 않도록 한다. 또한 pageComp1의 콘텐츠에 포함해 첫 번째 페이지가 될 수 있도록 만들어보자.

Line 14 : 이제 페이지 1-1에서 1-4까지의 좌우 페이지들을 포함시켜야 하는데, 2번에서 했던 것처럼 한 장 한 장을 parent로 수동으로 포함시켜주는 방법이 있고, for문을 사용해 자동으로 하나의 명령어를 반복시켜 실행하는 방법이 있다. 먼저 page1-1에서부터 1-4 페이지까지 하나의 배열로 묶어준다. 배열의 이름으로 사용할 **page1arr =**를 기재한 후에 대괄호인 [ ]을 사용한다. 그 안에 쉼표로 여러 개의 레이어 이름을 기재하면 레이어들이 해당하는 이름의 배열로 등록된다. 다시 말해, **page1arr = [psd.page1_1, psd.page1_2, psd.page1_3]**은 page1arr이라는 배열을 만들어 psd.page1_1등 3개의 레이어를 포함하겠다는 의미다.

Line 16~17 : for문은 자동으로 지정된 배열을 반복하는 반복문이다. 보통의 경우 **for i in [0...10]**과 같이 대괄호 안에 수동으로 배열을 넣어 0에서 10까지 반복하는데, 이 괄호 안에 지정한 배열을 넣어주면 자동으로 반복시켜준다. 'for i in page1arr'라고 기재하면 i라는 변수에 page1arr 배열을 하나씩 대입시켜준다는 의미다. 바로 밑에 있는 줄에 반복문으로 나올 명령어인 i.superLayer = pageComp2.content를 기재했기 때문에 위에 있는 줄 page1arr 배열의 하나의 레이어가 i로 대입돼, 밑에 있는 줄에서 parent를 통해 pageComp2.content에 들어가는 구조다.

이제 화면을 좌우로 움직이면 첫 번째 페이지가 1~4까지 움직이고, 상하로 움직이면 1페이지는 어떤 페이지에 있든 2페이지로 움직이는 것을 확인할 수 있다.

〔그림 6〕 pageComp2의 페이지 컴포넌트에 의해 페이지가 좌우로 넘어가는 것을 확인할 수 있다.

페이지 컴포넌트 옵션 적용하기

Page1이나 page3의 끝부분에서 드래그했을 때 화면상에서 바깥쪽으로 넘어가는 부분을
좀 더 적게 만들어보자.

```
19    pageComp1.content.draggable.overScale   = 0
20    pageComp2.content.draggable.overScale   = 0.1
21
```

overdragScale은 드래그되는 사이즈를 줄일 수 있다. 기본값은 1로 돼 있으며, 0은 영역
상에서 넘어가는 드래그를 허용하지 않도록 설정한다. pageComp1은 0으로 설정해 상하
로 페이지가 넘어갈 때는 영역 밖으로 넘어가지 않도록 하고, pageComp2는 0.1으로 설
정해 page1_1에서 1_4가 좌우로 페이지가 넘어갈 때는 기존의 10분의 1만 영역 밖으로
넘어갈 수 있도록 설정하자.

〔그림 7〕 상하 페이지를 드래그할 때 상단의 여백이 보이지 않도록 영역에 맞춰 드래그되고,
좌우 페이지 드래그 시에는 위와 같이 여백이 기본 설정보다 조금만 나오는 것을 볼 수 있다.

페이지 인디케이터 연결하기

Page1이 좌우로 넘어갈 때 현재 페이지를 표시하는 인디케이터를 연결하자.

```
22    psd.indicator.parent   = pageComp2
```

Line 22 : 먼저 앞서 만들어진 페이지 컴포넌트가 상단의 레이어로 올라가면서 가려진 인디케이터를 pageComp2로 넣어 상위 레이어로 화면에 노출되도록 만들자.

〔그림 8〕 현재 인디케이터의 투명도는 모두 동일하게 적용돼 있다.
이것을 현재 페이지 인디케이터만 밝고, 나머지 페이지는 어두워지도록 만들어야 한다.

```
24    indicator_arr = [ psd.indicator1, psd.indicator2, psd.indicator3,
      psd.indicator4 ]
25
26    checkPage = ->
27        for i in indicator_arr
28            i.opacity   = 0.2
29        if pageComp2.currentPage is psd.page1_1
30            psd.indicator1.opacity   = 0.75
```

```
31      else if pageComp2.currentPage is psd.page1_2
32          psd.indicator2.opacity = 0.75
33      else if pageComp2.currentPage is psd.page1_3
34          psd.indicator3.opacity = 0.75
35      else if pageComp2.currentPage is psd.page1_4
36          psd.indicator4.opacity = 0.75
37
38  pageComp2.on "change:currentPage", ->
39      checkPage( )
40  checkPage( )
```

Line 24 : 앞서 페이지들을 배열에 넣어준 것처럼 인디케이터 레이어들도 배열에 넣어준다.

Line 26 : 다음에 기재할 코드는 pageComp2의 현재 페이지에 따라 해당 페이지의 인디케이터 투명도가 바뀌는 함수를 만들 것이다. 함수를 만들려는 이유는 현재 상태에서는 인디케이터의 투명도가 모두 1로 밝은 상태인데, 현재 페이지를 제외하고 나머지 인디케이터는 어두운 색상으로 변하는 코드와 페이지가 변할 때마다 인디케이터의 밝기가 변하는 코드가 중복이기 때문에 따로 기재하면 코드가 2배로 길어진다. 따라서 중복되는 코드를 함수를 이용해 절약하도록 만들기 위해서다. checkPage = -> 라고 기재하면 checkPage라는 함수가 만들어진다. 이제 이 만들어진 함수를 가지고 언제 어디서든 checkPage( )라고 기재하면 사용할 수 있다.

Line 27~28 : 24번째 줄에서 만들어진 인디케이터 배열을 반복문으로 넣어 모든 인디케이터의 투명도가 0.2가 되도록 한다.

Line 29~36 : 조건문을 만들어 현재 페이지가 무엇이냐에 따라 다른 코드가 실행되도록 만든다. pageComp2의 현재 페이지가 psd.page1_1일 때는 psd.indicator1의 투명도가 0.75가 되도록 만들고, psd.page1_2 일 때는 psd.indicator2 두 번째 인디케이터가 밝아지는 식으로 4페이지의 인디케이터가 모두 연결된다.

앞서 27번째 줄에 자동으로 모든 인디케이터의 투명도는 0.2로 어둡게 만들기 때문에 페이지가 바뀔 때마다 해당 페이지의 인디케이터만 활성화된 것처럼 보여준다.

Line 38~39 : 만든 함수가 페이지가 바뀔 때마다 적용돼야 하므로 currentPage 이벤트 안에 checkPage( ) 함수를 호출한다.

Line 40 : 화면이 랜딩될 때 첫 페이지에 인디케이터가 켜져 있고, 나머지는 꺼져 있어야 하므로 checkPage( )를 호출한다.

이제 page1의 화면을 좌우로 드래그하면 페이지가 변경될 때마다 인디케이터가 하나씩 꺼지고 켜지는 것을 확인할 수 있다.

〔그림 9〕 page1_3일 때는 위와 같이 인디케이터가 세 번째 부분만 활성화되고,
나머지는 비활성화되는 것을 확인할 수 있다.

전체 코드

```
1    Psd = Framer.Importer.load("imported/page@1x")
2
3    pageComp1 = new PageComponent
4        width : 750, height : 1334, scrollHorizontal : false
5        index : 0, directionLock : true
6    psd.page1.parent = pageComp1.content
```

```
7    psd.page2.parent = pageComp1.content
8    psd.page3.parent = pageComp1.content
9
10   pageComp2 = new PageComponent
11       width : 750, height : 1334, scrollVertical : false,
12       parent : pageComp1.content
13
14   page1arr = [ psd.page1_1, psd.page1_2, psd.page1_3,
     psd.page1_4 ]
15
16   for i in page1arr
17       i.parent = pageComp2.content
18
19   pageComp1.content.draggable.overScale  = 0
20   pageComp2.content.draggable.overScale  = 0.1
21
22   psd.indicator.parent  = pageComp2
23
24   indicator_arr = [ psd.indicator1, psd.indicator2, psd.indicator3,
     psd.indicator4 ]
25
26   checkPage = ->
27       for i in indicator_arr
28           i.opacity  = 0.2
29       if pageComp2.currentPage is psd.page1_1
30           psd.indicator1.opacity  = 0.75
31       else if pageComp2.currentPage is psd.page1_2
32           psd.indicator2.opacity  = 0.75
33       else if pageComp2.currentPage is psd.page1_3
34           psd.indicator3.opacity  = 0.75
35       else if pageComp2.currentPage is psd.page1_4
36           psd.indicator4.opacity  = 0.75
37
38   pageComp2.on "change:currentPage",->
39       checkPage( )
40   checkPage( )
```

10

핀치

핀치 알아보기

Pinchable은 레이어를 두 손가락으로 잡아 확대하거나 축소할 수 있는 기능이다. 두 손가락이 화면에 접지하는 순간부터 적용되며, 손가락 사이가 멀어질 때 확대되고 가까워질 때 축소된다. 프레이머를 스마트폰에서 확인할 때는 손가락으로 조작하면 되고, 웹에서 확인할 때는 Alt를 누른 상태에서 마우스 커서를 위아래로 움직이면 반응이 일어난다.

layer.pinchable.enabled

레이어의 핀치를 활성/비활성화한다. enabled = true로 활성화하고, enabled = false로 비활성화한다.

```
1    layer1 = new Layer
2    layer1.pinchable.enabled = true
```

layer1을 만들고 enabled로 활성화한 후에 화면상의 레이어를 두 손가락으로 늘려보거나 Alt를 누르고 마우스를 움직이면 레이어가 확대/축소되는 것을 볼 수 있다.

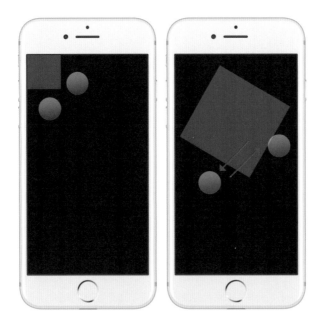

〔**그림 1**〕 Alt를 누르고 화면에 드래그해보면 마우스 포인터의 원이 2개 생기면서
손가락 2개로 핀치한 것과 동일한 기능을 낼 수 있다.

layer.pinchable.threshold

두 손가락의 최소 인식 거리를 설정할 수 있다. Threshold를 설정하면 설정한 값 이하의 손가락 거리에서는 핀치가 작동하지 않는다. 기본값은 0으로 돼 있어 손가락 사이가 접합 될 때까지 동작하게 돼 있다.

```
1    layer1 = new Layer
2    layer1.pinchable.enabled = true
3    layer1.pinchable.threshold = 100
```

layer1이라는 레이어를 만들고 핀치를 적용한다. 마지막으로 threshold를 설정해 100 이하의 설정값에서는 핀치 동작이 적용되지 않는다는 것을 확인할 수 있다.

〔그림 2〕 핀치가 100픽셀 이하로는 적용되지 않기 때문에 레이어의 사이즈가 더 이상 작아지지 않는다.

layer.pinchable.centerOrigin

일반적인 핀치는 두 손가락이 접합된 위치와 상관없이 오브젝트의 중앙을 기준으로 회전과 사이즈가 변한다. 하지만 centerorigin을 false로 해제시킨 후에 핀치를 사용하면 두 손가락의 중앙점을 기준으로 사이즈가 변화되고 회전한다. 레이어의 중앙값이 바뀐다고 보면 될 것이다.

```
1    layer1 = new Layer
2    layer1.pinchable.enabled = true
3    layer1.pinchable.centerOrigin = false
```

layer1을 생성한 후 핀치를 활성화하고, centerorigin을 비활성화하자. 이제 레이어를 두 손가락으로 드래그하면 손가락을 중심으로 레이어가 회전하고 사이즈가 변하는 것을 볼 수 있다.

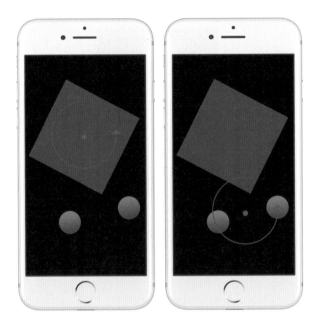

〔**그림 3**〕 centerOrigin을 비활성화했을 때는 레이어를 중심으로 회전하는 것을 볼 수 있다.

layer.pinchabel.scale

핀치를 할 때 스케일 변화를 활성/비활성화할 수 있다. Pinchable.scale = false를 통해 사이즈 변화를 비활성화할 수 있으며, 기본값은 true로 활성화돼 있다.

```
1    layer1 = new Layer
2    layer1.pinchable.enabled = true
3    layer1.pinchable.scale = false
```

layer1을 생성한 후 핀치를 활성화하고 layer1.pinchable.scale을 통해 사이즈 변화를 비활성화한다. 이제 화면상에서 두 손가락으로 드래그해도 레이어의 크기 변화 없이 회전만 이루어지는 것을 볼 수 있다.

〔그림 4〕 sclale을 비활성화해 핀치 시에 회전만 가능하도록 설정할 수 있다.

layer.pinchable.scaleincrements

핀치로 인해 변화하는 사이즈의 옵션 값을 설정해 변화 폭을 변경할 수 있다. sclaeIncrements 값을 1로 설정하면 사이즈가 1, 2, 3과 같이 1의 배수로 증가하기 때문에 핀치할 때마다2, 3배로 값자기 늘어나는 것처럼 보이고, scaleIncrements 값을 0.1로 적용하면 소폭 적용되는 부분이 모두 변화돼 보이기 때문에 좀 더 부드럽게 변화되는 것처럼 보인다.

```
1    layer1 = new Layer
2    layer1.pinchable.enabled = true
3    layer1.pinchable.scaleIncrements = 0.5
```

layer1을 생성한 후 핀치를 활성화하고 **layer1.pinchable.scaleIncrements**에 0.5를 적용해 사이즈 변화를 0.5씩 만든다. 화면에서 핀치를 적용할 때마다 0.5씩 변화되는 것을 확인할 수 있다.

〔**그림 5**〕 scaleIncrements로 입력한 수치만큼 스케일이 커지는 것을 볼 수 있다.

layer.pinchable.minScale, maxScale

핀치를 적용할 때 줄어드는 사이즈의 최솟값/최댓값을 지정할 수 있다.

```
1    layer1 = new Layer
2    layer1.pinchable.enabled = true
3    layer1.pinchable.minScale = 0.5
```

layer1을 생성한 후 핀치를 활성화하고, minScale에 0.5를 적용해 최소 사이즈가 원래 사이즈의 절반까지만 줄어들도록 설정한다. 이제 화면상에서 핀치해 레이어를 줄어들게 만들어도 원래 사이즈인 200의 절반인 100 이하보다는 작아지지 않을 것이다. 이와 반대로 최댓값을 지정하려면 maxScale을 사용하면 된다.

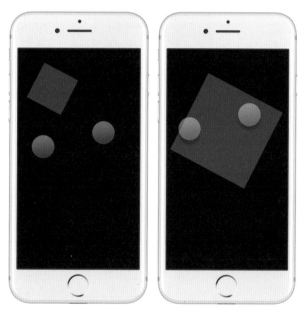

〔그림 6〕

layer.pinchable.scaleFactor

핀치되는 사이즈의 속도를 조절할 수 있다. scaleIncrements와 달리 속도를 변하게 하기 때문에 증가될 때 증가 단계가 부드럽게 표현된다. 기본 증가 속도는 1로 돼 있다.

```
1    layer1 = new Layer
2    layer1.pinchable.enabled = true
3    layer1.pinchable.scaleFactor = 2
```

layer1을 생성하고 핀치가 가능하게 적용한다. scaleFactor를 2로 설정해 기본 설정보다 2배 빠른 속도로 증가하도록 만든다.

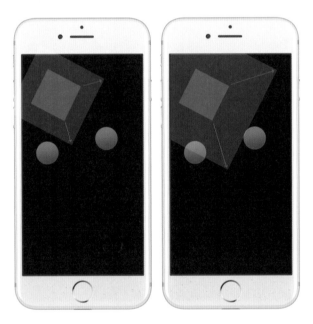

〔그림 7〕

layer.pinchable.rotate

핀치의 회전 효과를 활성/비활성화한다. 회전을 비활성화할 경우, 핀치 시 사이즈 확대/축소만 일어난다. 기본 설정값은 enabled로 돼 있다.

```
1    layer1 = new Layer
2    layer1.pinchable.enabled = true
3    layer1.pinchable.rotate = false
```

layer1을 생성해 핀치를 활성화한다. .rotate에 false를 적용해 회전을 비활성화한다. 이제 화면상에 layer1을 두 손가락으로 끌어당기면 레이어가 회전하지 않고 사이즈만 변하는 것을 확인할 수 있다.

〔그림 8〕

layer.pinchable.rotateIncrements

scaleIncrements와 동일하게 회전값의 변화 폭을 설정할 수 있다. 각도값을 입력하면 입력한 각도대로 끊어 변화된다.

```
1    layer1 = new Layer
2    layer1.pinchable.enabled = true
3    layer1.pinchable.rotateIncrements = 15
```

layer1을 생성해 핀치를 적용한다. rotateIncrements를 15로 설정해 핀치가 이루어질 때 레이어가 15도씩 회전되는 것을 볼 수 있다.

〔그림 9〕

layer.pinchable.rotateFactor

scaleFactor와 동일하게 회전 속도를 설정할 수 있다. 기본값은 1로 돼 있다.

```
1    layer1 = new Layer
2    layer1.pinchable.enabled = true
3    layer1.pinchable.rotateFactor = 2
```

layer1을 생성한 후에 핀치를 적용한다. rotateFactor에 2를 적용하면 기본값보다 2배 빠른 속도로 회전하는 것을 확인할 수 있다.

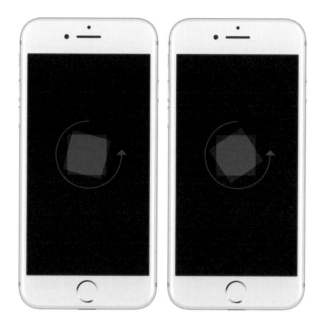

〔**그림 10**〕 회전 속도를 더 빠르게 설정할 수 있다.

10
핀치 실전 예제

〔그림 1〕

Pinchable을 이용해 지도 앱을 만들어보자. 먼저 FramerStudy.com에 접속해 핀치 예제
파일을 다운로드해보자.

〔그림 2〕

예제 파일 열기

예제 파일을 열어보면 아래와 같이 PSD에서 임포트된 기본적인 세팅이 돼 있다.

```
1   map = new Layer
2       width : 5120, height : 5120
3       midX : Screen.width/2, midY : Screen.Height/2
4       image : "images/map.png"
5
6   psd = framer.Importer.load("imported/mapapp@1x")
```

map.png라는 파일을 임포트해 map이라는 이름으로 레이어를 만들었으며, 가로, 세로는 5120픽셀, 위치는 화면의 중앙으로 설정했다.

밑으로는 mapapp이라는 psd 파일을 임포트해 psd라는 이름의 그룹으로 나머지 UI 구성 요소들을 배치했다. 이번 예제에서 사용될 UI 요소는 화면 우측 상단에 위치한 콤파스 이미지만 사용할 것이다.

맵 이미지에 draggable 적용하기

지도 앱에서는 pinch를 통한 확대/회전뿐만 아니라 좌우상하로 지도 이미지를 움직일 수
있다. 이 부분은 draggable로 해결해줘야 한다.

```
8    map.draggable.enabled = true
```

map.draggable을 활성화해 map 이미지가 드래그되도록 만들어보자.

Draggable Contraints 적용하기

이제 화면을 드래그하면 map 이미지가 좌우로 움직이는데, 문제는 영역 지정이 돼 있지
않기 때문에 map 이미지가 화면 밖을 초과해 이동한다는 것이다.

〔그림 3〕

Constraints를 지정해 드래그될 영역을 제한해보자.

```
10    map.draggable.constraints =
11        x : -5120 + 750
12        y : -5120 + 1334
13        width : 5120*2 - 750
14        height : 5120*2 - 1334
```

드래그 제한 영역의 좌표와 사이즈는 [그림 4]처럼 이미지 사이즈인 5120에서 화면 사이즈를 빼야 하므로 좌표는 x : -5120+750 이고, y : -5120+1334가 된다. 좌우상하 사이즈는 기본적으로 map 이미지가 충분히 움직여야 하므로 5120의 2배가 되는 사이즈에서 화면 사이즈를 빼면 된다. Width : 5120*2 -750, height : 5120*2-1334를 기재해보자.

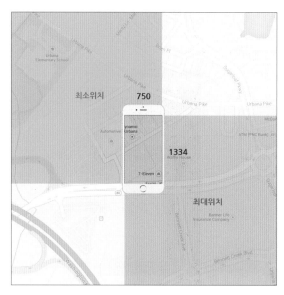

〔그림 4〕

Pinchable 적용하기

이제 map 이미지에 핀치를 적용해보자.

```
16    map.pinchable.enabled = true
```

화면을 두 손가락을 이용해 터치하면 화면이 확대, 축소, 회전하는 것을 볼 수 있다. PC에서 확인하려면 Alt를 누른 상태에서 화면에 마우스를 클릭하면 된다.

〔그림 5〕 Alt를 누른 상태로 화면에 클릭하면 핀치되는 것을 확인할 수 있다.

최소/최대 핀치 스케일 정하기

이제 핀치가 적용될 때 화면상에서 너무 큰 사이즈까지 확대되고, 화면 안쪽으로까지 축소되는 문제를 해결해보자.

```
18    map.pinchable.minScale = 0.75
19    map.pinchable.maxScale = 2
```

위의 코드를 기재해 최소 사이즈를 75%까지만 축소되도록 설정하고, 최대 사이즈는 2배까지만 커질 수 있도록 만들어보자. 이제 핀치해보면 일정 사이즈 이상으로는 커지지 않는다는 것을 확인할 수 있다.

컴파스 움직이기

이제 map의 움직이는 부분은 완료했고, 마지막 단계로 map이 핀치돼 회전할 때마다 회전 각도에 맞춰 나침반도 함께 회전할 수 있도록 만들어보자.

```
1    map.on Events.Pinch, ->
2        psd.compass.rotation = map.rotation
```

위의 코드는 map이 핀치될 때마다 이벤트가 작동되도록 만든다. 작동되는 명령어는 psd.compass 레이어의 회전을 map 레이어의 회전과 동일하게 만들어주는 것이다. 다시 말해, map 레이어가 핀치될 때마다 변하는 각도를 그대로 psd.compass에 적용하는 것이다. 이제 [그림 6]처럼 지도를 핀치할 때마다 콤파스도 함께 회전하는 것을 확인할 수 있다.

〔그림 6〕

핀치를 사용해 map 레이어를 회전한 상태로 위치를 화면 끝 부분으로 이동하면 [그림 6]과 같이 모서리 부분이 잘려 보인다. 이 부분은 핀치될 때마다 constraints의 사이즈를 변경해 해결할 수도 있지만, 이번 예제는 핀치와 관련된 예제기 때문에 드래그에 해당하는 부분은 최소한으로 다룬다.

11 슬라이더 컴포넌트

슬라이더 알아보기

슬라이더 컴포넌트Slider Component는 가운데 드래그할 수 있는 버튼이 포함된 긴 막대 형태의 구조로 돼 있다. 프레이머상에서는 몇 가지 기능을 제공하기 때문에 사용자는 슬라이더 컴포넌트를 통해 범위를 조작할 수 있다. 슬라이더 컴포넌트는 슬라이더 레이어, 색상 레이어, 버튼인 놉knob으로 구성돼 있다. 이번 장에서는 슬라이더 컴포넌트를 이용해 설정할 수 있는 속성들에 대해 알아보자.

Slider Component

슬라이더 컴포넌트를 만들려면 'new SliderComponent'라고 기재하면 된다. 위치와 사이즈를 기재하지 않으면 기본 사이즈로 생성될 것이며, 레이어처럼 하단에 위치와 사이즈를 기재하면 된다. backgoundColor는 슬라이더 바의 색상을 결정한다.

```
1    slider1 = new SliderComponent
2        x : 50,y : 300, width : 300, backgroundColor : "yellow"
```

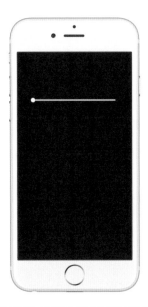

〔그림 1〕 입력한 위치와 사이즈가 적용된 슬라이더 바가 만들어진다.

slider.knob

```
1    slider1 = new SliderComponent
2    slider1.center()
3    slider1.knob.shadowColor = "#888888"
4    slider1.knob.shadowY = 20
5    slider1.knob.shadowBlur = 10
6    slider1.knobSize = 50
7    slider1.knob.borderRadius = 6
8    slider1.knob.backgroundColor = "yellow"
9    slider1.knob.draggable.momentum = false
10
```

a. slider knob은 슬라이더 가운데 있는 버튼을 의미한다. 자동으로 드래그가 가능하도록 만들어지며, 위의 샘플 코드와 같은 옵션들을 설정할 수 있다.

b. Knob.shadow는 버튼 뒤의 그림자 위치를 정할 수 있다. Knob.shadowX를 기재하면 버튼의 그림자가 x축으로 이동하며, knob.shadowY는 버튼의 그림자가 y축으로 내려간다.

c. Knob.shadowBlur는 버튼 그림자의 퍼지는 정도를 설정할 수 있다. 수치가 클수록 더 많이 퍼지지만, 어둡기가 더 옅게 표현된다.

d. KnobSize는 버튼 크기를 결정한다. 버튼의 지름 사이즈라고 생각하면 될 것이다.

e. Knob.borderRadius는 버튼 모서리의 둥근 정도를 설정할 수 있다. knobSize와 연동돼 사이즈 수치의 절반 이상이면 둥근 버튼이 된다.

f. Knob.backgroundColor는 버튼 색상을 설정할 수 있다.

g. Knob.draggable.momentum은 버튼 드래그의 가속도를 활성/비활성화할 수 있다. 기본 설정은 적용돼 있으며, 부드럽게 드래그되도록 만든다.

〔그림 2〕

Slider.fill

slider.fill은 슬라이더 컴포넌트의 배경색을 설정할 수 있다. 슬라이더 버튼을 기준으로 좌측에 해당하는 영역으로 보면 되고, 슬라이더를 통해 채워지는 영역의 색상이라고 보면 될 것이다. 반대되는 영역의 색상은 fill을 제외한 backgroundColor만 기재하면 변경할 수 있다.

```
1    slider1 = new SliderComponent
2    slider1.center()
3    slider1.fill.backgroundColor = "red"
```

〔그림 3〕

Slider.value

슬라이더에서 가장 중요한 것은 바로 value다. value는 슬라이더를 통해 출력되는 결과값이며, 값이 가운데 놉 버튼의 위치를 통해 결정된다. 기본 설정값은 정가운데이며, 0.5로 돼 있다. 위의 코드를 기재한 후에 슬라이더 버튼을 움직여보면 출력되는 value 값을 실시간으로 확인할 수 있다. 이 출력되는 값을 다른 레이어나 변수에 연결하면 다양한 효과를 낼 수 있다. 따라서 슬라이더의 value 값을 이용하지 않는다면 슬라이더를 사용할 필요가 없을 것이다.

```
1    slider1 = new SliderComponent
2    slider1.center()
3
4    slider1.on "change:value",->
5        print slider1.value
```

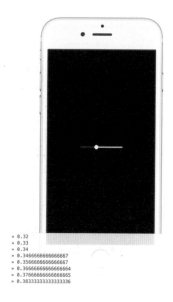

〔그림 4〕 놉의 위치에 따라 slider1의 value 값을 출력할 수 있다.

Slider.min / slider.max

슬라이더 버튼을 통해 변경할 수 있는 수치값의 최솟값/최댓값을 설정할 수 있다. 최솟값은 좌측 끝, 최댓값은 우측끝으로 설정되며, 가운데 슬라이더 놉 버튼의 위치에 따라 비율을 정한다. 아래 코드는 슬라이더가 움직일 때마다 슬라이더의 값을 출력하는데, 최솟값,

최댓값을 −10에서 10으로 설정했기 때문에 슬라이더가 가장 좌측에 있을 때는 −10이 출력되고, 가장 우측에 있을 때는 10이 출력될 것이다.

```
1    slider1 = new SliderComponent
2    slider1.center()
3    slider1.min = -10
4    slider1.max = 10
5
6    slider1.on "change:value",->
7        print slider1.value
```

〔그림 5〕

Slider.pointForValue / valueForPoint

slider.pointForValue는 현재 슬라이더의 값을 좌표 대비로 환산해 보여준다. 위의 코드에서 슬라이더1이 움직일 때마다 슬라이더1의 value 값 대비 pointForValue를 출력하게 되는데, 결국은 버튼의 위치값을 출력한다.

slider.valueForPoint는 좌푯값을 입력하면 전체 슬라이더 영역을 0에서 1의 범위로 보고 현재 슬라이더 값이 몇인지 소수점으로 표시한다. value가 현재 출력되는 실제 값이라면 value for point는 좌푯값 대비 비율을 표시한다고 보면 된다. 위의 코드는 슬라이더1 버튼이 움직일 때마다 슬라이더1의 버튼 위치값에 해당하는 valueForPoint를 출력한다.

결국 pointForValue와 valueForPoint는 서로 상반되는 결과값을 출력한다고 보면 된다.

```
1    slider1 = new SliderComponent
2    slider1.center()
3    slider1.min = -10
4    slider1.max = 10
5
6    slider1.on "change:value",->
7        print slider1.pointForValue(slider1.value)
8        print slider1.valueForPoint(slider1.value)
```

» 161
» 0.0017888888888888887
» 163
» 0.0018111111111111112
» 166
» 0.0018444444444444446
» 169
» 0.0018777777777777778

〔그림 6〕 pointForValue와 valueForPoint가 번갈아가며 출력되는 것을 볼 수 있다.

Slider.animateToValue

슬라이더의 버튼인 놉을 애니메이션을 통해 움직일 수 있다. 이때 애니메이션 커브 값을 입력하면 해당 수치대로 애니메이션이 적용된다. 값이 이동하는 것을 부드럽게 표현해줄 때 사용된다. 아래와 같이 기재하면 신Scene이 시작되자마자 슬라이더가 value1 값으로 이동하기 때문에 가장 우측으로 애니메이션되는 것을 볼 수 있다.

```
1    slider1 = new SliderComponent
2    slider1.center()
3    slider1.animateToValue(1, {curve : "ease"} )
```

〔그림 7〕 슬라이더가 가장 우측으로 이동하는 것을 볼 수 있다.

rangerSlider 컴포넌트

슬라이더에 2개의 놉이 달려 있어서 범위를 최솟값과 최댓값의 범위를 설정할 수 있는 슬라이더 컴포넌트다. 일반 슬라이더 컴포넌트가 하나의 value 값만을 출력한다면

rangeSlider는 최솟값과 최댓값 2개를 사용자가 조절하고 출력할 수 있다고 보면 된다. 아래와 같이 기재하면 놉이 2개 달린 rangeSlider 컴포넌트가 만들어지는 것을 볼 수 있다.

```
1    slider1 = new RangeSliderComponent
2    slider1.center()
```

〔그림 8〕

rangerSlider 컴포넌트 최솟값/최댓값 및 색상 설정하기

rangeSlider는 minValue, maxValu를 통해 최솟값/최댓값 value를 입력할 수 있다. 따라서 슬라이더의 최솟값/최댓값을 입력하는 min, max 값이 있고, 놉의 위치에 따라 바뀌는 minValue, maxValue 값이 있는 것이다. 아래 예제를 통해 확인해보자.

```
1    slider1 = new RangeSliderComponent
2        min : 0, min : 10
3        minValue : 2, maxValue : 7
4        knob : 50
5    slider1.center()
```

〔그림 9〕

11
슬라이더 컴포넌트 실전 예제

〔그림 1〕

슬라이더 컴포넌트를 이용해 레이어의 다양한 수치를 변경할 수 있는 예제를 연습해보자.
FramerStudy.com에서 슬라이더 예제를 다운로드해 프레이머에서 열어보자.

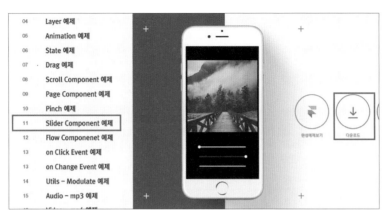

〔그림 2〕

Slider Component 만들기

먼저 예제 파일을 열면, photo라는 이미지 레이어가 만들어 있을 것이다. 이제 그 밑에 아래와 같이 기재해 슬라이더1이라는 슬라이더 컴포넌트를 만들고, midX 좌표는 화면 중앙에 배치한다. y 좌표는 1000, 가로 500짜인 슬라이더가 화면에 생기는 것을 볼 수 있다.

```
5    slider1 = new SliderComponent
6        midX : Screen.width/2, y : 1000, width : 500
```

〔그림 3〕

슬라이더에 기능 적용하기

화면에 슬라이더가 만들어졌지만, 이 상태로는 슬라이더의 버튼을 드래그해봐도 아무런 변화가 없다. 이제 이 슬라이더에 기능을 적용해보자.

```
8    slider1.on "change:value", ->
9        photo.sepia = slider1.value*100
```

슬라이더의 기능을 이용하려면 슬라이더의 버튼을 움직여 슬라이더의 value 값이 변할 때마다 하는 것이 좋다. 먼저 slider1.knob.on change:value라고 기재해 버튼에 이벤트를 걸어주고, 그 다음 줄에 photo.sepia = slider1.value*100이라고 기재한다. 이 코드의 의미는 photo 레이어의 세피아 효과를 조절하는데, slider1의 값의 곱하기 100만큼 적용되는 것이다. 슬라이더의 값은 좌측 끝이 0이고, 우측 끝이 1로 적용된다. 그리고 세피아 효과는 최소 0에서부터 최대 100까지를 적용할 수 있으므로 슬라이더 버튼을 좌측 끝으로 이동했을 때 원본 컬러로 보이고, 버튼을 우측 끝으로 이동했을 때 완전히 세피아톤으로 보이도록 만들려면 value 값에 100을 곱하는 것이다. 이제 화면에서 슬라이더를 움직여보면 세피아 기능이 슬라이더에 적용됐다는 것을 알 수 있다.

〔그림 4〕

슬라이더 컬러 변경하기

슬라이더의 컬러를 변경해보자.

```
11    slider1.backgroundColor = "#67b4ba"
```

위와 같이 기재하면 슬라이더의 색상이 푸른색으로 변한 것을 볼 수 있다. 이제 슬라이더를 우측으로 움직여보자. 슬라이더 버튼을 기준으로 우측은 푸른색으로 변했는데, 좌측은 그대로 어두운 회색인 것을 확인할 수 있다.

```
12    slider1.fill.backgroundColor = "#59503e"
```

이번에는 fill을 명령어 사이에 두고 기재해보자. 이제 슬라이더를 우측으로 드래그해보면 좌측이 어두운 노란색으로 변경된 것을 볼 수 있다. 이처럼 그냥 backgroundColor를 쓰면 슬라이더 버튼 우측 영역의 색상을 변경할 수 있고, fill.backgroundColor를 쓰면 슬라이더 버튼 좌측 영역의 색상을 변경할 수 있다.

〔그림 5〕

슬라이더 최솟값/최댓값 변경하기

이제 슬라이더를 하나 더 만들어보자.

```
14    slider2 = new SliderComponent
15        midX : Screen.width/2, y : 1100, width : 500
16
```

slider2라는 슬라이더를 만들고 y 좌표를 1100으로 기재해 slider1 밑에 위치하도록 한다.

```
17    slider2.min = 0
18    slider2.max = 10
19    slider2.value= 10
```

그 밑으로 slider2의 최솟값을 0으로 지정하고, 최댓값을 10으로 설정한다. 그런 다음, 아래와 같이 슬라이더2에 photo 레이어의 블러를 조절할 수 있는 코드를 기재해보자.

```
21    slider2.on "change:value",->
22        photo.blur = slider2.value
```

이제 두 번째 슬라이더를 움직여주면 이미지가 흐릿해지는 것을 볼 수 있다.

〔그림 6〕

슬라이더 버튼 수정하기

이제 마지막 단계로 슬라이더 버튼인 놉을 수정해보자. 먼저 세 번째 슬라이더를 만든다.

```
24    slider3 = new SliderComponent
25        midX : Screen.width/2, y : 1200, width : 500
26
```

그리고 slider3에 photo 레이어의 외곽선 둥글기를 설정할 수 있는 borderRadius를 연결한다. 이때 곱하기 375를 적용해 이미지 사이즈인 750의 절반 만큼 최대로 조절할 수 있도록 만들어주는 것을 잊지 말자(750 사이즈의 레이어를 원형태로 만들기 위해서는 borderRadius가 375가 되기 때문이다).

```
27    slider3.knob.on Events.Move,->
28        photo.borderRadius = slider3.value * 375
```

마지막으로 slider3의 놉도 borderRadius를 수정해 사각형으로 만들어주고, 각도를 45도 기울여 마름모 형태로 만들어보자.

```
30    slider3.knob.borderRadius = 0
31    slider3.knob.rotation = 45
```

이제 세 번째 슬라이더를 조절하면 이미지 레이어의 형태가 둥글어지는 것을 확인할 수 있다.

〔그림 7〕

전체 코드

```
1    photo = new Layer
2        width : 750, height : 750, y : 100
3        image : "images/photo.png"
4
5    slider1 = new SliderComponent
6        midX : Screen.width 2, y : 1000, width : 500
7
8    slider1.on "change:value",->
9        photo.sepia = slider1.value×100
10
11   slider1.backgroundColor = "#67b4ba"
12   slider1.fill.backgroundColor = "#59503e"
13
14   slider2 = new SliderComponent
15       midX : Screen.width 2, y : 1100, width : 500
16
17   slider2.min = 0
18   slider2.max = 10
19   slider2.value= 10
20
21   slider2.on "change:value",->
22       photo.blur = slider2.value
23
24   slider3 = new SliderComponent
25       midX : Screen.width 2, y : 1200, width : 500
26
27   slider3.knob.on Events.Move,->
28       photo.borderRadius = slider3.value × 375
29
30   slider3.knob.borderRadius = 0
31   slider3.knob.rotation = 45
32
```

12

플로우 컴포넌트

플로우 알아보기

플로우 컴포넌트Flow Component는 여러 개의 화면들을 넘겨볼 때 간단한 코드만으로 트랜지션이 가능하도록 만들어주는 기능이다. 버튼을 눌러 다음 장면이 나오도록 간단하게 만들고 싶은데, 이전까지 배운 내용대로 코드를 작성하려면 매우 긴 장문의 코드를 작성해야 제작할 수 있다. 플로우 컴포넌트는 이러한 화면들을 단 한 줄의 코드로 넘겨볼 수 있도록 해주는 기능이라고 보면 될 것이다.

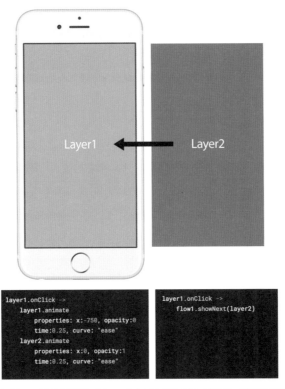

```
layer1.onClick ->
    layer1.animate
        properties: x:-750, opacity:0
        time:0.25, curve: "ease"
    layer2.animate
        properties: x:0, opacity:1
        time:0.25, curve: "ease"
```

```
layer1.onClick ->
    flow1.showNext(layer2)
```

〔그림 1〕 위와 같이 layer1을 클릭했을 때 layer2가 우측에서 밀려 들어오는 간단한 이벤트를 만들려면, 좌측과 같은 장문의 코드를 기재해야 하지만, 플로우 기능을 이용하면 우측처럼 간단하게 사용할 수 있다.

플로우 컴포넌트 만들기

플로우 컴포넌트를 사용하려면 먼저 플로우 컴포넌트를 생성한 후에 그 안에 들어갈 레이어를 등록해야 한다. 사용 방법은 아래와 같다.

```
1   layer1 = new Layer
2       size : Screen.size, backgroundColor : "#00AAFF"
3   layer2 = new Layer
4       size : Screen.size, backgroundColor : "#DF7054"
5
```

```
6    flow1 = new FlowComponent
7
8    flow1.showNext(layer1,animate : true)
9    flow1.showNext(layer2,animate : true)
```

먼저 layer1을 만든 후 사이즈를 스크린 사이즈와 동일하게 만들고, flow1이라는 플로우 컴포넌트를 만든 후에 layer1을 flow1에 등록한다. 괄호 안에 들어간 animate : true 부분은 페이지가 전환될 때 애니메이션 효과를 적용하겠다는 의미다. False로 했을 경우에는 애니메이션이 나오지 않는다. showNext를 통해 페이지를 등록하게 되는데, 이전에 등록된 페이지가 없다면 자동으로 첫 번째 페이지에 등록된다. 다음 페이지에 등록할 때도 showNext를 사용하면 된다. 이제 화면을 눌러보면 우측에서 layer2가 밀려 들어오는 것을 볼 수 있다.

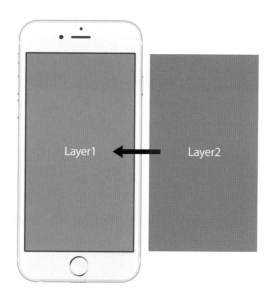

〔그림 2〕

showPrevious()

showNext가 다음 페이지를 보여주는 명령어라면, 이와 반대로 이전 페이지로 돌아가
게 만들어주는 명령어는 showPrevious이다. 위와 같이 기재한 후 layer1을 눌렀을 때는
showNext 명령어로 layer2페이지로 이동하게 하고, layer2를 눌렀을 때는 showPrevious
명령어로 다시 이전 페이지로 돌아가게 만들 수 있다.

```
1   layer1 = new Layer
2       size : Screen.size, backgroundColor : "#00AAFF"
3   layer2 = new Layer
4       size : Screen.size, backgroundColor : "#DF7054"
5
6   flow1 = new FlowComponent
7   flow1.showNext( layer1 )
8
9   layer1.onClick ->
10      flow1.showNext( layer2, animate : false )
11  layer2.onClick ->
12      flow1.showPrevious()
```

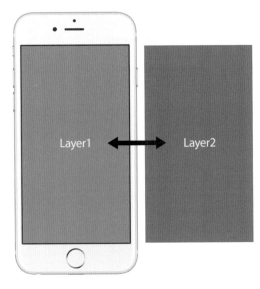

〔그림 3〕

overlayCenter(), overlayTop(), overlayRight(), overlayBottom(), overlayLeft()

showNext와 showPrevious는 이전 다음 화면에 대한 방향이 좌우로밖에 지정되지 않는다. 상하좌우로 좀 더 자유로운 방향의 화면 전환을 사용하려면 오버레이 기능을 이용해야한다. 아래와 같이 5개 레이어를 만들어 상하좌우 오버레이를 사용해보자.

```
1    layer1 = new Layer
2        size : Screen.size, backgroundColor : "#00AAFF"
3    layer2 = new Layer
4        size : Screen.size, backgroundColor : "#FFCC33"
5    layer3 = new Layer
6        size : Screen.size, backgroundColor : "#EF6D43"
7    layer4 = new Layer
8        size : Screen.size, backgroundColor : "#43EFC9"
9    layer5 = new Layer
10       size : Screen.size, backgroundColor : "#9567CD"
11
12   flow1 = new FlowComponent
13   flow1.showNext( layer1 )
14
15   layer1.onClick
16       flow1.showOverlayCenter( layer2 )
17   layer2.onClick
18       flow1.showOverlayTop( layer3 )
19   layer3.onClick
20       flow1.showOverlayBottom( layer4 )
21   layer4.onClick
22       flow1.showOverlayLeft( layer5 )
23   layer5.onClick
24       flow1.showOverlayRight( layer1 )
25
```

먼저 layer1에서부터 layer5까지 5개의 레이어를 만든 후에 layer1을 showNext 명령어로 첫 번째 페이지로 등록한다. 그런 다음, layer1을 눌렀을 때 layer2가 가운데에서 오버레이되면서 나오도록 클릭 이벤트를 걸어주고, layer2를 눌렀을 때 layer3이 위에서 아래로 내려오도록 showOverlayTop을 이용한다. layer4는 하단, layer5는 좌측에서 나오도록 나머지 레이어에도 이벤트를 만들어보자. 이제 화면을 클릭해보면 layer1에서부터 layer5 까지 순차적으로 중앙, 상단, 우측, 하단, 좌측으로 레이어가 나오는 것을 볼 수 있다.

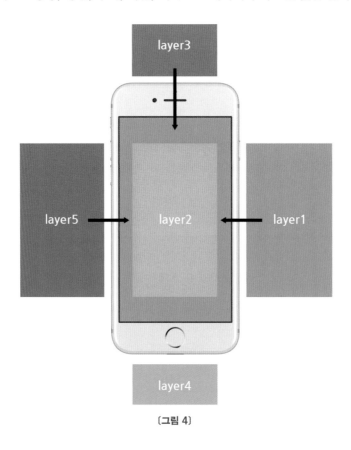

〔그림 4〕

플로우 트랜지션으로 애니메이션 옵션 정하기

플로우 컴포넌트를 이용할 때 항상 같은 트랜지션의 애니메이션으로 나온다는 것을 알 수 있을 것이다. 코드가 너무 길어져서 권장하진 않지만, 아래와 같은 방법으로 애니메이션을 사용자화할 수 있다.

```
scaleTransition = ( nav, layer1, layer2, overlay ) ->
    transition =
        layerA :
            show : scale : 1, opacity : 1
            hide : scale : 0.5, opacity : 0
        layerB :
            show : scale : 1, opacity : 1
            hide : scale : 0.5, opacity : 0

layerA = new Layer
    size : Screen.size, backgroundColor : "#00AAFF"
layerB = new Layer
    size : Screen.size, backgroundColor : "#9567CD"

flow1 = new FlowComponent
flow1.showNext( layerA )


layerA.onClick ->
    flow1.showOverlayCenter( layerB, scaleTransition )
layerB.onClick ->
    flow1.showOverlayTop( layerA, scaleTransition )
```

layerA와 layerB를 만든 후 **scaleTransition**이라는 함수를 만들어 나타날 때와 사라질 때의 애니메이션을 지정한다. 애니메이션 속성에 투명도와 스케일을 지정해줬기 때문에 화면 전환 시 layerA와 layerB의 크기가 교차하며 커졌다 줄었다 하는 것을 볼 수 있을 것이다.

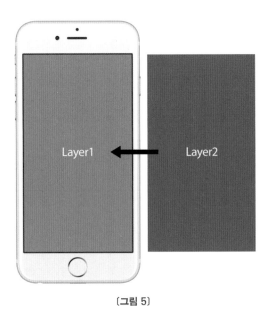

〔그림 5〕

12
플로우 컴포넌트 실전 예제

〔그림 1〕

〔**그림 2**〕 예제의 레이어 구조

이번에는 플로우 컴포넌트를 실제로 사용할 수 있는 보딩 화면을 제작할 것이다. 앱을 처음 실행했을 때 간단하게 나오는 튜토리얼 페이지 같은 기능을 하는 화면으로, next 버튼을 누르면 다음 화면으로 넘어가고, 좌측 상단의 이전 버튼을 통해 전화면으로 돌아가며, 우측 상단의 느낌표 아이콘을 클릭하면 상단에서 **개인 정보 보호 정책** 아이콘이 나타나는 화면을 만들어볼 것이다. FramerStudy.com에 접속해 플로우 컴포넌트의 예제 파일을 다운로드해보자.

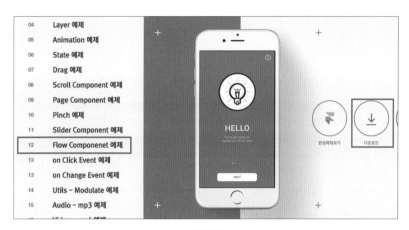

〔그림 3〕

〔그림 4〕

플로우 컴포넌트 만들기

처음에 예제 파일을 열면 [그림 4]와 같이 모든 레이어가 화면 위에 배치돼 있을 것이다. 이제 플로우 컴포넌트를 이용해 한 화면씩 차례차례 나오도록 만들어보자. 플로우 기능을 이용하기 위해서는 먼저 플로우 컴포넌트를 만들어야 한다.

```
3    flow1 = new FlowComponent
```

위와 같이 기재해 flow1이라는 플로우 컴포넌트를 만들어보자. [그림 5]처럼 화면상에서 가장 상위 레이어에 flow1이라는 레이어들이 생성된 것을 볼 수 있고, 실제 화면은 flow1 레이어로 덮여 보일 것이다.

〔그림 5〕

첫 번째 화면 플로우에 올리기

이제 첫 번째 화면을 flow1에 올려보자.

```
5    flow1.showNext(psd.board1)
```

위와 같이 기재하면 화면상에 첫 번째 페이지가 올라온 것을 볼 수 있고, 레이어 구조 안에서 flow1레이어에 psd.board1인 첫 번째 화면이 들어가 있는 것을 볼 수 있다. 코드에서 처음으로 showNext 코드를 이용해 최초 페이지를 기재하면 처음으로 기재된 페이지를 1페이지로 기억한다.

〔그림 6〕

Next 버튼을 눌러 다음 화면으로 이동하기

이제 하단의 버튼을 눌러 다음 화면으로 이동할 수 있는 기능을 넣어보자. 레이어 구조를
보면 각 화면마다 다음 화면 버튼인 btn, 이전 화면 버튼인 back 그리고 우측 상단의 느낌
표 버튼인 icon이 들어가 있는데, 이 중에서 하단의 Next 버튼을 클릭했을 때 다음 화면인
psd.board2가 나오도록 아래와 같은 코드를 기재한다.

```
7    psd.btn1.onClick ->
8        flow1.showNext( psd.board2 )
```

이제 화면의 Next 버튼을 클릭해보면 [그림 7]처럼 화면이 우측에서 밀려 들어오는 것을
볼 수 있다.

〔그림 7〕

느낌표 버튼에 상단 오버레이 넣기

첫 번째 화면에는 이전 화면으로 되돌아갈 필요가 없기 때문에 좌측의 이전 버튼은 없고, 우측에는 느낌표 모양의 아이콘이 있다. 이 아이콘은 눌렀을 때 상단에서 psd.up에 해당하는 상단 메뉴가 나오도록 만들어보자. 이번에는 플로우의 오버레이 기능을 이용할 것이다.

```
9    psd.icon1.onClick ->
10       flow1.showOverlayTop( psd.up )
11
```

위와 같이 기재하면 이제 느낌표 버튼을 눌렀을 때 상단에서 psd.up 레이어가 나오는 것을 볼 수 있다. psd.up 버튼 영역이 아닌 곳을 누르면 자동으로 이전 화면인 첫 번째 페이지로 되돌아간다.

〔그림 8〕

나머지 화면에도 적용

이제 나머지 화면에도 동일한 기능들을 넣어보자. 두 번째 페이지에서부터는 이전 버튼에도 기능을 넣어 첫 번째 페이지로 되돌아가도록 만들어주는 것을 잊지 말아야 한다.

```
12    psd.btn2.onClick ->
13        flow1.showNext( psd.board3 )
14    psd.back2.onClick ->
15        flow1.showPrevious( psd.board1 )
16    psd.icon2.onClick ->
17        flow1.showOverlayTop( psd.up )
18
19    psd.btn3.onClick ->
20        flow1.showNext ( psd.board4 )
21    psd.back3.onClick ->
22        flow1.showPrevious( psd.board2 )
23    psd.icon3.onClick ->
24        flow1.showOverlayTop( psd.up )
25
26    psd.back4.onClick ->
27        flow1.showPrevious( psd.board3 )
28    psd.icon4.onClick ->
29        flow1.showOverlayTop( psd.up )
30
```

이제 첫 번째 화면부터 네 번째 화면까지 Next 버튼과 상단의 버튼들을 눌러보면 기능이 모두 정상적으로 수행되는 것을 확인할 수 있다.

전체 코드

```
1    Psd = Framer.Importer.load("imported/onBoarding@1x")
2
3    flow1 = new FlowComponent
4
5    flow1.showNext(psd.board1)
6
7    psd.btn1.onClick ->
8        flow1.showNext( psd.board2 )
9    psd.icon1.onClick ->
10       flow1.showOverlayTop( psd.up )
11
12   psd.btn2.onClick ->
13       flow1.showNext( psd.board3 )
14   psd.back2.onClick ->
15       flow1.showPrevious( psd.board1 )
16   psd.icon2.onClick ->
17       flow1.showOverlayTop( psd.up )
18
19   psd.btn3.onClick ->
20       flow1.showNext( psd.board4 )
21   psd.back3.onClick ->
22       flow1.showPrevious( psd.board2 )
23   psd.icon3.onClick ->
24       flow1.showOverlayTop( psd.up )
25
26   psd.back4.onClick ->
27       flow1.showPrevious( psd.board3 )
28   psd.icon4.onClick ->
29       flow1.showOverlayTop( psd.up )
30
```

13
이벤트

이벤트 알아보기

앞서 배웠던 레이어를 만드는 방법이나 스크롤, 페이지와 같은 컴포넌트들은 화면상에 요소를 배치하고 레이아웃을 구성하게 만드는 요소였고, 애니메이션은 이 구성 요소들을 움직이도록 동작을 실행하게 했다. 그런데 인터랙션이라는 것은 이렇게 단순히 화면 요소들을 구성하고 움직이게 만드는 것뿐만 아니라 사용자와의 상호작용이 필요하다. 이러한 상호작용이 가능하게 만들어주는 기능이 바로 이벤트이며, 사용자가 어떻게 어떤 상황에서 상호작용하느냐에 따라 세세하게 구분해 기능을 실행하도록 만들 수 있다.

인터랙션의 꽃은 단연 이벤트다. 모바일 디바이스에는 터치, 스크롤, 스와이프, 핀치, 롱프레스 등 다양한 이벤트들이 있다. 대다수의 프로토타입 툴들이 다양한 이벤트들을 제공하듯이 프레이머도 상당히 많은 이벤트를 제공한다. 이제 이벤트의 기능에는 어떠한 것들이 있고, 각각 어떤 상황에서 사용할 수 있는지 알아보자.

이벤트를 배우면서 기재될 코드와 예제는 FramerStudy.com/event.zip에 접속하면 전체 예제를 다운로드할 수 있다.

이벤트 만들기

기본적인 이벤트 만들기

이벤트를 만들려면 먼저 이벤트를 적용할 레이어가 있어야 한다. 먼저 아래와 같이 layerA를 만들고 layerA를 탭했을 때 hello라는 텍스트가 화면상에 출력되도록 만들어보자.

■ 예제/event/ 01_event.framer

```
1    layerA = new Layer
2    layerA.on Events.Tap, ->
3        print "hello"
```

두 번째 라인 이벤트가 입력된 부분에 관해 설명하면, layerA라고 기재한 후 .on Events.를 썼다. 이것은 layerA에 이벤트를 적용하겠다는 의미다. 구체적인 이벤트의 상황은 그 다음에 기재한다. .Tap이라고 해 탭하는 상황에서 이벤트가 발생한다고 기재했다. 그 뒤로는 함수를 입력할 때와 같이 ", ->"를 기재하면 된다. 처음 이벤트를 접했을 때 이벤트 사용 방식이 중간에 띄어쓰기와 대소문자, 제일 나중에 붙는 쉼표와 화살표까지 어렵고 복잡하게 보일 수 있다. 하지만 이벤트는 프레이머에서 가장 많이 사용되기 때문에 반드시 올바른 방식을 외워두자.

위처럼 기재하고 화면상에서 layerA를 탭하면 "hello"라고 출력되는 것을 볼 수 있다.

〔그림 1〕

단축형 이벤트 만들기

프레이머의 이벤트 입력 방식이 복잡하다는 사용자의 피드백이 많았는지 최근 업데이트에 의해 단축형 이벤트 입력 방식이 만들어졌다. 탭 이벤트를 아래와 같이 축약 형태로 사용할 수 있다.

■ 예제/event/ O2_event.framer

```
1    layerA = new Layer
2    layerA.onTap
3        print "hello"
```

프레이머에는 기본적으로 onClick, onTouchEnd, onDragMove, onMove…등 on으로 시작되는 많은 이벤트가 등록돼 있는데, 모두 축약으로 사용할 수 있다. 이벤트의 종류는 뒤에서 좀 더 자세하게 다룬다. 단축형 이벤트 입력 방식이 있더라도 A.와 같은 기본형 이벤트 입력 방식은 꼭 알아두는 것이 좋다. 그 이유는 아래 예제에서 다룰 다양한 이벤트 입력 방식 때문이다.

〔그림 2〕 기본형과 마찬가지로 축약형도 화면상에 "hello"가 출력되는 것을 볼 수 있다.

입력된 이벤트 Off하기

입력된 이벤트 기능을 동작하지 않도록 만들 수 있다. 이벤트를 입력할 때 명령어에 on Events.라고 기재했는데, off라고 기재하면 된다. 아래 코드를 살펴보자.

■ 예제/event/03_event_off.framer

```
1    layerA = new Layer
2    layerA.onTap ->
3        print "hello"
4
5    layerA.off(Events.Tap)
```

다섯 번째 라인에 .off를 기재해 layerA이 적용된 탭 이벤트(괄호 안에 기재)를 비활성화했다. 위와 같이 입력한 후에 화면상의 layerA를 탭해도 "hello"가 출력되지 않는 것을 볼 수 있다.

함수로 이벤트 호출하기

이벤트 함수를 만들어 놓고, 호출하는 방법이다. 여러 가지 이벤트를 동시에 쓸 수 있다는 장점이 있지만, 이 방법은 잘 쓰지 않는다. 그리고 주의할 점은 호출할 함수를 호출하는 문장 위에 적어야 한다는 것이다. 예제를 보면서 알아보자.

■ 예제/event/04_event_function.framer

```
1    layerA = new Layer
3    onTouchEnd = () ->
4        print "hello"
6    layerA.on(Events.TouchEnd, onTouchEnd)
```

이렇게 onTouchEnd라는 함수가 layerA.on(Events.Click, onTouchEnd) 문장 위에 있어야 함수 호출이 제대로 된다. 이 구조는 이벤트를 호출(on)하거나 삭제(off)하는 구조에서 쓰일 수 있다.

■ 예제/event/05_event_off.framer

```
1    layerA = new Layer
3    onTouchEnd = () ->
4        print "hello"
5        layerA.off(Events.TouchEnd, onTouchEnd)
7    layerA.on(Events.TouchEnd, onTouchEnd)
```

위 예제를 살펴보면, layerA.off(Events.TouchEnd, onTouchEnd)라는 한 줄이 더 들어 갔다. off는 무언가를 끄는 의미를 가진 단어이므로 이벤트를 삭제하는 구문이라고 유추

할 수 있다. 그래서 레이어를 터치하면 한 번은 "hello"라는 print가 출력되지만, 그 이후로는 이벤트가 삭제돼 print가 화면에 출력되지 않는다.

〔그림 3〕 이벤트 off

이벤트 한 번만 실행하기

이벤트 삭제(off)를 하지 않아도, 딱 한 번만 실행하도록 하는 방법이 있다. 이벤트 호출을 on이 아닌 once로 하면 된다. 단, 이 방법은 shortcut 이벤트에는 적용할 수 없다.

■ 예제/event/06_event_once.framer

```
1    layerA = new Layer
2    layerA.once Events.TouchEnd, ->
3        print "hello"
```

또는 아래와 같이 쓸 수도 있다.

```
1    layerA = new Layer
2    onTouchEnd = () ->
3        print "hello"
4    layerA.once(Events.TouchEnd, onTouchEnd)
```

●이 책에 나오는 이벤트 예제들은 shortcut 이벤트를 주로 썼다는 점을 미리 명시해둔다.

이벤트의 종류

터치, 드래그, 스크롤 등 사용자의 액션에 반응하는 다양한 이벤트들이 있다. 어떠한 이벤트들이 있는지 살펴보자.

마우스 인터랙션

프레이머는 마우스 인터랙션을 지원하므로 PC 플랫폼 기준의 프로토타입 작업도 가능하다.

이벤트명	Shortcut	이벤트 설명
Events.Click	onClick	클릭할 때 일어나는 이벤트
Events.MouseUp	onMouseUp	마우스를 눌렀다가 손을 뗐을 때 일어나는 이벤트
Events.MouseDown	onMouseDown	마우스를 누르면 일어나는 이벤트
Events.MouseOver	onMouseOver	마우스를 오버한 상태에서 일어나는 이벤트
Events.MouseOut	onMouseOut	마우스를 아웃한 상태에서 일어나는 이벤트
Events.MouseMove	onMouseMove	마우스를 무브한 상태에서 일어나는 이벤트
Events.MouseWheel	onMouseWheel	마우스 스크롤할 때 일어나는 이벤트

click을 비롯한 down, up, over, out은 예제를 참고하길 바란다. 레이어를 클릭하거나 오버하면 print가 화면에 출력되는 것을 확인할 수 있다. 눈여겨볼 이벤트는 MouseMove와 MouseWheel 이벤트다.

```
1    bg = new BackgroundLayer
2    bg.onMouseMove ->
3        print event.offsetX, event.offsetY
```

위의 예제는 Mouse Move 이벤트를 이용해 마우스가 화면 위에서 움직일 때마다 이벤트가 일어난다. 마우스 커서에 대한 x, y의 위치값이 화면에 출력되는 것을 확인할 수 있다. 여기서는 offset을 썼는데, 이는 브라우저 좌푯값에 대한 정보다. 웹으로 프로토타이핑 작업을 한다면 offset을 쓰고, 만약, 모바일 디바이스에서 프로토타이핑 작업을 한다면 pageX, pageY를 쓰면 된다. Offset에 대한 자세한 정보는 이벤트 가장 뒷부분을 확인해보자.

〔그림 4〕 마우스 무브 이벤트

■ 예제/event/08_event_mouse_updown.framer

이번 예제에서는 mouseup, mousedown, over, out의 차이점을 알아보자. 아래와 같이 라이트 그린의 레이어를 하나 만들어 화면 가운데 위치하도록 해보자. 그리고 마우스업과 다운, 오버, 아웃에 대한 이벤트를 만들어 각각의 상황에 상태를 출력할 수 있도록 print 명령어를 써보자.

```
1    layer = new Layer
2        backgroundColor : "lightgreen"
3
4    layer.center()
5
6    layer.onMouseUp ->
7        print "마우스 업"
8
9    layer.onMouseDown ->
10        print "마우스 다운"
11
12    layer.onMouseOver ->
13        print "마우스 오버"
14
15    layer.onMouseOut ->
16        print "마우스 아웃"
17
```

위와 같이 기재한 후, 화면 가운데 레이어에 마우스 커서를 올려놓으면 레이어 위에 올려지는 순간, "마우스 오버"라는 메시지가 출력될 것이다. 레이어 밖으로 마우스를 가져가면 "마우스 아웃"이라고 나타난다. 이처럼 마우스 오버와 아웃은 레이어 위에 마우스가 닿을 때와 닿았다가 나갈 때 각각 이벤트가 일어난다.

이제 마우스를 레이어 위에 오버된 상태에서 클릭해보자. 클릭하는 순간에 마우스를 누른 상태에서 "마우스다운"이라는 메시지가 출력되는 것을 볼 수 있고 마우스에서 손을 떼는 순간, 다시 말해 클릭이 끝나는 순간 "마우스 업"이라는 메시지가 출력되는 것을 알 수 있다. 이처럼 mouseup, mousedown, over, out은 마우스를 이용하는 환경인 데스크톱이나 웹의 해당 오브젝트와 마우스와의 접점 지점에서 이벤트가 일어난다는 것을 알 수 있다. 모바일상에서는 마우스가 나타나지 않기 때문에 사용할 수 없다.

〔그림 5〕

■ 예제/event/9_event_mouse_wheel.framer

마우스 휠 이벤트는 단독으로 쓰일 수 없다. 반드시 스크롤 컴포넌트를 만들고, mouseWheelEnabled :true로 해줘야 마우스 휠이 작동한다.

360

```
1    container = new ScrollComponent
2        width : 500, height : 500
3        scrollHorizontal : false
4        mouseWheelEnabled : true
5
7    container.content.draggable.enabled = false
8    container.onMouseWheel ->
9        print "마우스 휠 작동 중"
```

Line 1~4 : container라는 스크롤 컴포넌트를 만들고, mouseWheelEnabled를 true로
설정한다.

Line 7 : 이 구문이 없으면 스크롤과 휠이 함께 작동한다. 이번 예제는 마우스 휠의 작동 여
부를 보기 위한 예제이기 때문에 드래그는 비활성화한다. 휠만 작동하도록 하고 싶으면,
스크롤.content.draggable.enabled = false 이라고 설정하면 된다.

Line 8~9 : 마우스 휠이 작동할 때 "마우스 휠 작동 중"이 출력된다.

〔그림 6〕 마우스휠 이벤트

드래그 이벤트

드래그Drag 이벤트는 레이어가 드래그될 때 발생하는 이벤트로, draggable이 true인 상태에서 호출할 수 있다. 드래그 이벤트에도 드래그가 시작될 때, 끝날 때, 드래그되는 레이어가 움직일 때 등 세부적인 상황으로 나뉘어 있다. 자세한 드래그 이벤트 종류는 아래와 같다.

이벤트명	Shortcut	이벤트 설명
Events.Move	onMove	드래그 레이어가 움직일 때 일어나는 이벤트
Events.DragStart	onDragStart	드래그가 시작될 때 일어나는 이벤트
Events.Drag	onDrag	드래그로 움직일 때 일어나는 이벤트
Events.DragEnd	onDragEnd	드래그가 끝날 때 일어나는 이벤트
Events.DragAnimationStart	onDragAnimationStart	드래그 애니메이션이 시작될 때 일어나는 이벤트
Events.DragAnimationEnd	onDragAnimationEnd	드래그 애니메이션이 끝날 때 일어나는 이벤트
Events.DirectionLockStart	onDirectionLockStart	DirectionLock이 시작될 때 일어나는 이벤트

■ 예제/event/10_event_drag_move.framer

예제를 실행하면 레이어를 드래그할 때마다 화면에 레이어의 x, y 좌표가 출력된다. 여기서 주의 깊게 볼 것은 레이어에서 손을 떼도 가속도에 의한 좌표 이동이 화면에 출력된다는 것이다. 다음에 나오는 onDrag 이벤트와 다른 점이 바로 이것이다. onMove 이벤트는 레이어를 움직이다가 손을 뗐을 때, 가속도에 의한 이동까지도 포함해서 이벤트가 반응한다. 손을 뗀 후에도 한참 동안 이벤트가 적용해 좌푯값이 계속 출력되는 것을 볼 수 있다.

```
1   layer = new Layer
2       backgroundColor : "yellow"
3   layer.draggable.enabled = true
4   layer.onMove ->
5       print layer.x, layer.y
```

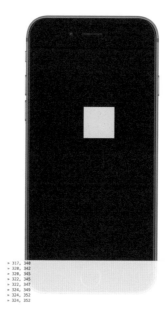

```
▸ 317, 340
▸ 320, 342
▸ 320, 345
▸ 322, 345
▸ 322, 347
▸ 324, 349
▸ 324, 352
▸ 324, 352
```

〔**그림 7**〕 onMove 이벤트

손을 떼도 좌표 출력이 한동안 계속된다.

■ **예제/event/11_event_drag.framer**

onDrag 이벤트는 레이어를 움직여보면 onMove 이벤트와의 차이를 확실히 알 수 있다. 드
래그하는 시점에는 이벤트가 반응하지만, 레이어에서 손을 뗀 후부터는 이벤트가 적용되
지 않는다. onDrag 이벤트와 onMove 이벤트를 상황에 맞게 사용해보자.

```
1    layer = new Layer
2        backgroundColor : "yellow"
3    layer.draggable.enabled = true
4    layer.onDrag ->
5        print layer.x, layer.y
6
```

[그림 8] onDrag 이벤트

손을 떼자마자 좌표 출력이 멈추는 것을 볼 수 있다.

■ 예제/event/12_event_drag_event.framer

드래그 스타트와 드래그 무브, 드래그 엔드 모두를 다루는 예제다. 드래그가 시작될 때 (start) 레이어의 스케일을 늘리고, 드래그 무브할 때(move)할 때 컬러 값을 조정하고, 드래 그가 끝나는(end) 시점에 레이어의 컬러와 스케일을 원래 상태로 복귀시킨다.

```
1   layer = new Layer
2       width : 150
3       height : 150
4       backgroundColor : "yellow"
5       borderRadius : "50%"
6
7   layer.draggable.enabled = true
8   layer.center()
```

```
9
10    layer.onDragStart ->
11        layer.animate
12            scale : 1.2
13            options :
14                time : 0.2
15
16    layer.onDragMove ->
17        layer.backgroundColor = "red"
18
19    layer.onDragEnd ->
20        layer.animate
21            scale : 1.0
22            backgroundColor : "yellow"
23            options :
24                time : 0.2
```

Line 1~5 : 가로 150, 세로 150 크기의 원 레이어를 하나 만들자.

Line 7~8 : draggable.enabled = true로 해서 드래깅이 가능하게 하고, 디바이스 가운데에 위치시킨다.

Line 10~14 : onDragStart 이벤트를 써서 드래그가 시작될 때, 레이어의 스케일이 1.2배로 커지는 애니메이트를 적용한다.

Line 16~17 : onDragMove 이벤트는 드래그할 때, 계속 이벤트가 적용된다. 그래서 드래그 무브할 때, 레이어의 컬러 값을 바꾸고 싶다면 여기에 써주면 된다.

Line 19~24 : 드래그가 끝났을 때, 원래 레이어 속성값을 원래대로 되돌리려면 onDragEnd 이벤트 안에 적어주자. 레이어 컬러 값과 스케일 값을 초깃값으로 되돌린다.

〔**그림 9**〕 드래그 이벤트를 이용한 애니메이션

드래그할 때만 원이 붉은색으로 변하는 것을 볼 수 있다.

■ **예제/event/13_event_drag_constraints.framer**

이번 예제는 드래그 이벤트를 이용해 드래그 영역(constraints)을 제어하는 방법을 알아
보자.

```
1   bg = new Layer
2       x : 200, y : 200, width : 350, height : 934
3
4   layer = new Layer
5       backgroundColor : "purple"
6
7   layer.center()
8
9   layer.draggable.enabled = true
10
```

```
11    layer.draggable.constraints =
12        x : 200, y : 200, width : 350, height : 934
13
14    layer.onDragStart  ->
15        layer.draggable.constraints =
16            x : 0, y : 0, width : 750, height : 1334
17
18    layer.onDragEnd  ->
19        layer.draggable.constraints =
20            x : 200, y : 200, width : 350, height : 934
21
```

Line 1~2 : bg라는 레이어를 만들어 화면 가운데 회색 영역으로 보이도록 사이즈와 위치를 만들어보자.

Line 4~9 : layer라는 보라색 레이어를 만들어 화면 가운데 위치시키고 드래그를 활성화한다.

Line 11~12 : layer의 드래그 영역을 bg 레이어와 동일하게 만든다.

Line 14~16 : layer의 드래그가 시작될 때 드래그 영역이 화면 전체 영역으로 바뀐다.

Line 18~20 : 드래그가 끝날 때는 layer의 드래그 영역이 원래 영역으로 줄어든다.

위와 같이 코드를 기재한 후에 레이어를 이리저리 움직여 보면, 드래그가 시작될 때는 화면 전체 영역으로 드래그가 가능해지다가 터치가 끝나는 순간 레이어가 어느 위치에 있는지에 따라 드래그 영역이 달라지는 것을 알 수 있다. 레이어의 터치가 끝나는 시점에서 bg와 같은 영역인 회색 안쪽에 머물러 있었다면, 레이어의 탄성이 회색 안쪽 영역에 머물러 부딪치게 되고, 터치가 끝나는 순간에 회색 바깥쪽 영역에 있었다면, 드래그 영역을 화면 전체 영역으로 인식하는 것을 확인할 수 있다. 상황에 따라 드래그 영역을 조절해야 할 때는 이 예제를 기억하자.

〔그림 10〕

■ 예제/event/14_event_drag_directionLock.framer

directionLock은 드래그 문법에서도 다뤘지만, 수직 방향과 수평 방향으로 같이 드래
그되는 UI가 있다면, 한쪽 방향을 막아주는 역할을 한다. 그래서 드래그가 시작될 때 다
른 방향의 드래그를 막아주므로 onDirectionLockStart 이벤트가 적용된다. 아래 코드는
directionLock이 적용되는 순간에 프린트가 출력된다.

```
1   layer = new Layer
2       width : 150
3       height : 150
4       backgroundColor : "yellow"
5       borderRadius : "50%"
7   layer.draggable.enabled = true
8   layer.center()
10
11  layer.draggable.directionLock = true
```

```
12
13    layer.onDirectionLockStart
14        print "directionLock 이벤트 시작!"
```

〔그림 11〕 onDirectionLockStart 이벤트

레이어를 드래그할 때 directionLock이 적용되면서 화면에 "directionLock 이벤트 시작!"
이 출력되는 것을 볼 수 있다.

스크롤 이벤트

프레이머에서 많이 쓰이는 스크롤Scroll 이벤트다. 스크롤이 움직이거나 상태가 변할 때 발
생하는 이벤트들이 있으며, 움직이는 상황인 Move와 스크롤이 시작될 때와 끝날 때, 스
크롤 애니메이션이 시작될 때와 끝날 때 등의 다양한 이벤트가 있다. 이 중에서 onMove
와 onScroll 이벤트의 차이점은 드래그 이벤트 Move와 DragMove 이벤트의 차이점과 같
다. onMove는 스크롤에서 손을 뗐을 때 가속도에 의한 움직임을 모두 체크하고, onScroll

은 스크롤에 손을 때면 이벤트가 적용되지 않는다. onScrollStart와 onScrollEnd는 프레이머가 업데이트되면서 생긴 이벤트인데, 한 번씩 발생하는 인터랙션에 적용하는 데 유용하다.

이벤트명	Shortcut	이벤트 설명
Events.Move	onMove	스크롤 콘텐츠가 움직일 때 일어나는 이벤트
Events.ScrollStart	onScrollStart	스크롤이 시작될 때 일어나는 이벤트
Events.Scroll	onScroll	스크롤이 움직일 때 일어나는 이벤트
Events.ScrollEnd	onScrollEnd	스크롤이 끝날 때 일어나는 이벤트
Events.ScrollAnimationDidStart	onScrollAnimationDidStart	스크롤 애니메이션이 시작될 때 일어나는 이벤트
Events.ScrollAnimationDidEnd	onScrollAnimationDidEnd	스크롤 애니메이션이 끝날 때 일어나는 이벤트

■ 예제/event/15_event_scroll_move.framer

스크롤 이벤트의 onMove는 앞서 말한 것처럼 손을 떼도 레이어가 움직이는 동안 계속 좌표가 출력되기 때문에 좌표 출력이 한동안 계속된다. 출력되는 값은 scrollPoint라고 해서 스크롤되는 콘텐츠의 x와 y 값이 동시에 출력된다.

```
scroll = new ScrollComponent
    width : 500, height : 500

scroll.onMove ->
    print scroll.scrollPoint
```

〔그림 12〕 스크롤 onMove 이벤트

■ 예제/event/16_event_scroll.framer

스크롤 onMove 이벤트와 onScroll 이벤트다. 스크롤해보면 화면에 출력되는 x 좌표를 보면서 확실한 차이를 알 수 있다. 드래그 이벤트에서 drag와 move 이벤트의 차이점과 같다. 여기서 주의 깊게 볼 것은 스크롤할 때 x, y 좌표를 구하는 것은 scollX나 scrollY 또는 scrollPoint(x와 y 값이 동시에 출력)도 되지만, content의 좌표를 입력하는 것도 가능하다는 것이다. 우리가 스크롤할 때 움직이는 것은 스크롤이 아니라 안에 있는 콘텐츠(sublayer)이기 때문에 print scroll.x로 하면 계속 0 값만 화면에 출력된다.

```
1    scroll = new ScrollComponent
2        width : 500, height : 500
3
4    scroll.onScroll ->
5        print scroll.content.point
```

〔**그림 13**〕 스크롤 onScroll 이벤트

■ **예제/event/17_event_scroll_start.framer**

스크롤 스타트 이벤트는 스크롤이 시작되는 순간에 이벤트가 실행된다. 아래와 같이 기재하면 14번째 라인에 의해 스크롤이 시작되는 순간에 "스크롤 터치 시작!!"이라는 메시지가 출력된다.

```
1    scroll = new ScrollComponent
2        width : Screen.width
3        height : Screen.height
4        scrollVertical : false
5
6    for i in [0...5]
7        layer = new Layer
8            width : Screen.width
9            height : Screen.height
10           backgroundColor : Utils.randomColor(1)
```

```
11          x : Screen.width * i
12          parent : scroll.content
13
14  scroll.onScrollStart ->
15          print "스크롤 터치 시작!!"
```

[그림 14] 스크롤 onScrollStart 이벤트

■ 예제/event/18_event_scroll_end.framer

onScrollStart는 스크롤을 시작할 때 발생하는 이벤트이고, onScrollEnd는 스크롤에서 손
을 뗐을 때 발생하는 이벤트다. 화면을 클릭한 상태에서 길게 스크롤한 후에 손을 떼면 스
크롤이 끝나는 순간에 메시지가 출력되는 것을 볼 수 있다.

```
1    scroll = new ScrollComponent
2        width : Screen.width
3        height : Screen.height
4        scrollVertical : false
5
6    for i in [0...5]
7        layer = new Layer
8            width : Screen.width
9            height : Screen.height
10           backgroundColor : Utils.randomColor(1)
11           x : Screen.width * i
12           parent : scroll.content
13
14   scroll.onScrollEnd ->
15       print "스크롤 터치 끝!!"
```

(그림 15) 스크롤 onScrollEnd 이벤트

■ 예제/event/19_event_scroll_animation_end.framer

onScrollAnimationDidEnd 이벤트는 스크롤 무브 애니메이션이 끝났을 때 발생하는 이벤트다. Momentum(관성에 의한 움직임)을 포함된 모든 움직임이 종료됐을 때 이벤트가 발생한다.

```
1    scroll = new ScrollComponent
2        width : Screen.width
3        height : Screen.height
4        scrollVertical : false
5
6    for i in [0...5]
7        layer = new Layer
8            width : Screen.width
9            height : Screen.height
10           backgroundColor : Utils.randomColor(1)
11           x : Screen.width * i
12           parent : scroll.content
13
14   scroll.onScrollAnimationDidEnd ->
15       print "스크롤 무브 애니메이션 끝!!"
```

〔그림 16〕 스크롤 onScrollAnimationDidEnd

탭 이벤트

이벤트명	Shortcut	이벤트 설명
Events.Tap	onTap	탭했을 때 일어나는 이벤트
Events.SingleTap	onSingleTap	탭 이벤트와 동일하다.
Events.DoubleTap	onDoubleTap	더블 탭했을 때 일어나는 이벤트

탭^{Tap}은 click/touch end 이벤트와 같이 사용자의 터치 이벤트라고 보면 되는데, 앞선 예제를 살펴봤듯이 제스처 이벤트 속성을 가져올 수 있는 특징이 있다. 탭은 한 번만 누르는 싱글 탭이 있고, 빠르게 두 번 누르는 더블 탭이 있다. 아래 예제는 레이어 2개를 만들고 각각의 레이어를 탭했을 때 일반 탭과 더블 탭에 따라 "Tap", "Double Tap"이 출력된다.

■ 예제/event/20_event_tap_1.framer

```
1  layer1 = new Layer
2      backgroundColor : "red"
4
5  layer1.onTap
6      print "Tap"
7  layer1.onDoubleTap
9      print "Double Tap"
```

Line 1~2 : layer1을 만든다..

Line 5~6 : 탭했을 때 "Tap"을 출력한다.

Line 7~9 : 더블 탭했을 때 "Double Tap"을 출력한다.

〔그림 17〕 Tap 이벤트

■ 예제/event/21_event_tap.framer

탭 이벤트는 주로 point인 x, y 좌표를 출력하는 명령어와 함께 사용할 때가 많다. 탭 이벤트를 응용해 클릭하는 영역에 레이어를 생성하는 인터랙션을 만들어보자.

```
1    bg = new BackgroundLayer
2    bg.onTap ->
3        layerW = Utils.randomNumber(10, 150)
4        layer = new Layer
5            backgroundColor : Utils.randomColor(1)
6            width : layerW
7            height : layerW
8            x : event.point.x - layerW / 2
9            y : event.point.y - layerW / 2
```

Line 1 : 백그라운드 레이어를 하나 만들자.

Line 2~9 : 백그라운드 레이어에 탭 이벤트를 만들고, 탭할 때마다 레이어를 하나씩 생성한다. 그리고 layerW라는 임의의 변수에 10에서 150까지 랜덤한 숫자를 뽑아낸다. 다시 말해, bg를 탭할 때마다 10에서부터 150까지의 숫자를 layerW에 대입한다. 레이어의 width와 height에 layerW를 적용하고 x, y 값은 탭(터치)을 한 곳, 즉 `event.point.x`와 `event.point.y` 값을 넣는다. 그리고 앞선 예제에서 했던 것처럼 레이어의 width, height 값을 2로 나눈 값을 빼주면, 레이어의 x, y 값이 사용자가 터치한 영역에 생성된다.

[**그림 18**] Tap이벤트를 이용한 인터랙션

세 번째 라인과 다섯 번째 라인에는 Utils에 해당하는 기능을 사용했다. Utils는 뒤에서 자세하게 다루겠지만, randomNumber에 대해 간단히 살펴보자.

Utils.randomNumber(a, b)

a에서부터 b까지 숫자 안의 범위에서 랜덤한 숫자를 반환한다. 단, 그냥 randomNumber 를 사용하면 소수점의 숫자가 나오기 때문에 정수가 필요하면 정수로 바꿔야 한다. 정수 는 Math 함수를 이용해서 바꾸면 된다.

```
Utils.randomNumber( 10, 150 )  #output 24.3146721…
```

Math 함수에 대해 잠시 살펴보자.

Math.round

Math.round는 정수를 반올림으로 만든다. 예를 들어, 2.6이 나오면 3이고, 2.3이 나오면 2다. 아래와 같이 세 번째 라인에 a라는 변수를 출력할 때 Math.round를 사용하면 반올림돼 정수로 출력되는 것을 볼 수 있다. 각각 상황에 맞게 사용하자.

```
1    a = Utils.randomNumber(1,10)
2    print a
3    print Math.round(a)
```

Math.floor

Math.floor은 소수점 절삭이다. 무조건 뒤에 있는 소수점을 떼고, 정수로 변환시킨 다고 보면 된다. 2.9는 2로, 2.2는 2로 변환한다.

```
1    a = Utils.randomNumber(1,10)
2    print a
3    print Math.floor(a)
```

Math.ceil

Math.ceil 함수는 무조건 올림이다. 그래서 Math.floor와는 반대로 2.1은 3으로, 2.8도 3으로 변환한다.

```
1    a = Utils.randomNumber(1,10)
2    print a
3    print Math.ceil(a)
```

포스터치 이벤트

포스터치Force touch 이벤트를 이용하면 아이폰 포스터치 인터랙션도 구현할 수 있다. 포스터치 이벤트도 탭 이벤트와 마찬가지로 제스처 이벤트 속성값(event.point)을 받아올 수 있다. 그리고 onForceTapChange 이벤트를 사용하면 포스터치했을 때, 감도의 변화를 감지할 수 있다. 그 값은 event.force로 확인할 수 있다. 포스터치는 예제를 확인해보길 바란다.

이벤트명	Shortcut	이벤트 설명
Events.ForceTap	onForceTap	포스터치했을 때 일어나는 이벤트
Events.ForceTapChange	onForceTapChange	포스터치했을 때, 감도의 변화를 감지한다.
Events.ForceTapStart	onForceTapStart	포스터치가 시작될 때 일어나는 이벤트
Events.ForceTapEnd	onForceTapEnd	포스터치가 끝났을 때 일어나는 이벤트

■ 예제/event/22_event_forceTap.framer

아래 코드는 포스터치를 이용해 폰에서 강한 힘으로 스크린을 터치했을 때 터치한 좌표가 출력된다. 포스터치는 프레이머 안에서 구현할 수 없기 때문에 실제 핸드폰으로만 사용할 수 있다.

```
1    layer = new Layer
2        backgroundColor : "red"
3
4    layer.onForceTap ->
5        print event.point.x, event.point.y
```

» 264, 188
» 264, 186
» 266, 184
» 268, 181
» 270, 179
» 270, 177
» 272, 177
» 272, 175

〔그림 19〕 화면을 강한 힘으로 누르면 터치한 곳의 좌표가 표시되는 것을 볼 수 있다.

■ 예제/event/23_event_forceChange.framer

forceChange는 포스 터치의 감도가 변화할 때 이벤트가 실행된다. 아래와 같이 입력하면 "포스터치 감도 변화"라고 출력되면서 입력된 감도의 값이 출력된다. 따라서 어느 정도의 힘이 입력될 때 이벤트가 실행될지를 입력할 수 있다. 일곱 번째~여덟 번째 라인의 코드는 입력된 힘의 수치가 0.3 이상일 때 "강한 입력"이라고 출력된다. 따라서 화면을 눌렀을 때 조금 강하게 누르면 화면에 출력되는 것을 볼 수 있다.

```
1    layer = new Layer
2        backgroundColor : "red"
3
4    layer.onForceTapChange ->
5        print event.force
6        print "포스터치 감도 변화"
7        if event.force > 0.3
8            print "강한 입력"
```

〔그림 20〕

롱프레스 이벤트

롱프레스Long press는 말 그대로 오브젝트를 길게 눌렀을 때 발생하는 이벤트다. 포스탭은 강한 힘으로 눌렀을 때 이벤트가 발생하지만, 롱프레스는 누르는 시간에 따라 이벤트가 발생한다. 롱프레스 이벤트 또한 탭 이벤트와 마찬가지로 제스처 이벤트 속성값(event.point)을 받아올 수 있다.

이벤트명	Shortcut	이벤트 설명
Events.LongPress	onLongPress	롱프레스할 때 일어나는 이벤트
Events.LongPressStart	onLongPressStart	롱프레스가 시작될 때 일어나는 이벤트
Events.LongPressEnd	onLongPressEnd	롱프레스가 끝났을 때 일어나는 이벤트

■ 예제/event/24_event_longpress.framer

아이폰을 쓰다가 앱을 정리하거나 지우고 싶을 때 롱프레스를 하면 삭제가 가능하다. 아이폰처럼 초기에는 드래깅 기능이 없다가 롱프레스를 하면 드래깅되는 기능을 구현해보자.

```
1    n = 1
3    layer = new Layer
4        backgroundColor : "yellow"
5        width : 100
6        height : 100
8    layer.center()
9    layer.draggable.enabled = true
10   layer.draggable.enabled = false
12   longAni = new Animation layer,
13       rotation : 5
14       options :
15           time : 0.04
17   longAni.onAnimationEnd ->
18       n = n * -1
19       longAni.properties.rotation = 5 * n
20       longAni.start()
22   layer.onLongPress ->
23       layer.draggable.enabled = true
24       longAni.start()
26   layer.onTouchEnd ->
27       layer.draggable.enabled = false
28       longAni.stop()
29       layer.rotation = 0
```

Line 1 : rotation 값이 변하도록 할 n 변수 하나를 선언한다.

Line 3~6 : 레이어를 하나 만든다.

Line 6~10 : 레이어의 위치는 스크린 중앙에 놓고, 드래깅draggable을 열어 놓았다가 다시 false로 바꾼다. 이렇게 하는 이유는 롱프레스한 후에 터치를 떼지 않은 상태에서 바로 레이어를 움직일 수 있게 하기 위해서다. 만약, 롱프레스 이벤트 구문 안에 `layer.draggable.enabled = true`을 적으면, 한 번 터치를 뗐다가 움직여야 드래깅된다. `layer.draggable.enabled = true`을 롱프레스 이벤트 구문 안에 적어보면 확실한 차이점을 알 수 있다.

Line 12~20 : 롱프레스했을 때 좌우로 움직이는 애니메이션을 시작하고, 레이어에서 손을 뗐을 때(touchend) 좌우로 움직이는 애니메이션을 정지시킨다. longAni라는 애니메이션을 만들고 rotation이 5도씩 움직이도록 설정한다. 5도, −5도, 5도, −5도…와 같은 식으로 좌우로 움직여야 하므로 rotation 값을 애니메이션이 끝날 때마다 재정의해줘야 한다. 첫 번째 줄에 정의한 n 변수를 사용할 때다. 애니메이션이 끝났을 때마다 −1을 n에 곱하고, 15번째줄에 코딩한 것처럼 5 * n을 하면 애니메이션이 끝날 때마다 다음 애니메이션에 적용되는 rotation 값이 바뀐다.

Line 22~24 : 이제 만들어 놓은 애니메이션을 롱프레스 이벤트 안에서 시작하면 된다. 레이어의 드래깅도 true로 바꿔준다. 롱프레스 후 레이어를 이리저리 움직여보면 드래깅되는 것을 확인할 수 있다.

Line 26~29 : 레이어에서 손을 뗐을 때, touchend 이벤트를 적용해 드래깅을 다시 false로 바꾸고, longAni 애니메이션을 stop시킨다. 그리고 rotation을 0도로 초기화한다.

〔그림 21〕 롱프레스 이벤트를 이용한 애니메이션

스와이프 이벤트

스와이프Swipe 이벤트는 화면을 좌우상하 중에 한 방향으로 쓸었을 때 발생한다. 스와이프가 시작할 때와 끝날 때도 캐치가 가능하므로 상하좌우, 스와이프 시, 스와이프 시작 시, 스와이프 종료 시 이렇게 총 15가지 경우의 수를 이벤트로 사용할 수 있다. 스와이프 이벤트는 플로팅되는 메뉴 인터랙션 애니메이션에 적용하기 매우 유용한 이벤트다. 스와이프 이벤트 역시 제스처 이벤트 속성값(event.delta)을 받아올 수 있다. 드래그, 스크롤, 페이지 컴포넌트 등 다양한 제스처 속성에 맞춰 스와이프 이벤트를 쓰면 된다.

이벤트명	Shortcut	이벤트 설명
Events.Swipe	onSwipe	스와이프 이벤트
Events.SwipeStart	onSwipeStart	스와이프가 시작될 때 일어나는 이벤트
Events.SwipeEnd	onSwipeEnd	스와이프가 끝났을 때 일어나는 이벤트
Events.SwipeUp	onSwipeUp	스와이프 방향이 위로 향할 때 일어나는 이벤트
Events.SwipeUpStart	onSwipeUpStart	스와이프 방향이 위로 시작될 때 일어나는 이벤트
Events.SwipeUpEnd	onSwipeUpEnd	위 방향의 스와이프가 끝났을 때 일어나는 이벤트
Events.SwipeRight	onSwipeRight	스와이프 방향이 우측으로 향할 때 일어나는 이벤트
Events.SwipeRightStart	onSwipeRightStart	스와이프 방향이 우측으로 시작될 때 일어나는 이벤트
Events.SwipeRightEnd	onSwipeRightEnd	우측 방향의 스와이프가 끝났을 때 일어나는 이벤트
Events.SwipeDown	onSwipeDown	스와이프 방향이 아래로 향할 때 일어나는 이벤트
Events.SwipeDownStart	onSwipeDownStart	스와이프 방향이 아래에서 시작될 때 일어나는 이벤트
Events.SwipeDownEnd	onSwipeDownEnd	아랫쪽 방향의 스와이프가 끝났을 때 일어나는 이벤트
Events.SwipeLeft	onSwipeLeft	스와이프 방향이 좌측으로 향할 때 일어나는 이벤트
Events.SwipeLeftStart	onSwipeLeftStart	스와이프 방향이 좌측에서 시작될 때 일어나는 이벤트
Events.SwipeLeftEnd	onSwipeLeftEnd	좌측 방향의 스와이프가 끝났을 때 일어나는 이벤트

■ 예제/event/25_event_swipe.framer

먼저 기본적인 스와이프 예제를 만들어보자. bg라는 백그라운드 레이어를 만들고 상하좌
우로 스와이프했을 때 각각 어떤 방향으로 스와이프했는지 표시된다. 출력되는 메시지는
스와이프가 되는 내내 발생하기 때문에 한 번 스와이프할 때 여러 번 출력된다.

```
1    bg = new BackgroundLayer
2
3    bg.onSwipeUp ->
4        print "위로 스와이프"
5    bg.onSwipeDown ->
6        print "아래로 스와이프"
7    bg.onSwipeLeft ->
8        print "좌로 스와이프"
9    bg.onSwipeRight ->
10       print "우로 스와이프"
```

〔그림 22〕

386

■ 예제/event/26_event_swipe.framer

이번에는 Start와 End가 되는 시점에 사용해보자. onSwipeUpStart는 위 방향으로 스와이프 이벤트가 시작될 때 한 번만 발생하기 때문에 출력되는 메시지가 단 한 번만 나오는 것을 볼 수 있다. 이처럼 시점에 따라 또는 이벤트가 실행되는 횟수에 따라 스와이프 종류를 선택하면 된다.

```
1    bg = new BackgroundLayer
2
3    bg.onSwipeUpStart ->
4        print "위로 스와이프"
5    bg.onSwipeDownStart ->
6        print "아래로 스와이프"
7    bg.onSwipeLeftEnd ->
8        print "좌로 스와이프"
9    bg.onSwipeRightEnd ->
10       print "우로 스와이프"
```

〔그림 23〕

■ 예제/event/27_event_swipe.framer

페이지 컴포넌트 안에서 스와이프 이벤트를 적용했을 때의 예제다. 스와이프 이벤트는 손을 뗐을 때 적용되는 momentum(손을 뗐을 때 관성처럼 미끄러지는 모션)은 체크되지 않는다. 따라서 마우스나 손이 화면에 드래그되는 상태에서만 이벤트가 작동하는 것을 볼 수 있다.

```
1    page = new PageComponent
2        width : Screen.width
3        height : Screen.height
4        scrollVertical : false
5
6    for i in [0...5]
7        layer = new Layer
8            width : Screen.width
9            height : Screen.height
10           x : Screen.width * i
11           backgroundColor : Utils.randomColor(1)
12           parent : page.content
13
14   page.content.onSwipe ->
15       print "페이지 콘텐츠 x 좌표 :" + page.content.x
```

〔그림 24〕 스와이프 이벤트와 change 이벤트

388

팬 이벤트

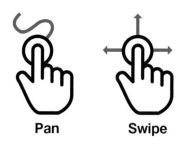

〔그림 25〕

팬Pan 이벤트는 스와이프와 비슷하다. [그림 25]처럼 팬은 손가락을 화면에 대거나 마우스가 화면에 클릭된 후부터 손을 떼지 않고 계속 드래그되는 움직임을 말한다. 스와이프 동작은 우측 이미지처럼 손가락을 댄 후, 일직선으로 드래그되는 것을 뜻한다. 이론적으로는 이렇게 구분되지만, 실제 프레이머 프리뷰상에서나 모바일에서 테스트할 때는 큰 차이가 없다. 특히, 실제 핸드폰에서 테스트할 때는 동일한 값이 나오기 때문에 팬 이벤트와 스와이프 이벤트는 거의 같다고 보면 된다. 팬 이벤트에서 사용할 수 있는 이벤트의 종류는 아래와 같다.

이벤트명	Shortcut	이벤트 설명
Events.Pan	onPan	팬 이벤트
Events.PanStart	onPanStart	팬 이벤트가 시작될 때 일어나는 이벤트
Events.PanEnd	onPanEnd	팬 이벤트가 끝났을 때 일어나는 이벤트
Events.PanLeft	onPanLeft	팬 방향이 좌측으로 향할 때 일어나는 이벤트
Events.PanRight	onPanRight	팬 방향이 우측으로 향할 때 일어나는 이벤트
Events.PanUp	onPanUp	팬 방향이 위쪽으로 향할 때 일어나는 이벤트
Events.PanDown	onPanDown	팬 방향이 아래쪽으로 향할 때 일어나는 이벤트

스와이프는 좌우상하의 스타트와 엔드에 이벤트를 추가로 사용할 수 있기 때문에 좀 더 다양한 상황에서 이벤트를 사용할 수 있다. 팬 이벤트에 대해 알아보자.

스크롤되는 레이어(content)에 **onPan** 이벤트가 적용돼 있다. 이벤트 예제 27번의 스와이프와 동일하면서 이벤트 부분만 pan으로 변경된 상태다. 좌우로 스크롤해보면 "스크롤 콘텐츠가 움직인 x 값"이 화면에 출력된다.

```
1    scroll = new ScrollComponent
2        width : Screen.width
3        height : Screen.height
4        scrollVertical : false
5
6    for i in [0...5]
7        layer = new Layer
8            width : Screen.width
9            height : Screen.height
10           x : Screen.width * i
11           backgroundColor : Utils.randomColor(1)
12           parent : scroll.content
13
14   scroll.content.onPan ->
15           print "페이지 콘텐츠 x 좌표 :" + scroll.content.x
```

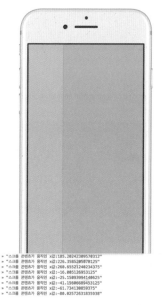

> » "스크롤 콘텐츠가 움직인 x값:185.20242300570312"
> » "스크롤 콘텐츠가 움직인 x값:226.35852850878125"
> » "스크롤 콘텐츠가 움직인 x값:260.65521240234375"
> » "스크롤 콘텐츠가 움직인 x값:-16.0051269953125"
> » "스크롤 콘텐츠가 움직인 x값:-25.15093994140625"
> » "스크롤 콘텐츠가 움직인 x값:-41.15606609453125"
> » "스크롤 콘텐츠가 움직인 x값:-61.734130859375"
> » "스크롤 콘텐츠가 움직인 x값:-80.0257263183938"

〔**그림 26**〕 onPan 이벤트

■ **예제/event/29_event_pan_direction.framer**

상하좌우 팬 방향에 따라 어느 방향으로 팬 이벤트가 일어나는지 출력된다.

```
1    bg = new BackgroundLayer
2
3    bg.onPanUp ->
4        print "위로 팬"
5    bg.onPanDown ->
6        print "아래로 팬"
7    bg.onPanLeft ->
8        print "좌로 팬"
9    bg.onPanRight ->
10       print "우로 팬"
```

〔그림 27〕

스케일 이벤트

스케일Scale은 해당 오브젝트의 스케일이 변경될 때 발생하는 이벤트다. 핀치와 같은 제스처 이벤트에서만 활성화되기 때문에 사용자의 입력 없이 스케일이 변화하는 것에 대해서는 이벤트가 발생하지 않는다. 스케일과 로테이트 이벤트는 핀치 제스처와 거의 함께 쓰인다. 데스크톱에서 핀치를 하려면 Alt를 누르고 드래그해야 한다.

이벤트명	Shortcut	이벤트 설명
Events.Scale	onScale	스케일 이벤트
Events.ScaleStart	onScaleStart	스케일 이벤트가 시작될 때
Events.ScaleEnd	onScaleEnd	스케일 이벤트가 끝날 때

■ 예제/event/30_event_scale.framer

핀치를 활성화해 기본적인 스케일 이벤트 사용법을 알아보자. 아래 코드는 레이어를 만들고 핀치를 활성화해 스케일이 변할 때마다 레이어의 스케일을 출력하게 돼 있다.

```
1   layer = new Layer
2       backgroundColor : "yellow"
3   layer.pinchable.enabled = true
4
5   layer.center()
6
7   layer.onScale ->
8       print layer.scale
```

〔그림 28〕 onScale 이벤트

■ 예제/event/31_event_scale_start_end.framer

스케일 스타트와 스케일 엔드 이벤트는 스케일 변화가 시작되거나 끝날 때 발생하는 이벤
트다. 아래 예제를 통해 확인해보자. 레이어의 크기를 핀치로 변경할 때 시작과 끝에 메시
지가 출력되는 것을 확인할 수 있다.

(**그림 29**) onScaleStart 이벤트

```
1   layer = new Layer
2       backgroundColor : "yellow"
3   layer.pinchable.enabled = true
4
5   layer.center( )
6
7   layer.onScaleStart ->
8       print "스케일 변경 시작"
9   layer.onScaleEnd ->
10      print "스케일 변경 완료"
```

394

로테이트 이벤트

로테이트Rotate 이벤트는 해당 오브젝트가 회전할 때 발생한다. 로테이트 이벤트 역시 스케일 이벤트와 마찬가지로 핀치 제스처와 함께 쓰인다.

이벤트명	Shortcut	이벤트 설명
Events.Rotate	onRotate	로테이트 이벤트
Events.RotateStart	onRotateStart	로테이트 이벤트가 시작될 때
Events.RotateEnd	onRotateEnd	로테이트 이벤트가 끝날 때

■ 예제/event/32_event_rotate.framer

아래 코드는 스케일 이벤트 예제와 같이 가운데 레이어를 핀치로 회전시켰을 때 레이어의 회전값이 출력된다.

```
1    layer = new Layer
2        backgroundColor : "green"
3    layer.pinchable.enabled = true
4
5    layer.center()
6
7    layer.onRotate ->
8        print layer.rotation
```

〔**그림 30**〕 onRotate 이벤트

■ 예제/event/33_event_rotate_start_end.framer

〔**그림 31**〕 onRotateStart 이벤트

아래 예제는 레이어의 회전이 시작될 때와 끝날 때 각각 "회전 시작", "회전 종료"라는 메시지가 출력된다.

```
1    layer = new Layer
2        backgrounColor : "green"
3    layer.pinchable.enabled = true
4
5    layer.center()
6
7    layer.onRotateStart ->
8        print "회전 시작"
9    layer.onRotateEnd ->
10       print "회전 종료"
```

터치 이벤트

터치 이벤트는 모바일상에서 화면을 터치했을 때 발생하는 이벤트로, 데스크톱 마우스의 클릭 이벤트와 같은 개념이다. Touch Start는 MouseDown, TouchEnd는 MouseClick 이벤트와 같다. 또한 TouchMove 이벤트는 MouseMove 이벤트와 같다.

이벤트명	Shortcut	이벤트 설명
Events.TouchStart	onTouchStart	터치 시작 시 발생하는 이벤트
Events.TouchMove	onTouchMove	터치 무브 시 발생하는 이벤트
Events.TouchEnd	onTouchEnd	터치 엔드 시 발생하는 이벤트

pageX:364", "pageY:371"
pageX:362", "pageY:370"
pageX:362", "pageY:370"
pageX:370", "pageY:372"
pageX:370", "pageY:374"
pageX:392", "pageY:376"
pageX:409", "pageY:378"
pageX:423", "pageY:381"

〔**그림 32**〕 onTouchMove 이벤트

■ **예제/event/34_event_touch_Move.framer**

아래 예제는 프레이머상에서 프리뷰로 볼 때 마우스를 올려놓는 것만으로도 이벤트가 동
작하기 때문에 클릭하지 않고 마우스를 화면 위에서 움직이기만 해도 메시지가 출력된다.
실제 모바일 기기에서 테스트할 때는 화면에 손가락을 접지한 상태에서 이리저리 드래그
해야 화면에 메시지가 출력되는 것을 볼 수 있다. 이렇듯 터치 이벤트는 데스크톱에서 볼
때와 모바일에서 볼 때 제스처의 차이로 인해 다르다는 것을 알아두자.

```
1    bg = new BackgroundLayer
2    bg.onTouchMove ->
3        print "pageX :"+ event.pageX, "pageY :"+ event.pageY
4
```

■ 예제/event/35_event_touch_start_end.framer

〔그림 33〕

터치 스타트와 터치 엔드 이벤트는 화면상에서 터치가 발생했을 때와 끝났을 때 각각 실행된다. 모바일에서 확인할 때는 손가락을 레이어에 터치할 때와 터치가 끝날 때 메시지가 출력될 것이다.

```
1    layer = new Layer
2
3    layer.center()
4
5    layer.onTouchStart ->
6        print "터치 스타트!"
7
8    layer.onTouchEnd ->
9        print "터치 엔드!"
```

애니메이션 이벤트

애니메이션Animation 이벤트는 해당 오브젝트의 애니메이션이 동작할 때 발생한다. 애니메이션 이벤트는 프로토타입을 만들 때 매우 광범위하게 쓰인다. chain(연속적인 움직임을 가지는) 애니메이션을 만들 때 사용하기 때문에 특정 레이어가 움직일 때 함께 움직이게 하곤 한다.

이벤트명	Shortcut	이벤트 설명
Events.AnimationStart	onAnimationStart	애니메이션이 시작할 때 발생하는 이벤트
Events.AnimationStop	onAnimationStop	애니메이션이 멈추면 발생하는 이벤트
Events.AnimationEnd	onAnimationEnd	애니메이션이 끝났을 때 발생하는 이벤트

■ 예제/event/36_event_animation_start.framer

〔그림 34〕 onAnimationStart 이벤트

Layer를 2개 만들고, layerA를 터치하면 layerA가 움직인다. layerA 애니메이션이 시작될 때 layerB도 함께 움직이도록 Animation Start 이벤트를 사용해 layerB도 움직이게 만들었기 때문에 화면에서 layerA를 탭했을 때 layerA와 layerB가 동시에 움직이는 것처럼 보인다. layerB를 탭하면 반대로 2개의 레이어가 원위치로 이동한다. layerB에 이벤트를 넣어 애니메이션이 시작될 때 layerA도 움직이게 만들었기 때문에 이번에도 동시에 원위치로 움직이는 것처럼 보인다(하위 버전에서는 원활하게 작동하지 않을 수도 있다).

```
1   layerA = new Layer
2       backgroundColor : "yellow"
3
4   layerB = new Layer
5       y : 400
6       backgroundColor : "red"
7
8   layerA.onTap
9       layerA.animate
10          x : 200
11
12  layerA.onAnimationStart
13      layerB.animate
14          x : 200
15
16  layerB.onTap
17      layerB.animate
18          x : 0
19
20  layerB.onAnimationStart
21      layerA.animate
22          x : 0
```

■ 예제/event/37_event_animation_stop.framer

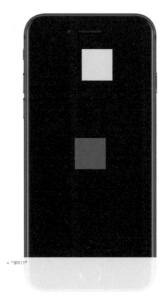

〔**그림 35**〕 onAnimationStop 이벤트

애니메이션이 멈췄을 때 작동하는 이벤트다. layerA를 누르면 layerA가 animate된다.
layerB를 누르면 layerA의 애니메이션이 멈추는데, 이때 화면에 print가 출력되는 것을
확인할 수 있다. 버튼을 누르지 않고 layerA가 목표 지점에 도달해 애니메이션이 끝나도
animation stop 이벤트가 작동한다.

```
1    layerA = new Layer
2        backgroundColor : "yellow"
3
4    layerA.onTap ->
5        layerA.animate
6            x : 600
7            options :
8                time : 5
9
10   layerB = new Layer
```

```
11          backgroundColor : "blue"
12
13    layerB.center()
14
15    layerB.onTap ->
16        layerA.animateStop()
17
18    layerA.onAnimationStop ->
19        print "정지"
20
```

■ 예제/event/38_event_animation_end.framer

〔그림 36〕 onAnimationEnd 이벤트

레이어를 터치하면 x축 400으로 애니메이션되고, 그 애니메이션이 끝나면 다시 레이어
가 y축으로 이동한다. 이렇게 animatiotn end 이벤트는 레이어를 기준으로 잡으면 해당
레이어의 애니메이션이 끝났을 때 작동하고, new Animation을 만들면 만든 animation
이 끝났을 때 작동한다.

```
1    layer = new Layer
2        backgroundColor : "yellow"
3
4    layer.onTap ->
5        layer.animate
6            x : 200
7
8    layer.onAnimationEnd ->
9        layer.animate
10           y : 300
11
```

■ 예제/event/39_event_animation_chain.framer

new Animation을 이용해 애니메이션을 만들고, 해당 애니메이션이 끝났을 때 animation end 이벤트를 이용해 순환하는 chain 애니메이션을 만드는 예제다. chain 애니메이션을 만드는 구조는 간단하다. 하나의 애니메이션이 끝나면 animation end 이벤트를 이용해 이어달리기처럼 배턴을 넘겨주는 형식이다.

애니메이션 1 → 애니메이션 2 → 애니메이션 1 → 애니메이션 2 …

이런 식으로 계속적인 애니메이션 호출로 순환하는 구조가 되는 것이다. 예제를 살펴보면서 직접 제작해보자.

```
1    layerA = new Layer
2        backgroundColor : "skyblue"
3
4    ani_1 = new Animation layerA,
5        x : 150
6
7    ani_2 = new Animation layerA,
8        y : 200
9
10   ani_3 = new Animation layerA,
```

```
11        x : 0
12
13   ani_4 = new Animation layerA,
14        y : 0
15
16   ani_1.onAnimationEnd ->
17        ani_2.start()
18
19   ani_2.onAnimationEnd ->
20        ani_3.start()
21
22   ani_3.onAnimationEnd ->
23        ani_4.start()
24
25   ani_4.onAnimationEnd ->
26        ani_1.start()
27
28   ani_1.start( )
```

Line 1~2 : layerA라는 레이어를 하나 만들고, 초기 위치값을 지정한다.

Line 4~14 : 총 4개의 애니메이션을 만든다. 첫 번째 애니메이션인 ani_1은 오른쪽으로 이동하기 위해 layerA의 X축 이동 거리를 150으로 입력하고, 두 번째 애니메이션인 ani_2는 아래 방향으로 이동하기 위해 y 값을 200으로 입력한다. 세 번째 애니메이션인 ani_3은 다시 좌표를 0으로 설정해 왼쪽으로 붙게 하고, 네 번째 애니메이션인 ani_4는 y 좌표를 0으로 설정해 위쪽으로 붙게 한다.

Line 16~26 : 이제 각 애니메이션이 끝났을 때 뒤에서 대기하고 있는 애니메이션에게 이어 달리기처럼 배턴을 넘겨주면 된다. 1번이 끝나면 2번에게, 2번이 끝나면 3번에게, 3번이 끝나면 4번에게, 4번은 다시 1번에게 배턴을 넘겨주면서 순환 애니메이션이 만들어진다.

Line 28 : 마지막 이 구문이 없다면 우리가 앞에서 만든 애니메이션이 모두 구동하지 않는다. 1번이 달리면서 배턴을 넘겨줘야 2번, 3번, 4번이 움직이므로 ani_1.start( )를 적어줘 첫 번째 애니메이션을 시작시킨다.

첫 번째 애니메이션이 시작되면 연속적으로 애니메이션4까지 연결되면서 화면 외곽선을 따라 애니메이션이 반복되면서 재생될 것이다. Animation end 이벤트는 실무에서 매우 많이 쓰인다. 가령 버튼을 탭해 화면이 전환됐을 때 가려져 있는 UI 화면의 visible을 꺼주거나 변숫값 재세팅 등 많은 곳에 쓰이므로 꼭 알아두자.

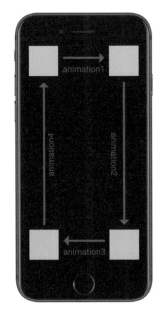

〔그림 37〕

스테이트 이벤트

스테이트states 이벤트는 앞에서 살펴본 animation start, stop, end 이벤트와 비슷하다.
단지 기준이 애니메이션이 아닌 스테이트라는 것이 차이점이다.

이벤트명	Shortcut	이벤트 설명
Events.StateSwitchStart	onStateSwitchStart	스테이트가 switch될 때 발생하는 이벤트
Events.StateSwitchStop	onStateSwitchStop	스테이트가 stop될 때 발생하는 이벤트
Events.StateSwitchEnd	onStateSwitchEnd	스테이트가 end될 때 발생하는 이벤트

■ 예제/event/40_event_stateswitch_start.framer

〔그림 38〕 onStateSwitchStart 이벤트

layerA를 클릭하면 ani라는 이름으로 만든 스테이트 애니메이션이 시작되면서 화면에 메
시지가 출력되는 것을 확인할 수 있다.

```
1    layerA = new Layer
2        backgroundColor : "yellow"
3
4    layerA.states.ani =
5        x : 300
6        y : 500
7        scale : 2
8
9    layerA.onClick
10       layerA.animate("ani")
11
12   layerA.onStateSwitchStart
13       print "스테이트 애니메이션 시작!"
14
```

■ 예제/event/41_event_stateswitch_stop.framer

» "스테이트 애니메이션 정지!"

〔그림 39〕 onStateSwitchStop 이벤트

앞에서 계속 배웠던 boolean 값을 이용한 on/off 애니메이션을 적용했다. layerA를 클릭하면 스테이트 애니메이션이 실행되고, 다시 클릭하면 정지되는 토글 버튼 형태다. 이때 스테이트 애니메이션이 정지하면 print가 화면에 출력되는 것을 확인할 수 있다.

```
1   isSel = false
2
3   layerA = new Layer
4       backgrounColor : "yellow"
5
6   layerA.states.ani =
7       x : 300
8       y : 500
9       scale : 2
10      options :
11          time : 4
12
13  layerA.onClick ->
14      if isSel is false
15          isSel = true
16          layerA.animate("ani")
17      else
18          isSel = false
19          layerA.animateStop()
20
21  layerA.onStateSwitchStop ->
22      print "스테이트 애니메이션 정지!"
```

Line 1 : on/off 기능에 필요한 boolean 변수를 하나 지정한다. boolean 변수는 앞에서도 많이 다뤘지만, true/false 값을 갖고 있어서 on/off 애니메이션을 만들 때 매우 유용하다.

Line 3~9 : layerA를 만들고, ani라는 states를 하나 설정해보자. 빠르게 애니메이션이 끝나면 토글 버튼이 쓸모없으므로 animationOptions를 통해 애니메이션 속도(time)를 4로 설정해보자.

Line 13~19 : 클릭 이벤트를 만들어 클릭하면 layerA에 설정해 놓은 states ani가 애니메이션을 시작하게 해보자. 다시 한 번 클릭하면 스테이트 애니메이션을 정지시켜야 하므로 위에서 설정한 Boolean 변수를 사용한다. 초기에 우리가 isSel 값을 false로 지정했기 때문에 11번째 줄의 코딩에 있는 조건을 만족한다. 그래서 그 뒤의 구문이 실행된다. 다시 클릭하면 스테이트 애니메이션을 정지하는 14번째 줄 이하의 코딩이 적용돼야 하므로 12번째 줄에서 isSel을 바로 true로 바꾼다. Boolean 변수를 이용한 on/off 구문은 많이 쓰이므로 꼭 반복해서 코딩해보자.

Line 21~22 : onStateSwitchStop 이벤트를 이용하면 정지했을 때 print가 화면에 출력되는 것을 확인할 수 있다.

■ 예제/event/42_event_stateswitch_end.framer

〔그림 40〕 onStateSwitchEnd 이벤트

states switch가 end됐을 때, 이벤트가 실행된다. 예제 파일을 열어 레이어를 클릭하면, aniStart states가 실행되고, aniStart가 끝나면 aniEnd states가 바로 실행된다. 그런데 print가 화면에 출력되는 게 심상치 않다. 분명 애니메이션이 끝나고, 레이어는 제자리에 돌아왔는데 화면에 "끝"이라는 문구가 계속 출력된다. 왜 이런 현상이 발생하는지 살펴 보자.

```
1    isSel = false
2
3    layerA = new Layer
4        backgroundColor : "yellow"
5
6    layerA.states.aniStart =
7        x : 300
8        y : 500
9        backgroundColor : "blue"
10
11   layerA.states.aniEnd =
12       x : 0
13       y : 0
14       backgroundColor : "yellow"
15
16   layerA.onClick ->
17       layerA.animate("aniStart")
18
19   layerA.onStateSwitchEnd ->
20       layerA.animate("aniEnd")
21       print "끝"
22
```

19~21번째 라인의 코드를 보면 onStateSwitchEnd로 스테이트가 끝나면 layerA에 적용 된 aniEnd states를 호출한다. 그런데 스테이트가 끝날 때마다 호출되기 때문에 aniEnd 애니메이션이 끝났을 때 화면상에서 레이어는 움직이지 않지만, 계속 aniEnd가 호출돼 end 이벤트가 실행되는 것이다. 그래서 계속 print가 화면에 출력되는 구조적인 문제가 있

다. 분명히 지금 화면에 보이는 건 별문제가 없지만, 나중에 애니메이션이 많아지고, 오브
젝트가 많아지면, 이러한 구조가 컴퓨터에 과부하를 줄 수 있으므로 실용적으로 고쳐보자.

```
19    layerA.onStatesSwitchEnd ->
20        if layerA.states.current.name is "aniStart"
21            layerA.animate("aniEnd")
22        print "끝"
```

구문을 위와 같이 고쳤다. if문을 이용해 **onStateSwitchEnd** 이벤트가 실행될 때 현재
states의 name을 조사한다. 그래서 만약 현재 states의 이름이 "aniStart"이면 aniEnd를
호출한다. 이렇게 적으면 aniStart가 끝났을 때 한 번, aniEnd가 끝났을 때 한 번, 총 두
번 print가 화면에 출력된다.

〔**그림 41**〕 onStateSwitchEnd 이벤트 수정

체인지 이벤트

체인지change 이벤트는 레이어의 좌표나 사이즈 같은 속성값이 바뀔 때 일어나는 이벤트다. 그래서 항상 체인지되는 기준이 무엇인지 살펴보는 게 중요하다. 체인지 이벤트는 따로 Shortcut 문법이 존재하지 않는다. 체인지 이벤트 또한 실무에서 자주 쓰이는 기능이다.

이벤트명	이벤트 설명
on "change :x"	x 값이 바뀔 때 일어나는 이벤트
on "change :y"	y 값이 바뀔 때 일어나는 이벤트
on "change :point"	Point 값이 바뀔 때 일어나는 이벤트
on "change :width"	Width 값이 바뀔 때 일어나는 이벤트
on "change :height"	Height 값이 바뀔 때 일어나는 이벤트
on "change :size"	Size 값이 바뀔 때 일어나는 이벤트
on "change :frame"	Frame 값이 바뀔 때 일어나는 이벤트
on "change :scale"	scale 값이 바뀔 때 일어나는 이벤트
on "change :rotation"	Rotation 값이 바뀔 때 일어나는 이벤트
on "change :borderRadius"	borderRadius 값이 바뀔 때 일어나는 이벤트
on "change :currentPage"	currentPage가 바뀔 때 일어나는 이벤트
on "change :style"	Styple 값이 바뀔 때 일어나는 이벤트
on "change :html"	Html 값이 바뀔 때 일어나는 이벤트
on "change :children"	children이 바뀔 때 일어나는 이벤트
on "change :parent"	parent가 바뀔 때 일어나는 이벤트

■ 예제/event/43_event_change_x. framer

드래깅하는 레이어의 x 값에 바뀔 때 다른 레이어의 속성값도 변하는 예제다.

〔그림 42〕 change 이벤트

```
1    layerA = new Layer
2        backgroundColor : "yellow"
3
4    layerA.draggable.enabled = true
5    layerA.draggable.vertical = false
6
7    layerB = new Layer
8        backgroundColor : "red"
9
10   layerB.center()
11
12   layerA.on "change:x" , ->
13       layerB.rotation = layerA.x
14
```

Line 1~5 : layerA라는 이름의 레이어를 만들고 드래그가 가능하도록 enabled을 true로 한다. 또한 좌우 드래그만 가능하도록 vertical 드래그는 false해 놓도록 한다.

Line 7~10 : 붉은색 layeB를 만들고, 위치를 디바이스 중앙으로 설정한다.

Line 16~17 : change :x 이벤트를 설정하는데, 여기서 기준이 되는 것은 layerA의 x 값 변화다. 그래서 `layerA.on "change :x"`라고 적는 것이다. layerA의 x 값이 변화할 때, 함께 변하게 하고 싶은 layerB의 속성값은 rotation이다. layerB의 회전값을 layerA의 x 값으로 입력해 놓으면 layerA의 x 값이 layerB의 회전값으로 입력된다.

이제 layerA를 좌우로 드래그할 때마다 화면 가운데의 layerB가 회전하는 것을 볼 수 있다.

■ 예제/event/44_event_change_y.framer

change y 값 변화에 따른 예제인데, 좀 더 다양한 상황을 설정하여 예제를 만들었다. 스크롤을 만들어 스크롤되는 content의 y 값 변화에 맞춰 원형의 바가 채워지는, 조금은 어려운 예제다. 14장에 모듈레이트라는 기능이 나오므로 모듈레이트 개념을 완전히 이해하고, 다시 여기로 돌아와도 상관없다.

〔**그림 43**〕 change 이벤트

```
1   scroll = new ScrollComponent
2       width : Screen.width
3       height : Screen.height
4
5   scroll.scrollHorizontal = false
6
7   for i in [0...5]
8       layer = new Layer
9           width : Screen.width
10          height : Screen.height
11          backgroundColor : Utils.randomColor(1)
12          y : Screen.height * i
13          parent : scroll.content
14
15  box = new Layer
16      width : 150
```

```
17        height : 150
18        borderRadius : "50%"
19        backgroundColor : "white"
20        clip : true
21
22    box.center()
23
24    loader_r_mask = new Layer
25        width : 75
26        height : 150
27        x : 75
28        parent : box
29        backgroundColor : null
30        clip : true
31
32    loader_r = new Layer
33        width : 75
34        height : 150
35        backgroundColor : "black"
36        parent : loader_r_mask
37        originX : 0
38        rotation :   180
39
40    loader_l_mask = new Layer
41        width : 75
42        height : 150
43        parent : box
44        backgroundColor : null
45        clip : true
46
47    loader_l = new Layer
48        width : 75
49        height : 150
50        backgroundColor : "black"
51        parent : loader_l_mask
```

```
52        originX : 1
53        rotation : -180
54
55    scroll.content.on "change:y" , ->
56        loader_r.rotation = Utils.modulate( scroll.content.y,
      [0,-1334],[ -180,0],true)
57        loader_l.rotation = Utils.modulate( scroll.content.y, [-1334,
      2668],[ -180,0],true)
58
```

Line 1~4 : 스크린 디바이스 크기의 상하 스크롤되는 스크롤 컴포넌트를 만든다.

Line 6~12 : 스크린 디바이스 크기의 5개 레이어를 만들고, parent를 스크롤 컴포넌트로 지정한다. 그리고 상하로 스크롤하기 위해 y 포지션 값을 Screen.height * i만큼 띄워준다.

Line 14~19 : 채워지는 원을 만들기 위해 container 역할을 할 box를 만든다. wiidth, height를 각각 '150'으로 설정하고, 원으로 만들기 위해 borderRadius를 '50%'로 설정한다. 마스크 효과를 쓸 것이므로 clip을 'true'로 설정한다.

Line 22~28 : 반쪽이 채워지고, 또 다른 원의 반쪽이 채워져야 하므로 반쪽만 보여주는 마스크를 만들어줘야 한다. 이미지를 보면 우측 원이 보이는 반원 면과 좌측 원의 보이는 반원 면이 각각 존재해야 하므로 총 2개의 마스크가 필요하다.

우측 영역의 마스크를 먼저 만들어보자.

loader_r_mask 레이어를 만든 후, width를 원의 width 영역의 반인 75로 설정한다. 오른쪽에 있는 원에 대한 마스크이므로 x 값을 75로 설정하고, parent는 당연히 box로 적어준다. 반쪽 원이 이동하면서 마스킹돼야 하므로 loader_r_mask 레이어의 clip도 true로 설정한다.

Line 30~36 : 위에서 만들어 놓은 loader_r_mask에 들어갈 반쪽 원을 만들어야 한다. width를 75, height를 150으로 적고, parent를 loader_r_mask로 설정한다. 초반에는 보

이지 않아야 하므로 rotation을 −180으로 돌려놓는다. 여기서 주의할 점은 orginX를 0으로 설정해야 회전하는 중심점(앵커포인트)이 좌측을 기준으로 회전한다는 것이다. orginX를 0으로 바꾸지 않고 rotation을 −180으로 두면, 중심점이 사각형 중심에 있으므로 화면에 변화가 없다.

Line 38~51 : 우측을 만들었으니 좌측 면에 들어갈 마스크와 반원을 만들 차례다. 위에서 우측 면을 만든 것과 똑같은 절차로 만들고, 차이가 있는 것은 x 좌푯값이다. 왼쪽에 들어가는 반원이므로 loader_l_mask 마스크의 x 좌푯값은 0으로 설정한다. 그리고 회전하는 loader_l 레이어는 우측점을 기준으로 회전하도록 orginX를 1로 설정한다.

Line 53~55 : 이제 스크롤에 있는 콘텐츠의 y 값이 변할 때, 위에서 만든 loader_r, loader_l 의 rotation값을 변화시켜주면 된다. 그러므로 change 이벤트에서 change : y 를 쓰자. 이벤트를 걸어줄 때, 기준점을 명확히 보는 게 중요하다. 여기서는 scroll의 content의 y 값이 변할 때 일어나는 이벤트이므로 scroll.content.on "change :y"로 적는다.

다시 modulate가 나오는데, (뒤에서 다루겠지만) 다시 한 번 설명하면 a의 값이 범위 a1에서 a2까지 변할 때, b의 값이 b1에서 b2까지 병렬로 변한다.

```
loader_r.rotation = Utils.modulate( scroll.content.y,[0,-1334],[-180,0],true)
```

이 구문을 풀어쓰면, loader_r의 rotation은 scroll.content.y 값이 0부터 −1334까지 변할 때, −180부터 0까지 변한다는 뜻이다. 스크롤해보면 loader_r의 rotation 값이 변한다. −1334의 값이 산출된 근거는 Screen.height 값이 667이므로(-Screen.height*2로 써도 상관없다.) for문을 이용해서 만든 layer가 세 번째 페이지에 오면 원의 loader 바의 반이 채워진다.

```
loader_l.rotation = Utils.modulate( scroll.content.y,[-1334,-2668],[-180,0],true)
```

똑같은 방법으로 loader_1의 로테이션도 scroll.content의 y 값이 −2668에서 −5336까지 변할 때, −180에서 0까지 변하도록 설정한다. scroll.content.y 값을 print를 써서 확인하며 진행하면 훨씬 수월하게 만들 수 있다.

다른 change 이벤트도 똑같은 개념이므로 다양하게 만들어보자. 기준이 되는 값과 변화할 값을 숙지하고 코딩하면 쉽게 만들 수 있다.

Offset, Delta, Velocity

이제 이벤트의 마지막 기능인 오프셋, 델타, 벨로시티에 대해 알아보자. 먼저 오프셋이란, 드래그나 스와이프와 같이 화면상에 터치해 끌어당기는 제스처에서 x 좌표와 y 좌표로 움직인 값을 세밀하게 추적할 수 있다. 다시 말해, 만약 드래그를 우측으로 이동하면 x 좌표로 양수의 값이 얼마나 움직였는지 알 수 있게 되는 것이다. 이것은 간단하게는 손가락이 움직인 방향을 알 수 있고, 세밀하게는 어떻게 이동했는지 자세한 값을 추적할 수 있기 때문에 제스처를 통해 응용된 기능을 만들 때 사용하기 좋은 이벤트라고 할 수 있다. 오프셋, 델타, 벨로시티 등은 드래그, 스와이프, 스크롤, 페이지와 같이 화면에 궤적을 남기는 제스처라면 값을 받아올 수 있다.

■ 예제/event/45_event_drag_offset.framer

제스처 이벤트의 가장 기본적인 드래그 이벤트를 통해 offset에 대해 알아보자. onDrag는 offset.x, offset.y 값을 받아올 수 있다. offset은 레이어를 드래그했을 때 움직인 거리 값을 나타난다. 물론 레이어에서 손을 뗐을 때(drag end), 그 값은 0이 되고 다시 드래그하면서 좌측으로 가면 − 값이 나오고, 우측으로 가면 + 값이 나온다. 예제를 통해 화면에 출력되는 print 값을 확인해보자.

```
1    layer = new Layer
2    layer.draggable.enabled = true
3
4    layer.onDrag ->
5        print event.offset
6
```

〔**그림 44**〕 onDrag 이벤트를 이용해 offset 값 출력

■ 예제/event/46_event_offset_bg.framer

» {x:-50.3018798828125, y:-161.3852081298828}
» {x:-50.3018798828125, y:-161.3852081298828}
» {x:-50.3018798828125, y:-162.43316650390625}
» {x:-50.3018798828125, y:-162.43316650390625}
» {x:-50.3018798828125, y:-162.43316650390625}
» {x:-49.25392150878906, y:-161.3852081298828}
» {x:-48.205970764160156, y:-161.3852081298828}
» {x:-47.15801239013672, y:-161.3852081298828}

〔그림 45〕

레이어 드래그 여부와 상관없이 마우스의 오프셋만 출력하려면 백그라운드 레이어를 만들어 오프셋을 출력해도 된다. 아래와 같이 기재해보자.

```
1    bg = new BackgroundLayer
2
3    layer = new Layer
4    layer.center()
5
6    bg.onSwipe ->
7        print event.offset
```

이제 화면을 스와이프해보면 레이어 위이든, 밖이든 스와이프로 오프셋을 출력할 수 있는 것을 볼 수 있다. 백그라운드 레이어의 오프셋을 출력하면 화면상에 레이어의 유무와 상관없이 오프셋을 출력할 수 있게 되므로 단순히 화면의 제스처 변화를 상세하게 입력받고자 할 때 유용하게 사용할 수 있다.

이때 주의할 점은 onPan, onSwipe와 같은 화면에서 방향성을 가지고 제스처를 입력하는 이벤트는 오프셋 값을 가져올 수 있지만, onClick, onMouseMove, onTouchMove와 같은 이벤트는 오프셋 값을 가져올 수 없다는 것이다. onTap 또한 오프셋 입력이 가능하다. 다만, 탭 제스처는 화면을 누르고 떼는 일회성이므로 오프셋을 입력받으려면 화면을 누른 상태에서 움직여야 0, 0 값이 아닌 오프셋 값을 받을 수 있다.

■ 예제/event/47_event_point.framer

Offset을 통해 현재 클릭한 위치를 알 수도 있지만, 디바이스마다 오프셋 위치를 계산하는 방식이 다르므로 명령어에 따라 오프셋으로 원하는 결과값을 만들지 못하는 경우가 있다. 이럴 때는 point를 이용해 현재 탭하는 영역의 포지션 값을 받아올 수 있다.

```
1    bg = new BackgroundLayer
2
4    bg.onTap ->
5        print event.point
```

위와 같이 기재한 후에 직접 핸드폰에서 화면을 탭하면 화면상의 좌표가 출력되는 것을 볼 수 있다.

» {x:174.2492218017578,
y:298.3699035644531}
» {x:352.6943664550781,
y:394.6363525390625}
» {x:122.59404754638672,
y:662.3040771484375}

〔그림 46〕 point

■ 예제/event/48_event_offsetTime.framer

» 3861
» 3872
» 3877
» 3889
» 3897
» 3906
» 3912
» 4110

〔그림 47〕

오프셋 타임은 제스처가 발생한 시간을 측정할 수 있도록 만든다. 아래와 같은 코드를 기재하면 스와이프를 시작할 때부터 끝날 때까지의 시간이 ms(밀리세컨)로 표시된다.

```
1    bg = new BackgroundLayer
2
4    bg.onSwipe ->
5        print event.offsetTime
```

■ 예제/event/49_event_offsetAngle.framer

오프셋 앵글은 제스처가 일어날 때 이벤트의 각도를 알 수 있다. 아래와 같이 입력하면 스와이프되는 화면의 각도를 알 수 있다. 출력되는 각도는 [그림 48]과 같다.

```
1    bg = new BackgroundLayer
2
4    bg.onSwipe ->
5        print event.offsetAngle
```

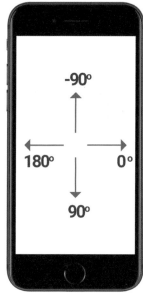

〔그림 48〕

오프셋 디렉션은 제스처가 일어날 때 이벤트의 각도를 방향으로 출력한다. 아래와 같이 입력하면 스와이프되는 화면의 방향에 따라 up, down, left, right로 출력된다.

```
1    bg = new BackgroundLayer
2
4    bg.onSwipe ->
5        print event.offsetDirection
```

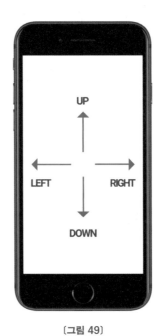

〔그림 49〕

■ 예제/event/51_event_delta.framer

〔그림 50〕

델타 이벤트는 이벤트가 발생할 때 이전 이벤트와 현재 이벤트 사이의 차이값을 알 수 있다. 아래와 같이 기재하면, 드래그 이벤트에 의해 연속적인 이벤트 값을 불러오기 때문에 매 프레임마다 x, y 좌표의 차이를 출력할 수 있다. 델타 타임, 델타 앵글과 델타 디렉션도 이전 이벤트 시점에서 발생한 차이의 시간, 각도, 방향을 알 수 있다.

```
1    layer = new Layer
2
4    layer.draggable.enabled = true
5
6    layer.onDrag ->
7        print event.delta
```

■ 예제/event/52_event_velocity_force.framer

y:0.17465941111246744}
» {x:-0.024657844094669118,
y:0.12328886144301471}
» {x:0, y:0}
» {x:0, y:0}
» 0
» 0
» 0

〔그림 51〕

이벤트 벨로시티와 포스는 이벤트의 속도와 화면을 누르는 힘을 불러올 수 있다. 아래와
같이 입력한 후에 모바일에서 화면을 스와이프하면 속도가 연속적으로 출력되고, 탭하면
손가락으로 화면을 누른 크기가 출력되는 것을 볼 수 있다.

```
1    bg = new BackgroundLayer
2
4    bg.onSwipe ->
5        print event.velocity
6
7    bg.onTap ->
8        print event.force
```

지금까지 이벤트에 대해 알아보았다. 이벤트는 인터랙션의 중심에 있기 때문에 당연히 실
무에 광범위하게 쓰인다. 여기에 쓰인 예제를 중심으로 반복적으로 만들어보면 실무에 쉽
게 적용할 수 있을 것이다.

13
클릭 이벤트
실전 예제

〔그림 1〕

이벤트의 가장 기본적인 기능인 온 클릭 이벤트에 대한 예제를 만들어보자. 온 클릭 이벤트란, 화면을 터치했을 때나 버튼을 눌렀을 때 발생하는 상황을 설정하는 기능이다. 이번에 사용될 예제는 달력 앱으로 좌측의 메뉴 버튼을 눌렀을 때 나오는 좌측 메뉴 화면과 하단의 dailycheck 버튼을 눌렀을 때 나오는 팝업 화면을 만들어보자. FramerStudy.com 에 접속해 클릭 이벤트 예제 파일을 다운로드해보자.

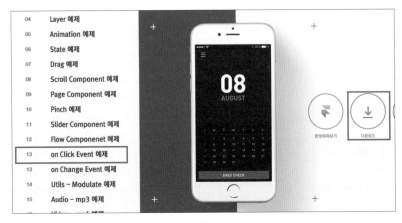

〔그림 2〕

〔그림 3〕

먼저 예제 파일을 열어보면 기본적인 세팅이 돼 있다. 레이어는 [그림 3]처럼 calander 화면이 가장 하단에 있고, calander 레이어에는 우리가 클릭 이벤트 기능을 넣어줄 **menu** 버튼과 하단의 **daily check** 버튼이 있다. Nbar와 같은 경우에는 상단의 정보 창으로 어떤 화면에서도 노출되기 때문에 신경 쓰지 않아도 된다. schedule 레이어와 popup 레이어는 예제 파일을 불러오면 기본적으로 visible이 false로 돼 있어서 화면상에서 보이지 않을 것이다. 어떤 레이어인지 확인하려면 false라고 쓰여 있는 부분을 true로 바꿔주면 화면상에 표시될 것이다.

```
1    psd = Framer.Importer.load( "imported/onClick_event@1x" )
2
3    psd.popup.visible = false
4    psd.schedule.visible = false
```

DAILY CHECK 버튼 이벤트 만들기

가장 먼저 하단의 붉은색 'DAILY CHECK'라는 버튼을 눌렀을 때 팝업이 나오도록 만들어 보자.

```
6    psd.btn.on Events.Click,->
7        psd.popup.visible = true
```

위와 같이 기재한다. psd.btn을 클릭했을 때 발생할 이벤트들을 화살표 다음 줄에서부터 기재해 실행하게 되는 원리다. 밑에 있는 줄에서 psd.popup을 보이게 만들어주는 명령어를 기재했기 때문에 화면상에서 버튼을 눌러보면 이제 팝업 이미지가 나타날 것이다. 이처럼 어떤 레이어를 클릭해 무엇인가를 실행하려면 '레이어 이름'.on Events.Click->를 사용하면 된다. 이때 대소문자에 주의하자.

〔**그림 4**〕화면을 클릭하면 이제 psd.popup 레이어가 calender 레이어 위에 나타날 것이다.

팝업 애니메이션 넣기

버튼을 눌렀을 때 팝업이 바로 나와도 되지만, 작은 사이즈에서 원래 사이즈로 커지면서
나타나는 애니메이션을 넣어보자.

```
6    psd.btn.on Events.Click, ->
7        psd.popup.visible = true
8        psd.popup.scale = 0.8
9        psd.popup.opacity = 0
```

먼저 1번에서 기재한 코드 아래에 위와 같은 코드를 기재해보자. 애니메이션이 시작되기
전에 사이즈를 0.8로 만들고, opacity를 0으로 고정시켜주는 코드다.

```
 6    psd.btn.on Events.Click,->
 7        psd.popup.visible = true
 8        psd.popup.scale = 0.8
 9        psd.popup.opacity = 0
10        psd.popup.animate
11            scale : 1, opacity : 1
12            options : curve : "spring", time : 1
13
```

위와 같이 psd.popup.animate 명령어를 이용해 레이어의 원래 사이즈와 투명도인 1로 애니메이션을 만들면, 0.8로 줄어든 사이즈의 psd.popup 레이어가 1로 커지면서 나온다. 또한 하단의 options를 통해 어떤 애니메이션 이징으로 나올지도 정해보자. 예제에 사용된 애니메이션은 'spring'으로 크기가 살짝 바운스되면서 커지는 것을 확인할 수 있다.

팝업 레이어 닫기

이제 열린 psd.popup 레이어를 닫아보자. 간단하게 psd.popup 전체를 눌렀을 때 팝업이 닫히면서 사라지도록 만들면 될 것이다. 방법은 1번과 2번에서 했던 것과 동일하고, 값만 거꾸로 만들어주면 된다. 단, 가장 앞에 기재했던 스케일과 투명도 고정 부분은 기재하지 않아도 된다.

```
14    psd.popup.on Events.Click,->
15        psd.popup.animate
16            scale : 0.8, opacity : 0
17            options : curve : "spring", time : 0.1
```

psd.popup 전체 레이어가 눌렀을 때 사이즈가 0.8로 투명도가 0으로 애니메이션되도록 적용된다. 이제 DAILY EVENT 버튼을 눌러 팝업이 나오게 한 후에 팝업을 누르면 다시 팝업이 사라지면서 닫히게 될 것이다.

〔**그림 5**〕 DAILY CHECK 버튼을 눌렀을 때 팝업 레이어가 80% 사이즈에서 커지면서 나타나고
팝업 레이어를 누르면, 다시 사이즈가 80%로 작아지면서 사라지는 것을 확인할 수 있다.

좌측 menu 버튼 이벤트 만들기

이제 좌측 상단의 menu 버튼을 눌렀을 때 좌측에 있던 schedule 레이어가 화면을 밀고 들어오면서 나타나는 이벤트를 만들어보자.

〔**그림 6**〕

먼저 화면을 보면 psd.schedule 레이어의 visible이 false로 돼 있어 보이지 않지만, [그림 6]처럼 좌측 화면에 위치한 것을 볼 수 있다. 앞서 과정과 동일하게 menu 버튼을 눌렀을 때 psd.schedule 레이어가 좌측에서 우측으로 밀고 들어올 수 있도록 이벤트 위치를 고정해보자.

```
19    psd.menu.on Events.Click,
20        psd.schedule.visible = true
21        psd.schedule.x = -500
```

위와 같이 기재한 후, 화면상에서 menu 버튼을 눌러보자. 코드를 해석하면 psd.menu 버튼을 눌렀을 때 psd.Schedul의 visible의 true로 만들어 보여지도록 만들어주고, x 좌표를 -500으로 만들어 화면 좌측으로 이동하도록 만드는 코드다.

〔그림 7〕

화면상에서는 보이지 않지만, 레이어 화면에 마우스를 올려놓으면 schedule 레이어가 화면 좌측에 위치하고 있는 것을 확인할 수 있다.

```
19    psd.menu.on Events.Click,->
20        psd.schedule.visible = true
21        psd.schedule.x = -500
22        psd.schedule.animate
23            x : 0
24            options : curve : "ease-in-out", time : 0.35
25        psd.calander.animate
26            x : 500, opacity : 0.5
27            options : curve : "ease-in-out", time : 0.35
28
```

이제 위와 같이 코드를 기재해 좌측에서 우측으로 이동하는 애니메이션을 준다. 앞서 기재했던 psd.schedule 레이어 좌표가 −500에서 0으로 이동하기 때문에 화면 좌측 바깥에서 밀려 들어오는 것을 볼 수 있고, psd.calander 기존의 레이어 전체가 x 좌표 500으로 우측으로 이동하기 때문에 좌측 schedule 화면이 기존에 있던 화면을 우측으로 밀고 들어오는 것처럼 보인다. 이처럼 이벤트상에서 여러 가지 애니메이션을 넣어주려면 계속 밑에 있는 줄에 명령어를 기재하면 된다.

〔그림 8〕

Schedule 화면 닫기

이제 마지막 단계로 psd.schedule을 눌렀을 때 다시 원래 화면으로 되돌아오는 이벤트를 만들어보자. 방법은 4번과 같으며, x 좌표 값만 반대로 기재해 다시 좌측으로 이동하도록 만들면 된다.

```
29    psd.schedule.on Events.Click,->
30        psd.schedule.animate
31            x : -500
32            options : curve : "ease-in-out", time : 0.35
33        psd.calander.animate
34            x : 0, opacity : 1
35            options : curve : "ease-in-out", time : 0.35
```

〔그림 9〕 이제 menu 버튼을 누르면 좌측에서 psd.schedule 레이어가 기존 calander 레이어를 우측으로 밀고 들어오는 것을 확인할 수 있다.

전체 코드

```
1    psd = Framer.Importer.load( "imported/onClick_event@1x" )
2
3    psd.popup.visible = false
4    psd.schedule.visible = false
5
6    psd.btn.on Events.Click,
7        psd.popup.visible = true
8        psd.popup.scale = 0.8
9        psd.popup.opacity = 0
10       psd.popup.animate
11           scale : 1, opacity : 1
12           options : curve : "spring", time : 1
13
14   psd.popup.on Events.Click,
15       psd.popup.animate
16           scale : 0.8, opacity : 0
17           options : curve : "spring", time : 0.1
18
19   psd.menu.on Events.Click,
20       psd.schedule.visible = true
21       psd.schedule.x = 500
22       psd.schedule.animate
23           x : 0
24           options : curve : "ease-in-out", time : 0.35
25       psd.calander.animate
26           x : 500, opacity : 0.5
27           options : curve : "ease-in-out", time : 0.35
28
29   psd.schedule.on Events.Click,
30       psd.schedule.animate
31           x : 500
32           options : curve : "ease-in-out", time : 0.35
33       psd.calander.animate
34           x : 0, opacity : 1
35           options : curve : "ease-in-out", time : 0.35
```

13
체인지 이벤트
실전 예제

이번 장에서는 change 이벤트를 이용해 좀 더 다양한 상황과 조건에서 쓸 수 있는 예제를 다뤄보자. "change" 이벤트는 해당 레이어의 상태가 변화했을 때마다(예를 들면 위치가 변하거나 페이지가 바뀔 때) 이벤트가 일어나도록 설정할 수 있다.

〔그림 1〕

이번 장에서는 [그림 1]과 같은 앱에서 페이지가 변할 때마다 페이지에 맞춰 타이틀 정보가 바뀌고 하단의 연도 표시와 섬네일 페이지가 바뀌는 예제를 실습해볼 것이다. 상세 레이어 구조는 [그림 2]와 같다. 예제를 연습하기 위해 FramerStudy.com에 접속해 예제 파일을 다운로드해보자.

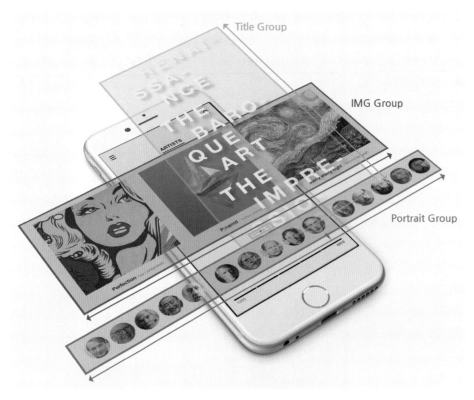

〔**그림 2**〕 예제의 레이어 구조

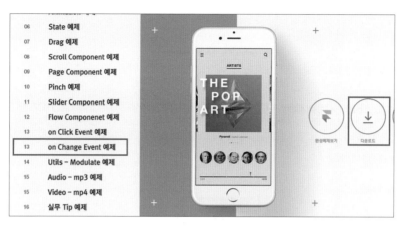

〔그림 3〕

메인 페이지 컴포넌트 만들기

가장 먼저 페이지 컴포넌트를 만들 화면 가운데에 이미지들을 넣어 좌우로 페이지가 넘어
갈 수 있도록 해보자. 첫 번째 줄에서 미리 기재된 PSD 로딩 코드가 있기 때문에 세 번째
줄부터 시작하면 된다. 아래와 같이 기재해보자.

```
3    page_img = new PageComponent
4        x : 55, y : 217, width : 640, height : 660,scrollVertical : false,
     clip : false
```

[그림 4]와 같은 사이즈와 영역에 페이지 컴포넌트가 생긴다. 또한 scrollVertical을 false
로 했기 때문에 상하 스크롤이 되지 않고, clip을 false로 했기 때문에 페이지 안에 들어갈
레이어들이 영역 밖을 나가도 잘려 보이지 않을 것이다.

〔그림 4〕

이제 페이지 안에 들어갈 레이어들을 넣어보자. 레이어 이름은 psd.img0에서부터 psd.img04까지 총 5개의 레이어다. 아래와 같이 img_arr 배열을 만들어 5개의 레이어를 배열 그룹으로 만든다.

```
6    img_arr = [ psd.img0, psd.img1, psd.img2, psd.img3, psd.img4 ]
7
8    for i in img_arr
9        i.parent = page_img.content
```

그리고 여덟 번째 라인처럼 반복문을 통해 img_arr 배열 하나 하나를 i에 대입하기 때문에 page_img 컴포넌트 안에 콘텐츠 레이어로 등록돼 페이징이 가능하다. 이제 화면을 스와이프해보면 가운데 이미지들의 페이지가 바뀌는 것을 볼 수 있다.

〔그림 5〕 page_img 레이어가 가장 상위 레이어인 상태에서 배열로 만들어진 이미지 레이어들이
모두 페이지 안에 들어가 있기 때문에 좌우 스크롤이 가능해진 것을 볼 수 있다.

타이틀 페이지 컴포넌트 만들기

이제 두 번째 페이지 컴포넌트를 만들고 상하단으로 움직이는 타이틀 페이지를 만들 차례
다. 1번 과정처럼 아래와 같은 좌표와 사이즈의 페이지 컴포넌트를 만들고 title_arr이라는
배열을 만들어 타이틀 레이어를 하나씩 넣어보자.

```
11    page_title = new Layer
12        y : 257, width : 750, height : 563, clip : false, backgroundColor :
      null
13
14    title_arr = [ psd.title0, psd.title1, psd.title2, psd.title3, psd.
      title4 ]
```

그리고 title_arr 배열에 들어간 5개의 레이어를 반복문을 만들어 부모 레이어와 좌표 및 투명도를 설정해보자. 1번에서 만들었던 반복문과는 달리, 이번에는 i에 0에서부터 5까지의 숫자가 대입되도록 만든다.

```
16    for i in [0...5 ]
17        title_arr[i].parent = page_title
18        title_arr[i].y = i*570
19        title_arr[i].opacity = 0
```

[그림 6]과 같이 타이틀 레이어들이 같은 위치에 겹쳐 있어 반복문으로 좌표를 대입해 하나씩 아래로 내려줘야 하기 때문이다. 위와 같이 기재하면 title_arr 배열에 들어간 5개의 레이어가 y 좌표로 570씩 차이를 두고 배치되는 것을 볼 수 있다.

〔**그림 6**〕 18번째 라인까지 입력하면 타이틀의 위치가 내려가면서 페이지 컴포넌트 안에 들어가는 것을 볼 수 있다.

Portrait 페이지 컴포넌트 만들기

이제 마지막 페이지 컴포넌트 하나만 만들어주면 된다. 화면 하단의 사람 얼굴이 그려진 portrait 그룹을 이전 과정과 동일하게 배열을 만들어 배치해보자.

```
21    page_portrait = new PageComponent
22       y : 1005, width : 750, height : 120
23       scrollVertical : false, scrollHorizontal : false
24
25    portrait_arr = [ psd.portrait0, psd.portrait1, psd.portrait2, psd.
      portrait3, psd.portrait4 ]
26
27    for i in portrait_arr
28       i.parent = page_portrait.content
29
```

Line 21~23 : page_portrait라는 페이지 컴포넌트를 만들고, 이번에는 좌우상하 스크롤이 모두 막혀 직접 컨트롤할 수 없도록 scrollVertical과 scrollHorizontal을 둘 다 false로 해보자.

Line 25 : portrait_arr이라는 배열을 만들어 포트레이트 레이어들을 배열 그룹 안에 넣어보자. psd.portrait0서부터 psd.portrait4까지 5개의 레이어를 넣으면 된다.

Line 27~28 : 반복문을 이용해 포트레이트 배열을 page_portrait의 콘텐츠 레이어 안에 집어넣도록 한다. 27번째 라인에 portrait_arr을 i에 대입하기 때문에 28번째 라인에서 portrait_arr에 속한 5개의 레이어가 하나씩 page_portrait 콘텐츠 레이어 안에 들어가는 것을 볼 수 있다.

〔그림 7〕

인디케이터 배열 만들기

페이지가 넘어갈 때 인디케이터도 페이지별로 바뀌어야 하기 때문에 배열에 넣어줘야 한다. 아래와 같이 31번째 라인에 dot_arr 배열을 만들고 psd.dot0부터 4번까지 5개의 레이어를 집어넣어보자. 이 단계는 뒤에서 이벤트를 만들 때 인디케이터를 이벤트로 쉽게 제어하기 위한 과정이다.

```
31    dot_arr = [ psd.dot0, psd.dot1, psd.dot2, psd.dot3, psd.dot4 ]
```

〔그림 8〕 화면 가운데 5개의 인디케이터를 배열에 넣어 이벤트에 연결할 준비를 하면 된다.

Change 이벤트 만들기

앞서 진행했던 과정은 레이어의 구조와 배열을 만든 준비 과정이었고, 이제 본격적으로 체인지 이벤트를 통해 페이지가 바뀔 때마다 동작하는 이벤트를 만들어보자.

```
33    page_img.on "change:currentPage", ->
34        pageNumber = page_img.horizontalPageIndex(page_img.currentPage)
35        print pageNumber
```

위와 같이 기재해 page_img 페이지 컴포넌트에 이벤트를 넣는다. 이벤트 종류는 change :currentPage로 설정해 페이지 컴포넌트의 현재 페이지가 바뀔 때마다 이벤트가 동작되도록 한다. 34번째 라인에서는 pageNumber라는 변수를 만들어 page_img 페이지 컴포넌트의 horizontalPageIndex를 현재 페이지로 설정한다. horizontalPageIndex는 좌우 페이지에서의 페이지 번호를 불러오는 명령어다. 즉, 괄호 안에 page_img의 currentPage 라고 설정돼 있기 때문에 현재 페이지 번호를 불러오게 되는 것이다. 35번째 라인에 pageNumber를 프린트하도록 기재돼 있기 때문에 이제 화면을 드래그해 페이지를 바꿔 보면 페이지 번호가 아래에 표시되는 것을 볼 수 있다.

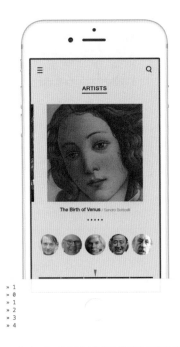

〔그림 9〕 pageIndex는 첫 번째 페이지 번호가 0번부터 표시된다.
첫 번째 페이지는 0을 출력하고, 두 번째 페이지는 1을 출력하는 식이다.

페이지 인디케이터 이벤트

이제 5번 과정에서 기재한 pageNumber를 사용할 차례다. 먼저 35번째 라인의 프린트를 지워주고, 아래와 같은 코드를 기재해보자.

```
33    page_img.on "change:currentPage",
34        pageNumber = page_img.horizontalPageIndex(page_img.currentPage)
35
36        for i in dot_arr
37            i.opacity = 0.2
38            dot_arr[ pageNumber ].opacity = 0.8
39
```

5번 과정을 통해 34번째 라인에 pageNumber라는 변수를 만들었고, 페이지 번호를 받아올 수 있도록 했다. 이제 36번째 라인에 반복문을 만들어 dot_arr이라는 4번에서 만든 인디케이터 배열을 반복문에 넣어주는데, 37번째 라인은 모든 dot_arr 배열의 레이어들을 투명도 0.2로 만든다. 다시 말해, dot_arr에 포함된 5개의 레이어가 페이지가 바뀔 때마다 투명도가 0.2가 되는 것이다. 이제 38번째 라인에서 현재 페이지가 되는 번호와 동일한 인디케이터만 투명도가 0.8이 되도록 만들어보자. 배열의 중괄호 안에 숫자를 기재하면 기재된 숫자만큼의 몇 번째 수 배열 데이터를 불러올 수 있다. 따라서 dot_arr 괄호 안에 pageNumber라는 매번 페이지가 바뀔 때마다 현재 페이지 번호가 입력되는 숫자가 들어가게 되므로 항상 현재 페이지와 매칭되는 인디케이터만 투명도가 0.8이 되는 것이다.

〔**그림 10**〕 이제 페이지를 넘겨보면 인디케이터가 반응하는 것을 볼 수 있다.

타이틀 페이지 컴포넌트 이벤트 만들기

이제 page_img의 페이지가 바뀔 때마다 타이틀 페이지도 바뀌는 이벤트를 넣어보자. 40
번째 라인부터 아래와 같이 기재한다.

```
33    page_img.on "change:currentPage", >
34        pageNumber = page_img.horizontalPageIndex(page_img.currentPage)
35
36        for i in dot_arr
37            i.opacity = 0.2
38            dor_arr[ pageNumber ].opacity = 0.8
39
40        for i in title_arr
41            i.animate
```

```
42            opacity : 0
43            options : time : 0.5
44
45    title_arr[ pageNumber ].animate
46        opacity : 1
47
```

여섯 번째 과정과 마찬가지로 2번 과정에서 만든 타이틀 배열을 반복문에 대입하는 방식이다. title_arr 배열 안에 속한 레이어들을 반복문에 대입해 모두 투명도가 0으로 애니메이션되도록 만든다. 또한 45번째 라인에는 title_arr 배열 안에 pageNumber에 입력된 현재 페이지 넘버 수 몇 번째의 레이어가 투명도 1로 애니메이션되도록 만들었기 때문에 결과적으로 페이지가 넘겨질 때마다 타이틀 레이어들이 모두 투명도 0이 되고, 현재 페이지에 속한 레이어만 투명도가 1이 되도록 만드는 것이다. 이제 페이지를 넘길 때마다 현재 페이지에 해당하는 타이틀이 보이는 것을 알 수 있다. 그런데 한 가지 문제가 있다면, 타이틀이 항상 같은 위치에 나타나야 하는데, 현재 구조상 하단으로 나열돼 있는 페이지 구조이기 때문에 세 번째 페이지부터는 보이지 않는다는 것이다. 이 문제는 다음 스텝에서 새로운 이벤트를 만들어 해결해보자.

〔**그림 11**〕 첫 번째 타이틀 페이지는 제대로 된 위치에서 나오지만,
두 번째 페이지는 하단의 잘못된 위치에서 보인다.

Change :x 이벤트 만들기

7번 과정에서의 문제점을 해결하기 위해 새로운 이벤트를 만들어보자. 이전 과정에서 다룬 이벤트는 현재 페이지가 변할 때 한 번만 진행되는 이벤트라면, 이번에는 좌표에 따라 매 프레임에서 실행되는 이벤트를 만들 것이다.

```
48    page_img.content.on "change:x",
49        page_title.y = page_img.content.x * 0.9 + 257
50        psd.anchor.x = page_img.content.x / 4 + 700
51
```

48번째 라인부터 위와 같이 새로운 이벤트를 만든다. page_img 페이지 컴포넌트의 x 좌표가 변할 때마다 실행되는 이벤트다.

49번째 라인에서 page_title의 y 좌표를 매순간마다 입력하는데, 입력받게 되는 값은 page_img의 콘텐츠 x 좌표다. 다시 말해 우리가 좌우로 페이지를 바꿀 때마다 타이틀 페이지 컴포넌트는 상하로 이동한다는 의미다. 뒤에 붙은 복잡한 숫자는 좌우 페이지 위치와 상하 페이지 위치의 좌표를 맞추기 위한 간단한 계산식이다.

50번째 라인은 화면 가장 하단에 붉은 화살표로 표시된 연도 이미지 레이어다. 이 역시 페이지가 좌우로 스크롤될 때 같이 움직여주기 위해 x 좌표를 page_img의 콘텐츠 x 좌표와 연결한다.

이제 좌우로 페이지 스크롤할 때 타이틀 페이지가 상하로 움직이면서 항상 같은 위치에 나타나게 되는 것을 볼 수 있다. 또한 하단의 붉은색 화살표가 함께 움직이는 것을 볼 수 있다.

[그림 12]

애니메이션 End 이벤트 만들기

이제 마지막으로 하나의 이벤트만 더 만들면 된다. 바로 3번 과정에서 만들었던 포트레이트 페이지 컴포넌트에 넣어줄 이벤트인데, AnimationEnd 이벤트를 이용해 페이지 스크롤이 모두 끝났을 때 해당 이벤트가 발동해 포트레이트 페이지가 바뀌는 방식을 만들어보자.

```
48    page_img.content.on Events.AnimationEnd, ->
49       pageNumber = page_img.horizontalPageIndex(page_img.currentPage)
50       page_portrait.snapToPage( portrait_arr[ pageNumber ])
51
```

기본적인 구조는 6번이나 7번에서 사용했던 이벤트와 동일하다. 단지 그 시점이 페이지가 바뀌는 순간이 아니라 페이지 스크롤이 모두 끝난 후에 일어나게 되는 것이다.

49번째 라인에서 6번과 동일하게 pageNumber에 대한 정의를 내려준다. 6번 과정에서 사용한 pageNumber는 해당 이벤트 내에서만 사용할 수 있으므로 매우 번거롭지만, 한 번 더 입력해야 한다.

50번째 라인이 메인인데, 바로 page_portrait의 페이지 컴포넌트를 snapToPage 명령어를 이용해 페이지를 바꿔주는 것이다. 변경해 이동할 페이지는 괄호 안에 기재하면 되는데, 괄호 안에 portrait_arr[pageNumber]를 기재했기 때문에 항상 현재 페이지와 맞춰지게 되는 것이다.

〔그림 13〕

이제 화면을 스크롤해보면 좌우 페이지가 완전히 넘어갔을 때 하단의 인물 사진 부분이 2차로 넘어가는 것을 확인할 수 있다. 56번째 라인에는 아래와 같이 마지막 줄을 기재해보자. 신Scene이 시작할 때 자동으로 두 번째 페이지인 psd.img1로 이동하게 만든다. 자동으로 페이지가 이동되기 때문에 앞서 우리가 기재한 명령어들이 자동으로 한 번 실행돼 모든 타이틀과 인디케이터 등이 설정한 대로 위치한다.

```
56    page_img.snapToPage ( psd.img1 )
```

〔**그림 14**〕 새로 고침 버튼을 누르면 이제 자동으로 두 번째 페이지로 이동하는 것을 볼 수 있다.

전체 코드

```
1   psd = Framer.Importer.load("imported/modulate@1x")
2
3   page_img = new PageComponent
4       x : 55, y : 217, width : 640, height : 660,scrollVertical : false,
    clip : false
5
6   img_arr = [ psd.img0, psd.img1, psd.img2, psd.img3, psd.img4 ]
7
8   for i in img_arr
9       i.parent = page_img.content
10
11  page_title = new Layer
```

```
12      y : 257, width : 750, height : 563, clip : false, backgroundColor :
13   null
14
15   title_arr = [ psd.title0, psd.title1, psd.title2, psd.title3, psd.title4 ]
16
17   for i in [0...5 ]
18       title_arr[i].parent = page_title
19       title_arr[i].y = i*570
20       title_arr[i].opacity = 0
21
22   page_portrait = new PageComponent
23       y : 1005, width : 750, height : 120
24       scrollVertical : false, scrollHorizontal : false
25
26   portrait_arr = [ psd.portrait0, psd.portrait1, psd.portrait, psd.
     portrait3, psd.portrait4 ]
27
28   for i in portrait_arr
29       i.parent = page_portrait.content
30
31   dot_arr = [ psd.dot0, psd.dot1, psd.dot2, psd.dot3, psd.dot4 ]
32
33   page_img.on "change:currentPage", ->
34       pageNumber = page_img.horizontalPageIndex(page_img.currentPage)
35
36       for i in dot_arr
37           i.opacity = 0.2
38           dot_arr[ pageNumber ].opacity = 0.8
39
40       for i in title_arr
41           i.animate
42               opacity : 0
43               options : time : 0.5
44
45       title_arr[ pageNumber ].animate
46           opacity : 1
```

```
47    page_img.content.on "change:x", ->
48        psd.anchor.x = page_img.content.x / 4 + 700
19        page_title.y = page_img.content.x * 0.9 + 257
50
51    page_img.content.on Events.AnimationEnd, ->
52        pageNumber = page_img.horizontalPageIndex(page_img.currentPage)
53        page_portrait.snapToPage( portrait_arr[ pageNumber ])
54
55    page_img.snapToPage ( psd.img1 )
56
```

14
유틸스

유틸스 알아보기

유틸리티는 프레이머의 편의성을 위해 만들어진 커스텀 함수다. 여러 가지 복합적인 기능을 합쳐 코드 한 줄로 편리하게 사용할 수 있도록 만들어 있으며, 대표적으로 모듈레이트와 랜덤과 관련된 기능들이 있다.

모듈레이트

모듈레이트[Modulate]는 2개의 숫자 사이를 변환시켜준다. A라는 숫자 범위와 B라는 숫자의 범위가 있을 때 A 값을 B 값으로 변환시켜준다고 보면 된다. 패럴랙스 스크롤과 같은 효과를 넣을 때 유용하다. 자세한 출력값은 아래와 같다.

Utils.modulate(레이어 이름, [기준 최솟값,기준 최댓값], [변환될 최솟값, 변환될 최댓값] true 또는 false)

괄호 뒤의 true 시에는 정해진 범위 안에서만 숫자가 변환되고 false나 아무것도 붙이지 않았을 때는 범위뿐만 아니라 모든 숫자에서 정해진 범위만큼 일정 비율로 변환이 일어난다.

```
1    scroll1 = new ScrollComponent
2        scrollHorizontal : false
3    scroll1.center()
4    scroll1.clip = false
5
6    layer1 = new Layer
7
8    scroll1.on Events.Move,
9        y = Utils.modulate(scroll1.content.y, [0,100], [0,300],true)
10       layer1.x = y
```

〔그림 1〕

사이클

배열 안에서 순환시킨다. 보통 네 번째까지 정해진 배열을 사용할 때 다섯 번째 배열을 출력하면 에러가 발생하는데, 사이클^{Cycle}은 반복되는 배열 그룹이기 때문에 첫 번째 배열이 나온다.

```
1    cycle1 = Utils.cycle([ 1, 3, 5, 7 ])
2
3    for i in [0..5]
4        print cycle1()
5
```

위와 같이 기재했을 때 다섯 번째는 다시 처음으로 되돌아가서 1이 출력된다.

〔그림 2〕

labelLayer

레이어 안에 텍스트를 입력한다. 텍스트는 기본적으로 정중앙에 위치한다.

```
1    layer1 = new Layer
2        size : Screen.size
3    Utils.labelLayer(layer1, "레이어 이름" )
4
```

〔그림 3〕

round

숫자를 반올림한다. 소수점 몇 째 자리까지 표현하고자 하는지 정할 수 있다. 괄호 안에 숫자를 기재하고, 쉼표 뒤에 몇 자리 소수점까지 표현할 것인지 기재하면 된다.

```
1    print Utils.round(100.12345, 0 )
2    print Utils.round(100.12345, 2 )
3    print Utils.round(100.12345, 4 )
```

〔그림 4〕

randomChoice

배열을 통해 입력된 값 중에서 랜덤하게 선택해 값을 출력한다. 아래 코드는 새로 고침을 할 때마다 무작위로 3개의 레이어 중에서 하나만 y 값이 500으로 바뀌는 것을 볼 수 있다.

```
1    layer1 = new Layer
2    layer2 = new Layer
3        x : 250
4    layer3 = new Layer
5        x : 500
6    Utils.randomChoice([ layer1, layer2, layer3 ]).y = 500
```

〔그림 5〕

randomColor

입력된 범위 안에서 랜덤하게 색상을 만들어낸다. 괄호 안의 숫자는 투명도다. 아래 코드를 기재한 후 새로 고침을 누를 때마다 layer1의 배경색이 바뀌는 것을 알 수 있다.

```
1    layer1 = new Layer
2    layer1.backgroundColor = Utils.randomColor(0.5)
```

〔그림 6〕

randomimage

랜덤한 이미지를 레이어에 적용한다. 아래에 기재된 코드의 이미지는 프레이머 서버에 저장된 이미지를 불러온다. 세 번째 라인에 기재된 괄호 안에 아무것도 없는 randomImage는 서버에서 여러 가지 이미지를 가져오기 때문에 매번 다른 이미지가 로딩되지만, 네 번째 줄에 기재된 괄호 안에 레이어 이름을 기재하면 해당 레이어에 가장 잘 맞는 사이즈의 레이어를 가져오기 때문에 특정 이미지로 고정될 확률이 높다.

```
1    layer1 = new Layer
2        size : Screen.size
3    layer1.image = Utils.randomImage()
4    layer1.image = Utils.randomImage(layer1)
```

〔그림 7〕

randomNumber

입력한 범위 안의 랜덤한 수를 만들어낸다.

```
1    layer1 = new Layer
2        x : Utils.randomNumber( 0,500 )
3        y : Utils.randomNumber( 0,1000 )
```

위의 코드는 x좌푯값은 0에서부터 500 사이, y 좌푯값은 0에서부터 1,000 사이의 랜덤한 좌표를 만들어 레이어 좌표에 적용한다.

〔그림 8〕

delay

입력한 초 수만큼 기다린 후 실행된다.

```
1    Utils.delay 5, ->
2        layer = new Layer
```

위와 같이 입력하면 5초 후에 레이어가 만들어지는 것을 볼 수 있다.

〔그림 9〕

interval

입력한 초 수만큼 기다렸다가 반복된다.

```
1    a = 0
2    Utils.interval 2,→
3        layer1 = new Layer
4            y : a * 250
5        a = a + 1
```

위의 코드는 2초마다 레이어가 하나씩 밑으로 생성된다. A 값은 처음에 0으로 시작되는데, 인터벌이 반복될 때마다 1씩 증가하기 때문에 생성되는 y 좌표가 250의 배수로 증가하며 배치되는 원리다.

〔그림 10〕

debounce

함수를 만들어 반복할 때 한 번만 실행되고 반복하지 않는 함수를 만든다.

```
1   custom = Utils.debounce 2, ->
2       layer1 = new Layer
3
4   for i in [0...100]
5       custom()
```

위의 코드는 custom이라는 함수를 만들어 for 반복문을 100번 사용했기 때문에 100개의 레이어가 2초마다 생성되어야 하는데, 함수를 debounce를 이용해 만들었기 때문에 하나의 레이어만 만들어진다.

〔그림 11〕

14
유틸스 모듈레이트
실전 예제

유틸스^{Utils}에는 프레이머의 사용성을 높여줄 수 있는 많은 기능이 있다. 하지만 이 중에서 가장 사용 빈도수가 높은 기능은 모듈레이트 기능과 랜덤 관련 기능일 것이다. 모듈레이트란, 앞에서 배웠던 것처럼 a가 변할 때 b가 어떻게 변하는지를 보여주는 기능이다. 이 장에서는 가장 사용 빈도수가 높은 모듈레이트의 예제를 연습해보자.

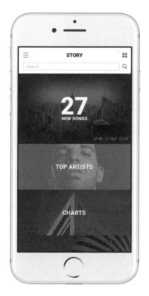

〔그림 1〕

예제 파일 불러오기

Framerstudy.com에 접속해 Utils modulate 예제 파일을 불러오자.

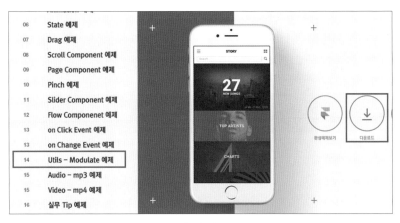

〔그림 2〕

포토샵을 통해 불러온 UI 요소들 및 전체 스크롤과 첫 화면에서 보이지 말아야 할 배너 이미지 관련 코드는 예제의 편의성을 위해 미리 작업돼 있을 것이다.

```
psd = Framer.Importer.load("imported/modulate@1x")

scroll1 = new ScrollComponent
    size : Screen.size, index : 2 ,scrollHorizontal : false

psd.scr.parent = scroll1.content
psd.banner1_2.opacity = 0
psd.banner2_2.opacity = 0
psd.banner3_2.opacity = 0
```

미리 작성돼 있는 코드는 위와 같다. 포토샵에서 psd 파일을 불러들여 psd라는 이름으로 묶여 있고, scroll1이라는 스크롤 컴포넌트를 만들어 전체 화면을 위에서 아래로 스크롤할 수 있게 만들어져 있다. banner1_2, banner2_2, banner3_2는 첫 화면에 보이는 3개의 배너 이미지 위에 나타날 이미지로, 스크롤이 내려갈 때 모듈레이트로 나타나게 만들 것이기 때문에 처음에는 투명도를 0으로 만들었다.

스크롤 이벤트 만들기

이제 스크롤이 일어날 때 scroll1이 발생하는 이벤트를 만들어보자.

```
11    scroll1.on Events.Move, ->
12        print scroll1.scrollY
```

먼저 위와 같은 코드를 작성해 scorll1이 스크롤될 때 scroll1의 스크롤 Y 값이 어떻게 출력되는지 확인해보자. 코드를 기재하고 화면을 드래그해 출력되는 좌푯값을 확인해보자.

〔그림 3〕

[그림 3]과 같이 스크롤을 위로 올렸을 때 스크롤이 올라간 만큼 좌푯값이 증가해 출력되는 것을 확인할 수 있다.

검색 창 스크롤 이벤트

이제 print 명령 줄을 지우거나 명령어 앞에 #을 붙여 주석 처리한 후, 실제 기능을 대입해
보자. 스크롤될 때 상단의 검색 창 영역이 위로 살짝 올라가는 기능을 넣어보자.

```
11    scroll1.on Events.Move,
12        print scroll1.scrollY
13        psd.search.y = Utils.modulate(scroll1.scrollY,[0,200], [0,-80],true)
```

위와 같이 첫 번째 모듈을 작성한다. Scroll1의 스크롤 레이어가 움직일 때마다 psd.
search 검색 창 레이어의 y 값이 변하도록 만들어주는 코드인데, 모듈레이트 기능을 사용
해 scroll1의 scrollY 값이 0에서 200으로 좌표가 변할 때 psd.search의 y 좌표가 0에서
−80까지 바뀌도록 만든다. 가장 뒤의 true는 범위를 제한하는 기능으로, 모듈레이트에서
입력한 범위 안에서만 기능이 작동하도록 만드는 것이다. false로 했을 경우, 스크롤 위아
래 전체 범위에서 기능이 제한 없이 일어난다.

이와 같이 모듈레이트는 Utils.modulate(기준 레이어 이름, [기준 레이어 최솟값, 기준 레이어 최댓
값], [적용될 레이어 최솟값, 적용될 레이어 최댓값], true)와 같이 사용하면 된다. 이제 화면을 스
크롤해보면 검색 창이 살짝 올라가는 것을 확인할 수 있다.

〔그림 4〕

배경 이미지 스크롤 이벤트

이제 배경되는 이미지가 스크롤될 때마다 자연스럽게 사라지는 이벤트를 넣어보자. 3번 과정에서 입력한 scroll1 이벤트 코드 후에 아래와 같은 코드 2줄을 추가한다.

```
11    scroll1.on Events.Move, ->
12      print scroll1.scrollY
13      psd.search.y = Utils.modulate(scroll1.scrollY,[0,200], [0,-80],true)
14      psd.img.opacity = Utils.modulate(scroll1.scrollY,[0,600], [1,0],true)
15      psd.img.scale = Utils.modulate(scroll1.scrollY,[0,600], [1, 0.5],true)
```

psd.img의 투명도와 스케일이 변경되는데, scorll1의 scorllY 값이 변경될 때 투명도가 1에서 0으로 사라지고, 스케일도 1에서 0.5로 절반의 크기로 줄어드는 코드다. 화면을 스크롤했을 때 배경의 이미지 부분도 함께 자연스럽게 사라지는 이벤트가 적용될 것이다.

〔그림 5〕

모듈레이트 반복문 사용하기

이전까지의 과정처럼 이벤트 안에 모듈레이트로 변경될 부분을 하나하나 기재해 넣는 방법도 있지만, 반복되는 여러 개의 레이어를 차례대로 넣어줄 때 for 반복문을 사용해 간단하게 만들어주는 방법도 있다.

레이어 중에서 banner1_2, banner2_2, banner3_2의 세 가지 레이어는 예제 파일을 불러올 때 투명도를 0으로 만드는 코드를 기재했다. 이제 이 세 가지 레이어를 반복문으로 넣어 스크롤될 때마다 차례차례 투명도가 증가하면서 나타나도록 만들어보자. 가장 먼저세 가지 레이어를 배열로 묶어준다.

```
17      bannerArr = [ psd.banner1_2, psd.banner2_2, psd.banner3_2 ]
```

위와 같이 bannerArr이라는 배열에 세 가지 레이어가 포함됐다. 이제 이벤트로 3개의 레이어가 모듈을 통해 투명도가 증가하는 코드를 만든다.

```
17      bannerArr = [ psd.banner1_2, psd.banner2_2, psd.banner3_2 ]
18      scroll1.on Events.Move,->
19          for i in [0... 3]
20              bannerArr[i].opacity = Utils.modulate(scroll1.
        scrollY,[(i+1)*100, (i+1)*300], [0,1],true)
```

위와 같이 기재하면, for문을 통해 bannerArr의 0번째에서부터 두 번째까지 3개 레이어의 투명도가 모듈을 통해 변화된다. 변화값은 반복문의 i를 이용했으므로 배너1은 스크롤좌표 100에서 300까지 범위에서 투명도가 0에서 1로 증가하는 것이다(i에 0을 대입한 후, [(i+1)*100,(i+1)*300] 방정식을 풀어보면 알게 된다. 배너 2와 3도 마찬가지 방식으로 투명도가 계산돼 결국엔 화면을 스크롤했을 때 투명도가 순차적으로 변하는 것을 볼 수 있다).

〔그림 6〕

15
미디어

오디오 파일 사용하기

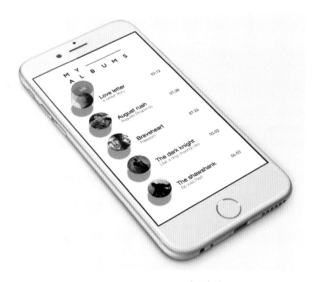

〔그림 1〕

이 장에서는 프레이머 안에서의 오디오 파일 사용 방법에 대해 알아보자. 프레이머 도큐멘테이션에 음성 파일 사용에 대한 매뉴얼은 없지만, MP3 파일은 사용할 수 있기 때문에 아이콘의 효과음이나 뮤직 플레이어 같은 앱의 프로토타이핑이 가능하다. 이 장에서는 음악 플레이어 앱의 실무 예제를 통해 음성 파일의 사용 방법을 알아보자.

먼저 FramerStudy.com에서 Audio – mp3 예제 파일을 다운로드한다.

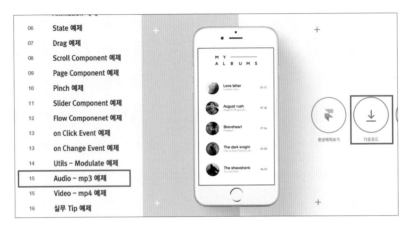

〔그림 2〕

글로벌 레이어 만들기

예제 파일을 열어보면 기본적으로 psd 파일이 로드돼 있다. 가장 먼저 세 번째 줄에 아래와 같은 글로벌 레이어 코드를 기재해보자.

```
3    Utils.globalLayers( psd )
```

글로벌 레이어는 임포트된 레이어의 그룹 이름을 사용하지 않아도 된다. 본래 포토샵에서 불러온 레이어는 이름 앞에 psd라고 기재했는데, 글로벌 레이어를 사용하면 앞 이름을 생략해도 되는 것이다. 글로벌 레이어에 대한 자세한 내용은 부록에서 다룬다. 이 과정은 필수가 아니지만, 중복되는 레이어 코드를 조금이나마 생략하기 위해 진행되는 과정이라는 것을 알아두자.

〔그림 3〕 예제의 레이어 구조

오디오 소스 사용하기

오디오 파일을 본격적으로 사용하기 위해 아래와 같은 코드를 입력한다.

```
5    audio = new Audio
6    audio.src = "mp3/0.mp3"
7    audio.play()
```

Line 5 : audio라는 새로운 오디오 레이어를 만든다. 오디오 레이어는 레이어 구조에 시각적으로 보이지는 않는다.

Line 6 : 만들어진 오디오에 mp3 폴더의 0.mp3 파일을 로드한다. [그림 4]와 같이 프레이머 예제 폴더 중에 mp3 폴더가 들어가 있으므로 해당 폴더의 mp3 파일을 로드해 오디오에 넣게 되는 것이다.

Line 7 : 만든 오디오 레이어를 재생한다.

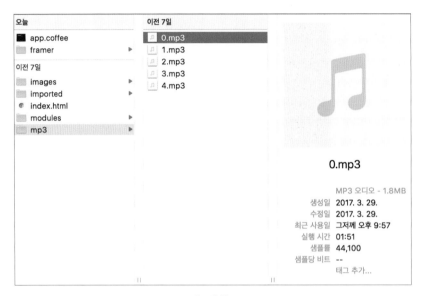

〔그림 4〕

이제 command + R을 눌러 프레이머를 리셋하면 음악이 재생된다. 재생되는 음악을 멈추려면 audio.pause( )를 입력하면 된다. 프레이머의 음성 재생은 HTML5의 오디오 메서드를 사용하기 때문에 stop이 아닌 pause 명령어를 이용해 재생을 중지시켜야 한다. HTML5 오디오 메서드를 좀 더 알아보려면 https ://www.w3schools.com/tags/ref_av_dom. asp에 방문해보기 바란다.

이퀄라이저 애니메이션 만들기

오디오를 사용하기 위한 필수적인 기능은 이전에 모두 배운 셈이지만, 앱을 좀 더 풍성하게 만들기 위해 이퀄라이저 제작을 비롯한 다음 단계를 진행해보자.

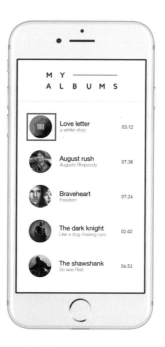

〔그림 5〕

레이어 구조를 보면 dim이라고 돼 있는 레이어와 그 안에 eq라고 돼 있는 5개의 이퀄라이저 사각형이 보일 것이다. 이제 이 5개의 이퀄라이저 막대가 계속 무한 반복으로 움직이는 애니메이션을 만들어보자.

```
9    eq_arr = [ eq1, eq2, eq3, eq4, eq5 ]
```

먼저 아홉 번째 라인에 eq_arr이라는 배열을 만들어 5개의 에퀄라이저 레이어를 모두 넣는다. 그리고 11번째 라인부터 반복문을 만들어 5개의 레이어에 대한 애니메이션 명령어를 기재해보자.

```
11    for i in [0...5]
12        eq_arr[i].originY = 1
13
14        eq_arr[i].animate
15            scaleY : Utils.randomNumber( 0.1,1 )
16            options : time : 0.12
17
```

Line 11 : 다섯 번 반복되는 반복문을 만든다.

Line 12 : 반복문을 통해 eq_arr 배열의 첫 번째 레이어부터 다섯 번째 레이어의 originY 가 1이 된다. originY의 중심점을 1로 만드는 이유는 이퀄라이저의 사이즈가 움직일 때 위에서 아래로 움직이는 것이 아니라 중심점이 최하단에 위치해 아래에서 위로 움직이는 애니메이션을 만들어주기 위해서다. originY의 위치를 바꿔주지 않고 애니메이션을 만들면 중심점이 항상 0인 최상단에 위치하기 때문에 scale 애니메이션을 적용했을 때 위에서 아래로 움직인다.

Line 14~16 : eq_arr 배열의 5개 레이어에 애니메이션을 걸어준다. 애니메이션되는 속성은 scaleY로 위아래의 사이즈만 변화하는데, 입력된 수치가 0.1에서 1 사이의 랜덤한 숫자가 된다.

Love letter
a winter story

August rush
Augusts Rhapsod

〔그림 6〕

이제 프레이머를 리셋하면 [그림 6]과 같이 인디케이터가 랜덤하게 움직인 상태에서 멈춘 것을 볼 수 있다. 이제 이 애니메이션이 계속 반복되도록 만들어보자. 18번째 라인부터 아래와 같이 이벤트를 기재한다.

```
11    for i in [0   5]
12        eq_arr[i].originY = 1
13
14        eq_arr[i].animate
15            scaleY : Utils.randomNumber( 0.1,1 )
16            options : time : 0.12
17
18        eq_arr[i].on Events.AnimationEnd,
19            this.animate
20                scaleY : Utils.randomNumber( 0.1,1 )
21                options : time : 0.12
22
```

Line 18~21 : 이퀄라이저의 애니메이션이 끝날 때마다 이벤트가 실행되며, 실행되는 이벤트는 14번째 라인에서 기재한 애니메이션과 동일하다. 19번째 라인에 레이어 이름 대신 this를 사용한 이유는 18번째 라인에 기재된 이벤트의 주체가 되는 레이어와 동일하다는 의미에서 사용된 것이고, 이벤트 안에서 this를 사용하면 이벤트 주체가 되는 레이어를 그대로 사용하겠다는 의미이기 때문이다. 결과적으로 5개의 이퀄라이저 레이어가 모두 반복되면서 애니메이션되는 것을 볼 수 있다.

〔그림 7〕

오디오 체인지

이제 음악 리스트에서 레이어를 선택할 때마다 선택된 음악으로 변경되는 작업을 할 차례다. 각 레이어 이름은 music_0, music1과 같이 돼 있고, 음원 파일은 mp3 폴더 안에 0.mp3 1.mp3와 같이 돼 있다. 따라서 music_1 레이어를 누를 때 audio 레이어가 1.mp3를 재생하는 형식으로 이벤트를 만들면 될 것이다.

```
23    music_arr = [ music_0, music_1, music_2, music_3, music_4 ]
```

먼저 위와 같이 입력해 music_arr이라는 배열에 5개의 music_레이어를 넣어보자.

```
25    for i in [0...5]
26        music_arr[i].idx = i
27        music_arr[i].onClick ->
28            path = "mp3/" + this.idx + ".mp3"
29            audio.src = path
30            audio.play()
31
32            dim.parent = this
33
```

Line 25 : 다섯 번 반복하는 반복문을 만든다.

Line 26 : 23번째 라인에서 만들어진 music_arr의 5개의 레이어에 idx라는 변수를 만들어 번호를 달아준다. idx라는 것은 프레이머에 있는 특정 명령어가 아니라 사용자가 입력하는 변수이기 때문에 이름을 원하는 대로 붙여줄 수 있다. 이렇게 레이어에 변수를 달아주면 나중에 해당 레이어의 변수를 통해 레이어를 구분해주기도 하고, 레이어 안에 특정 데이터를 담을 수도 있다. music_레이어 5개에 순서대로 i가 입력되기 때문에 music_0의 idx는 0이 입력되고, music_1의 idx는 1이 입력되는 형식이다. 이렇게 idx라는 변수를 레이어마다 달아주는 이유는 28번째 라인에서 설명한다.

Line 27 : music_arr 배열의 5개 레이어에 클릭 이벤트를 만든다. 실행되는 이벤트는 클릭할 때마다 아래와 같은 기능을 수행한다.

Line 28 : 이벤트가 실행될 때마다 path라는 변수를 만들게 되는데, 이 path라는 변수는 가운데에 this.idx가 포함돼 있기 때문에 만약 music_1을 클릭하면 music_1의 idx라는 변수인 1값을 입력받기 때문에 결과적으로 "mp3/1.mp3"라는 문자열이 된다.

Line 29 : 28번째 라인에서 만들어진 path라는 변수를 audio 레이어에 오디오 파일 위치로 집어넣는다. music_1을 눌렀을 때 1.mp3가 재생되고 music_2를 눌렀을 때 2.mp3가 재생된다.

Line 30 : 변경된 audio 레이어를 재생한다.

Line 32 : 이퀄라이저 레이어가 포함된 dim이라는 레이어가 현재 클릭한 레이어에 포함된다. 따라서 레이어를 클릭할 때마다 이퀄라이저들이 클릭한 레이어 위에 나타나게 되는 것이다.

〔그림 8〕 이제 화면상에서 선택한 레이어에 따라 음악이 변경되고, 이퀄라이저도 따라다니는 것을 볼 수 있다.

전체 코드

```
1    psd = Framer.Importer.load("imported/music@1x")
2
3    Utils.globalLayers( psd )
4
5    audio = new Audio
6    audio.src = "mp3/0.mp3"
7    audio.play()
8
9    eq_arr = [ eq1, eq2, eq3, eq4, eq5 ]
10
11   for i in [0   5]
12       eq_arr[i].originY = 1
13
14       eq_arr[i].animate
15           scaleY : Utils.randomNumber( 0.1,1 )
16           options : time : 0.12
17
18       eq_arr[i].on Events.AnimationEnd,
19           this.animate
20               scaleY : Utils.randomNumber( 0.1,1 )
21               options : time : 0.12
22
23   music_arr = [ music_0, music_1, music_2, music_3, music_4 ]
24
25   for i in [0   5]
26       music_arr[i].idx = i
27       music_arr[i].onClick
28           path = "mp3/"   this.idx   ".mp3"
29           audio.src = path
30           audio.play()
31
32           dim.parent = this
33
```

비디오 파일 사용하기

〔그림 1〕

MP3 이후에 살펴볼 미디어는 영상이다. 프레이머가 다른 프로토타입 툴과 대비되는 것은 미디어 플레이어를 자유자재로 사용할 수 있다는 것이다. FramerStudy.com에서 Video -mp4 예제 파일을 다운로드한다.

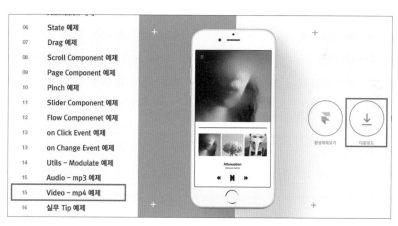

〔그림 2〕

예제 파일 열기

예제 파일을 열어보면 psd 파일에서 임포트된 이미지와 더불어 미리 작성된 코드가 준비돼 있을 것이다. 미리 작성된 코드들은 아래와 같이 포토샵에서 임포트된 레이어 중에서 겹쳐지거나 첫 화면에서 보이지 않아야 할 아이콘들의 visible을 꺼주는 코드다.

```
1   psd = Framer.Importer.load("imported/mp4@1x")
2
3   bg = new BackgroundLayer
4
5   psd.title2.visible = false
6   psd.title3.visible = false
7   psd.icon_play.visible = false
8   psd.video.clip = true
9
10  sliderBar = new SliderComponent
11      x : 35, y : 755, width : 680, height : 4
12      knobSize : 25
13  sliderBar.knob.backgroundColor = "black"
14
```

Line 1 : 포토샵에서 임포트된 레이어들을 psd라는 그룹 이름으로 묶어 임포트하는 코드다.

Line 3 : bg라는 백그라운드 레이어를 만든다. 기본 백그라운드 색상은 흰색으로 돼 있기 때문에 화면 전체적으로 흰색 배경이 만들어진다.

Line 5~8 : 포토샵에서 임포트된 레이어 중에서 첫 화면에서 보이지 않아야 할 레이어들의 visible을 꺼주고, video라는 레이어의 clip을 true로 적용해 서브 레이어들이 레이어 밖 영역으로 삐져나와 보이지 않도록 설정한다. 이렇게 설정하는 이유는 뒤에서 좀 더 자세히 다룬다.

Line 10~13 : 화면 가운데에 슬라이더 바를 만든다. 슬라이더 바는 뒤에 재생될 영상이 플레이될 때 재생 시간에 맞춰 움직이고, 슬라이더를 움직일 때 전체 재생 시간도 움직이는 슬라이더에 맞춰져 이동하는 기능을 넣게 될 것이다.

〔그림 3〕

영상 파일 임포트하기

영상도 이미지와 같이 파일을 드래그해서 프레이머 화면에 놓으면 레이어가 자동으로 생성된다. 단지 다른 점은, 영상은 일반 레이어가 아닌 비디오 레이어가 생성돼 관리한다는 것이다. 예제 폴더의 /images 폴더 안을 보면 3개의 비디오 파일이 보일 것이다. 그중에서 0.mp4 파일을 드래그해 코드 창에 놓아보자. _0이라는 이름으로 비디오 파일이 임포트되는데, 아래와 같이 이름을 movie1로 변경해보자.

```
15    movie1 = new VideoLayer
16        width : 750, height : 700
17        video : "images/0.mp4"
18        parent : psd.video
19
20    movie1.player.play()
```

또한 네 번째 라인에서 parent를 psd.video로 지정해 임포트된 영상 파일을 레이어 안에 넣어보자. 여섯 번째 라인에 추가된 **player.play( )**라는 코드는 movie1 영상 파일을 자동으로 플레이해준다.

영상 파일 루핑 활성화하기

임포트된 movie1은 총 30초 분량의 영상 파일이다. 재생된 후 30초가 지나면 영상이 멈춰버리는 것을 볼 수 있다. 영상에 루프를 활성화해 영상이 끝난 다음에 무한 반복되도록 설정한다. 아래와 같이 21번째 라인에 루프 명령어를 추가해보자.

```
20    movie1.player.play()
21    movie1.player.loop = true
```

20번째 라인의 play 명령어, 21번째 loop 명령어 둘 다 **player**를 명령어 사이에 기재해줬다. 이는 프레이머의 무비 레이어에서 영상 재생 관련 기능은 player라는 기능으로 HTML5 기반의 영상 기능을 사용하도록 만들었기 때문이다.

https://www.w3schools.com/tags/ref_av_dom.asp에 방문하면 HTML 기반의 영상을 플레이할 때 사용할 수 있는 기능들을 볼 수 있다. 해당 페이지의 코드를 사용하는 방법은 loop처럼 player를 기재한 후에 실행하려는 명령어를 기재하면 된다. 이제 30초가 지나도 영상이 멈추지 않고 처음부터 다시 재생되는 것을 확인할 수 있다.

슬라이더와 영상 재생 시간 연결하기

이제 영상이 제대로 재생되고 있으니 이번에는 슬라이더에 영상 시간을 연결해보자. 원리는 영상의 재생 시간을 슬라이더의 value 값으로 연결해 재생 시간이 변할 때마다 슬라이더의 value 값을 업데이트해 표현하는 것이다. HTML 영상 메서드 페이지에서 timeupdate라는 기능을 찾아볼 수 있다. 이 **timeupdate**를 이벤트에 연결하면 바로 영상의 시간이 변할 때마다 이벤트가 발생하는 것이다. 아래와 같이 기재해보자.

```
23    Events.wrap(movie1.player).on "timeupdate", ->
24        t = movie1.player.currentTime
25        d = movie1.player.duration
26        sliderBar.value = t / d
```

Line 23 : Events.wrap를 이용해 movie1 플레이어에서 "timeupdate"가 발생하는 시점마다 이벤트를 실행한다. 다시 말해 movie1의 재생 시간이 바뀔 때마다 이벤트가 일어나기 때문에 재생되고 있다면 계속 이벤트가 실행되는 것이다.

Line 24 : t라는 변수를 만들어 movie1의 현재 시간(current time)을 저장한다.

Line 25 : d라는 변수를 만들어 movie1의 전체 시간(duration)을 저장한다.

Line 26 : 슬라이더의 value 값을 현재 시간 나누기 전체 시간으로 한다. 따라서 현재 시간이 만약 10초이고 전체 시간이 100초라면, 출력되는 값은 0.1이기 때문에 슬라이더가 10분의 1만큼 이동할 것이다.

이벤트 명령어에 의해 재생되는 동안 계속 현재 시간이 업데이트되기 때문에 슬라이더가 이동하는 것을 볼 수 있다.

〔그림 4〕

슬라이더 드래그 이벤트 만들기

슬라이더가 영상 재생 바로서의 기능을 완전히 수행하려면 사용자가 슬라이더를 드래드해 재생되고 있는 영상을 제어해야 할 것이다. 이제 슬라이더가 드래그될 때마다 movie1의 재생 시간을 컨트롤할 수 있는 기능을 넣어보자.

```
28    sliderBar.knob.on Events.TouchStart, ->
29        movie1.player.pause()
30
31    sliderBar.knob.on Events.TouchEnd, ->
32        movie1.player.play()
33
34    sliderBar.on Events.SliderValueChange, ->
35        if sliderBar.knob.draggable.isDragging
36            ct = sliderBar.value * movie1.player.duration
37            movie1.player.currentTime = ct
38            movie1.player.play()
39
```

Line 28~32 : 슬라이더 바의 드래그 기능을 넣기에 앞서 사용자가 슬라이더 바를 수정하는 동안에는 동영상 재생이 멈추게 만들어야 한다. 만약, 사용자가 터치하는 동안 영상이 계속 재생된다면 슬라이더도 계속 움직이기 때문에 사용자의 터치를 방해한다. 따라서 슬라이더의 버튼인 놉의 터치가 시작됐을 때 movie1의 재생이 멈추도록 하고, 터치가 끝나면 movie1의 재생이 다시 플레이되도록 만든다.

Line 34~38 : 본격적인 슬라이더의 이벤트다. 슬라이더의 value 값이 변경될 때 이벤트가 실행되도록 sliderValueChange 이벤트를 만들어보자. 해당 이벤트는 슬라이더의 value 값이 변경될 때 무조건 실행되기 때문에 35번째 라인에 조건문을 사용해 슬라이더의 놉이 드래깅될 때만 실행되도록 만들어줘야 한다. 그렇지 않으면 26번째 라인에 기재된 슬라이더의 밸류 입력 이벤트와 충돌해 닭이 먼저인지, 달걀이 먼저인지와 같은 문제처럼 서로 방해를 하게 되기 때문이다(value가 변할 때 영상이 바뀐다 ↔ 영상 시간이 바뀔 때 value가 바뀐다).

35번째 라인에 조건문으로 슬라이더가 드래깅될 때만 실행될 명령어들을 36번째 라인부터 기재된다. ct라는 변수를 만들어 슬라이더 value와 movie1의 전체 시간을 곱한다. 현재 드래그돼 움직인 슬라이더 value 값이 0.1이고, 전체 영상이 100이라면 결과값은 10이 나오기 때문에 37번째 입력되는 영상 시간은 10초가 되는 것이다. 38번째 라인에는 movie1을 다시 재생한다.

이제 화면에서 슬라이더를 드래그하면 영상이 슬라이더 위치에 따라 바뀌는 것을 볼 수 있다.

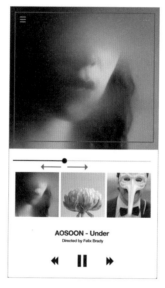

〔그림 5〕

Play Pause 버튼 연결하기

이제 플레이 버튼과 정지 버튼을 연결해 영상의 재생과 멈춤이 가능하도록 만들어보자.

```
40    psd.icon_pause.onClick ->
41        movie1.player.pause()
42        psd.icon_play.visible = true
43        psd.icon_pause.visible = false
44    psd.icon_play.onClick ->
45        movie1.player.play()
46        psd.icon_play.visible = false
47        psd.icon_pause.visible = true
48
```

위와 같이 기재해 icon_pause를 누를 때는 icon_play가 보이게 만들면서 movie1이 멈추게 만들고, icon_play를 누를 때는 icon_pause가 보이면서 movie1이 재생되게 만들자. 이제 화면상에 재생, 멈춤 버튼이 작동되는 것을 볼 수 있다.

〔그림 6〕

무비 레이어 마스크

프레이머는 자유롭게 마스크 형태를 바꿀 순 없지만, 레이어 형태를 원형과 사각형 사이의 형태로 변경해 마스크 형태로서 사용할 수 있다. 무비 레이어도 레이어 형태에 영향을 받기 때문에 원형의 레이어 형태로 만들어 원형 마스크를 적용할 수 있다. 코드를 아래와 같이 기재해보자.

```
49    psd.video.states.circle =
50        x : 75, y : 100, width : 600, height : 600
51        borderRadius : 375
52
53    psd.video.onClick ->
54        psd.video.stateCycle()
```

Line 49~51 : 비디오 레이어에 circle이라는 스테이트를 추가한다. 이 스테이트는 비디오 레이어 형태를 600픽셀 사이즈의 원형으로 만든다.

Line 53~54 : 비디오 레이어를 클릭할 때 레이어 스테이트가 사이클되도록 만든다. 현재 비디오 레이어는 사각형의 형태인 Default와 49번째 라인에서 추가한 circle이라는 스테이트 두 가지가 있으므로 이벤트가 실행될 때마다 Default와 circle을 순환한다.

이제 화면상에 재생되고 있는 비디오 레이어를 클릭하면 원형과 사각형 형태를 번갈아가면서 변형되는 것을 볼 수 있다(프레이머 v88 이하에서는 원형 레이어로 변경될 때 살짝 깨져 보이는 현상이 나타날 수도 있다. v89 이상에서는 정상적으로 자연스럽게 변형된다.)

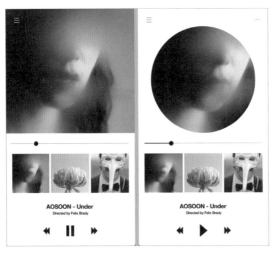

〔그림 7〕

프레이머의 기본적인 영상 재생에 대해서는 모두 다뤘지만, 실력 향상을 위해 좀 더 난이도 높은 단계를 진행해보자. 이전까지는 하나의 영상을 재생하고 슬라이더와 연결하는 작업을 진행했다. 하지만 이 영상이 여러 개라면 어떻게 만들어야 할까? 아래 예제부터는 비디오 예제의 두 번째 예제 파일을 참고하면 된다. 위의 예제 시작 부분처럼 처음 예제를 불러들인 상태로 되돌아가보자. 아래와 같은 코드가 기본적으로 기재돼 있는 상태다.

```
1    psd = Framer.Importer.load("imported/mp4@1x")
2
3    bg = new BackgroundLayer
4
5    psd.title2.visible = false
6    psd.title3.visible = false
7    psd.icon_play.visible = false
8    psd.video.clip = true
9
10   sliderBar = new SliderComponent
11       x : 35, y : 755, width : 680, height : 4
12       knobSize : 25
13   sliderBar.knob.backgroundColor = "black"
14
```

다중 영상 임포트

먼저 2번 과정에서 임포트한 영상은 하나의 영상을 불러왔지만, 예제 파일의 폴더를 보면 0.mp3, 1.mp3, 2.mp3 파일이 있는 것을 볼 수 있다. 아래와 같이 반복문을 사용해 3개의 비디오 파일을 모두 불러와보자.

```
15    movie_arr = []
16    for i in [0...3]
17        movie = new VideoLayer
18            width : 750, height : 700
19            video : "images/" + i + ".mp4"
20            parent : psd.video
21            visible : false
22        movie_arr.push(movie)
23        movie.player.loop = true
```

Line 15 : movie_arr이라는 배열을 만든다. 배열을 만드는 이유는 반복문을 통해 불러오는 영상 레이어의 이름이 모두 동일하게 movie라는 이름으로 저장되기 때문에 배열에 넣어 movie_arr[0]처럼 0번째 배열로 접근해 제어하기 위해서다. 반복문은 0번째부터 시작한다.

Line 16~21 : 반복문을 세 번 반복해 movie라는 영상 레이어를 세 번 만든다. 사이즈와 위치 및 부모 레이어는 이전 과정과 동일하고, video 경로 설정에서 반복문에서 사용된 I 값을 이름에 적용해 images 폴더의 0.mp4, 1.mp4, 2.mp4를 로딩할 수 있도록 만든다.

Line 22 : 만들어진 movie 레이어를 movie_arr에 순서대로 넣는다. 따라서 0.mp4는 movie_arr[0]으로 0번째 배열, 1.mp4는 movie_arr[1], 2.mp4는 movie_arr[2]로 접근할 수 있다.

Line 23 : 만들어진 movie 레이어를 재생 반복이 가능하도록 loop를 적용한다.

현재 영상 설정하고 재생하기

반복문을 통해 3개의 영상을 모두 임포트했지만, 재생 명령어를 적용하지 않았기 때문에 화면상에서 아직 아무런 영상도 재생되지 않는다. 아래와 같이 첫 번째 영상을 currentMovie로 설정해 시각화를 활성화하고, 영상을 재생해보자.

```
25    currentMovie = movie_arr[0]
26    currentMovie.visible = true
27    currentMovie.player.play()
28
```

Line 25 : currentMovie라는 변수를 만들어 movie_arr의 0번째 배열인 영상 레이어를 넣어보자.

Line 26~27 : 위에서 정의한 currentMovie 레이어의 시각화를 활성화하고 재생한다. 이제 화면을 보면 첫 번째 영상인 movie_arr[0]이 화면상에 재생되고 있는 것을 볼 수 있다.

함수 만들어 슬라이더 이벤트 실행하기

기존에 만들었던 슬라이더 이벤트를 이번에는 함수로 만들어 뒤에서도 반복적으로 사용할 수 있도록 해보자.

```
29    functionTime = ->
30        Events.wrap(currentMovie.player).on "timeupdate",
31            t = currentMovie.player.currentTime
32            d = currentMovie.player.duration
33            sliderBar.value = t / d
34
35    functionTime()
```

Line 29 : functionTime이라는 함수를 만들어 기존에 슬라이더 시간 이벤트로 만든 코드를 묶어보자.

Line 30~33 : 기존에 작성한 코드와 동일하게 동영상의 재생 시간이 바뀔 때마다 슬라이더의 위치가 바뀌는 이벤트다. 다른 점이 있다면 기존에는 movie1이라는 이름으로 하나의 영상 레이어를 명시했다면, 이번에는 27번째 라인에 정한 currentMovie라는 변수로 지정된, 현재 재생되고 있는 영상 레이어라는 것이다.

Line 35 : funtionTime 함수를 실행한다.

영상 교체 버튼 만들기

이제 화면 중단의 섬네일을 누르면 현재 재생되는 영상을 교체하는 이벤트를 만들어보자. 이번에도 역시 반복문을 이용해 3개의 섬네일에 명령어가 입력되도록 할 것이고, 첫 번째 섬네일에서는 첫 번째 영상, 두 번째 섬네일에서는 두 번째 영상이 재생되도록 만들면 된다.

```
37    img_arr = [ psd.img1, psd.img2, psd.img3 ]
38
39    for i in [ 0...3 ]
40        img_arr[i].idx = i
41        img_arr[i].onClick ->
42            currentMovie.player.pause()
43            currentMovie = movie_arr[this.idx]
44            currentMovie.bringToFront()
45            currentMovie.player.play()
46            currentMovie.visible = true
47            functionTime()
48
```

Line 37 : img_arr이라는 배열을 만들어 3개의 섬네일을 배열로 지정한다.

Line 39 : 세 번 반복되는 반복문을 만든다.

Line 40 : img_arr 배열에 idx라는 변수를 하나씩 대입한다. i가 0일 때는 Img_arr[0]인 psd.img1에 idx가 0, i가 1일 때는 Img_arr[1]인 psd.img2에 idx가 1, i가 2일 때는 Img_arr[2]인 psd.img3에 idx가 2로 입력된다. 한마디로 3개의 레이어에 번호를 매긴 것이다. 이렇게 번호를 매기는 이유는 첫 번째 섬네일을 눌렀을 때 첫 번째 영상을 재생하고, 두 번째 섬네일은 두 번째 영상을 짝지어 재생하기 위해서다.

Line 41 : img_arr 배열의 섬네일들에 클릭 이벤트를 만든다.

Line 42 : 이제 섬네일을 눌렀을 때 발생하는 명령어가 나열된다. 첫 번째는 현재 재생되고 있는 영상을 멈추는 것이다. 버튼을 눌렀다고 해서 바로 영상을 교체해버리면 이전 영상이 플레이되는 상태에서 다음 영상의 재생이 중복돼버리기 때문에 버튼을 누른 시점에서 현재 영상을 pause한다.

Line 43 : `currentMovie` 변수를 선택된 섬네일의 영상으로 교체한다. 원리는 40번째 라인의 섬네일에 idx를 입력해 첫 번째 섬네일은 0, 두 번째 섬네일은 1, 세 번째 섬네일은 2인 idx가 입력된다. 따라서 첫 번째 섬네일을 눌렀을 때 idx는 0이 되고, movie_arr[0]의 결과값이 나오기 때문에 결과적으로 currentMovie에 movie_arr[0]이 들어가는 것이다(this는 이벤트에 의해 선택된 레이어가 this가 된다).

Line 44 : 43번째 라인에서 교체된 currentMovie를 가장 앞에 보이게 한다. 현재 영상 파일들은 3개가 겹쳐 있는 상태이기 때문에 가장 위에 있는 영상 레이어만 보이는데, `bringToFront` 명령어에 의해 가장 앞으로 업데이트되는 것이다.

Line 45 : 업데이트된 현재 영상을 재생시킨다.

Line 46 : 처음 시작할 때 두 번째 영상과 세 번째 영상은 visible이 false로 입력돼 보이지 않는데, 여기에서 visible을 true로 만들어 보이지 않던 레이어를 보이게 만든다.

Line 47 : `funtionTime` 함수를 다시 한 번 실행한다. currentMovie가 변경됐기 때문에 `funtionTime` 함수 안에 있는 currentMovie도 업데이트해야 한다. 이를 위해서는 함수를 다시 한 번 실행하면 된다.

이제 화면에 섬네일을 터치할 때마다 영상이 변경되고 슬라이더도 영상 전체 시간에 따라 움직이는 것을 볼 수 있다. 이제 마지막으로 슬라이더 드래그 이벤트를 3개의 영상에 적용해보자.

슬라이더 이벤트 다중 영상 레이어에 적용하기

이전 단계에서 섬네일을 누를 때마다 currentMovie 변수가 변경되도록 설정했기 때문에 아래와 같이 기존 예제1에서 movie1로 기재돼 있던 부분을 currentMovie로 교체하면 된다. 아래와 같이 코드를 기재한 후에 슬라이더를 움직여 보면 3개의 영상 모두 드래깅에 따라 플레이 타임이 변하는 것을 볼 수 있다.

```
49    sliderBar.knob.on Events.TouchStart,
50        currentMovie.player.pause()
51
52    sliderBar.knob.on Events.TouchEnd,
53        currentMovie.player.play()
54
55    sliderBar.on Events.SliderValueChange,
56        if sliderBar.knob.draggable.isDragging
57            ct = sliderBar.value * currentMovie.player.duration
58            currentMovie.player.currentTime = ct
59            currentMovie.player.play()
60
61    psd.icon_pause.onClick
62        currentMovie.player.pause()
63        psd.icon_play.visible = true
64        psd.icon_pause.visible = false
65    psd.icon_play.onClick
66        currentMovie.player.play()
67        psd.icon_play.visible = false
68        psd.icon_pause.visible = true
69
```

```
70    psd.video.states.circle =
71        x : 75, y : 100, width : 600, height : 600
72        borderRadius : 375
73
74    psd.video.onClick
75        psd.video.stateCycle()
```

〔그림 8〕

부록
실무 팁

실무 팁 1. 임포트 레이어 이름 축약하기

프레이머에서 포토샵 파일이나 스케치 파일을 임포트했을 때 해당 파일의 그룹명이 기재되면서 임포트되는 것을 보았을 것이다. 이렇게 임포트된 파일의 레이어를 사용하려면, 반드시 그룹명을 붙여 소속을 레이어 이름 앞에 기재해야 한다. 하지만 이렇게 일일이 레이어 이름 앞에 그룹명을 붙이는 것은 여간 피곤한 일이 아니다.

`Utils.globalLayers` 명령어를 이용하면 그룹명을 기재하는 것을 생략할 수 있다. 아래와 같이 psd라는 그룹명으로 임포트된 포토샵 파일의 레이어를 사용할 때는 반드시 레이어 이름 앞에 psd를 붙여야 하는데, 세 번째 줄에 `Utils.globalLayers`를 기재했기 때문에 레이어 이름만 기재해도 된다. 사용 방법은 `Utils.globalLayers("psd 그룹 이름")` 괄호 안에 임포트된 그룹 이름을 기재하면 된다.

```
1    psd = Framer.Importer.load("imported/psd파일이름")
2
3    Utils.globalLayers( psd )
4
```

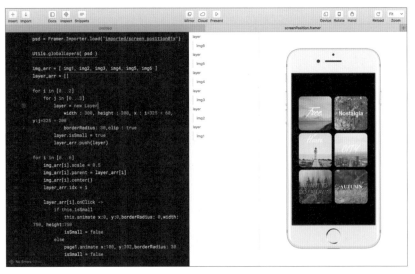

〔**그림 1**〕 세 번째 줄에 글로벌 레이어 기능을 사용했기 때문에 다섯 번째 줄에서 psd.img1이라는 레이어 이름에 접근한 것이 아니라 psd를 생략한 img1만 기재해 레이어 이름을 사용했다.

실무 팁 2. 절대 좌표

프레이머에서 그룹이나 레이어 안에 들어 있는 레이어의 좌표는 부모 레이어에 영향을 받는 상대 좌표로 표현되고 입력되기 때문에 때때로 사용이 불편하다. 프레이머는 이러한 문제를 해결하기 위해 화면상에서 보이는 절대 좌푯값을 입력할 수 있는데, 예제를 통해 입력 방법을 알아보자.

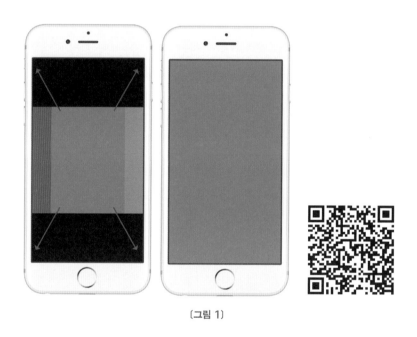

〔그림 1〕

이번 예제에서는 좌우로 스크롤되는 컴포넌트 안에 반복문을 통해 여러 개의 레이어를 만들 것이고, 레이어를 클릭했을 때 전체 화면 사이즈만큼 커졌다가 다시 레이어를 누르면 원래 사이즈로 되돌아오는 과정을 만들 것이다.

스크롤 및 레이어 만들기

첫 번째 단계로 먼저 본격적인 이벤트를 만들기 전에 준비 과정인 스크롤 컴포넌트와 레이어들을 만들어보자. 아래와 같이 기재한다.

```
1    scroll1 = new ScrollComponent
2        width : Screen.width, height : Screen.height
3        scrollVertical : false
4
5
6
7    for i in [0...10]
8        layer = new Layer
9            width : 300, height : 500
10           x : 300 * i, parent : scroll1.content
11           image : Utils.randomImage()
12       layer.centerY()
13
```

Line 1~3 : scroll1이라는 스크롤 컴포넌트를 만들고, 좌우 스크롤만 가능해지도록 만든다. 가로세로 사이즈는 화면 사이즈와 동일하게 만든다.

Line 7~11 : 반복문을 만들어 layer라는 레이어를 10개 만든다. 사이즈는 가로 300, 세로 500으로 만들고, 위치는 반복문의 i를 x 좌표에 300씩 곱해 레이어가 좌우로 연달아 생성되도록 한다. 부모 레이어를 scroll1로 만들어 포함되게 하며, 이미지는 랜덤 이미지를 이용해 레이어마다 다른 이미지가 그려지도록 한다.

Line 12 : 만들어진 레이어의 상하 좌표를 중앙으로 만든다.

〔**그림 2**〕 이제 화면을 슬라이더해보면 좌우로 움직이는 것을 볼 수 있다.

레이어에 변수 추가하기

레이어를 눌렀을 때 일어나는 이벤트를 만들기에 앞서 레이어의 위치 정보를 저장할 변수가 필요하다. 이 변수는 레이어를 클릭해 레이어가 커진 후에 다시 원래 크기와 위치로 돌아올 때 사용할 변수다. 아래와 같이 14번째 라인과 15번째 라인에 xPos라는 변수와 isSmall이라는 변수를 추가해보자.

```
1    scroll1 = new ScrollComponent
2        width : Screen.width, height : Screen.height
3        scrollVertical : false
4
5
6
7    for i in [0...10]
```

```
8       layer = new Layer
9           width : 300, height : 500
10          x : 300 * i, parent :  scroll1.content
11          backgroundColor : Utils.randomImage()
12      layer.centerY()
13
14      layer.xPos = layer.x
15      layer.isSmall = true
```

추가하는 변수에는 레이어 x 좌표를 입력한다. 변수 앞에 layer.라고 붙여줬기 때문에 10
개의 레이어가 만들어질 때 각 변숫값이 레이어에 따로 들어간다. 다시 말해, 첫 번째 레
이어는 xPos가 0이 되고, 두 번째 레이어는 xPos가 300이 되는 식으로 각자 자신의 위치
값이 들어가는 것이다.

이벤트 만들기

레이어를 클릭했을 때 발생하는 이벤트를 17번째 줄부터 바로 기재하도록 한다. 반복문
안에 그대로 기재하는 것이기 때문에 인덴트를 15번째 줄과 맞춰주는 것을 잊지 않도록
한다.

```
17      layer.onClick ->
18          if this.isSmall
19              this.isSmall = false
20              scroll1.scrollHorizontal = false
21              this.bringToFront()
22              this.animate
23                  x : this.x - this.screenFrame.x
24                  y : this.y - this.screenFrame.y
25                  width : Screen.width
26                  height : Screen.height
27                  options :
28                      curve : "spring"
```

```
29          else
30              this.isSmall = true
31              scroll1.scrollHorizontal = true
32              this.animate
33                  x : this.xPos
34                  y : 83
35                  width : 300
36                  height : 500
37                  options :
38                      curve : "spring"
39
```

Line 17 : 생성되는 10개의 layer에 이벤트가 추가된다.

Line 18 : 조건문을 통해 현재 선택한 레이어가 작은 상태의 레이어인지 확인한다. 작은 상태이면 isSmall 자체가 true이기 때문에 특별히 뒤에 =을 붙여 조건을 확인할 필요 없이 참으로 인정하게 돼 19번째 라인부터 28번째 라인까지 실행된다.

Line 19 : 선택한 레이어가 이제 화면 전체 사이즈로 커질 것이기 때문에 isSmall 변수를 false로 만든다. isSmall 변수가 false가 된 레이어를 선택하면 조건문에 따라 29번째 else 부분이 실행된다.

Line 20 : 선택된 레이어가 화면 가득 채워질 것이기 때문에 전체 스크롤의 좌우는 비활성화 상태가 돼야 한다. 따라서 scroll1의 좌우 스크롤을 false로 설정한다.

Line 21 : 선택된 레이어가 가장 상위 레이어로 이동한다. 레이어 순서를 바꿔주지 않으면 레이어가 커진 후에 다른 레이어가 겹쳐 보일 것이다.

Line 22~28 : 이 예제를 연습하게 된 핵심 코드가 바로 이 부분이다. 선택한 레이어가 커지도록 애니메이션이 들어가야 하는데, 모든 레이어가 좌표 0으로 이동하도록 만들어야 한다. 문제는 레이어마다 각자의 좌표가 다르기 때문에 손쉽게 좌표를 0으로 만들어줄 수가 없다는 것이다. 여기서 사용되는 것이 ScreenFrame인데, 절대 좌표라고 알아두면 된다. 그런데 애니메이트의 좌표 입력 부분에서 ScreenFrame 좌표를 입력해 애니메이션을 줄 수 없다. 좌표는 항상 x 좌표나 y 좌표로만 입력해야 하기 때문에 23번째 라인처럼 x 좌표라고 입력하고, 레이어의 x 좌표에서 레이어의 현재 절대 좌표 값을 빼서 계산하는 방식으로 접근해야 한다. 선택한 레이어의 현재 절대 x 좌표가 100이라고 가정하면, 레이어의 x 좌표는 부모인 스크롤 컴포넌트에 영향을 받기 때문에 100이 아니라 다른 좌표가 된다. 하지만 현재 x 값에 절대 x 좌표를 빼주면, 스크롤 컴포넌트 안에서 절대 좌표 0과 동일한 값이 나오는 것이다. 만약, 애니메이트가 아니라 그냥 x 좌표를 입력하는 경우라면 바로 `layer.ScreenFrame = x : 0`이라고 기재하면 될 것이다. 하지만 절대 좌표로 이동하는 애니메이트를 사용하려면 위와 같이 x 좌표를 역으로 계산해 0이 되는 상대적인 좌푯값을 만드는 수밖에 없을 것이다.

Line 29~38 : isSmall이 false인 레이어가 커진 상태에서는 이 else 범위의 명령어가 실행된다. 30번째 라인에서는 isSmall변수를 다시 true로 되돌려놓아 작은 레이어가 된다는 것을 판별하게 만들고, 31번째 라인은 scroll1이 다시 좌우로 스크롤되도록 만든다. 32 번째 라인부터 다시 원래 사이즈와 위치로 되돌아가도록 애니메이션을 만들어주는데, x 좌표는 12번째 라인에서 기재한 xPos 변수를 불러와 레이어에 적용한다. 첫 번째 레이어는 0이라고 저장된 변수를 불러오고, 두 번째 레이어는 300을 불러오는 식으로 각자 다르게 저장된 xPos 변수를 다시 불러오는 것이다. 나머지 y 좌표와 사이즈는 최초에 입력된 원본 사이즈를 그대로 기재하면 된다.

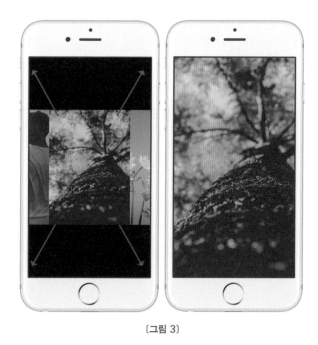

〔그림 3〕

이제 레이어를 클릭해보면 화면 전체 사이즈로 커졌다가 다시 누르면 원래 사이즈로 되돌아오는 것을 확인할 수 있다.

전체 코드

```
scroll1 = new ScrollComponent
    width : Screen.width, height : Screen.height
    scrollVertical : false


for i in [0...10]
    layer = new Layer
        width : 300, height : 500
        x : 300 * i, parent : scroll1.content
```

```
11          backgroundColor : Utils.randomImage()
12      layer.centerY()
13
14      layer.xPos = layer.x
15      layer.isSmall = true
16
17      layer.onClick ->
18          if this.isSmall
19              this.isSmall = false
20              scroll1.scrollHorizontal = false
21              this.bringToFront()
22              this.animate
23                  x : this.x - this.screenFrame.x
24                  y : this.y - this.screenFrame.y
25                  width : Screen.width
26                  height : Screen.height
27                  options :
28                      curve : "spring"
29          else
30              this.isSmall = true
31              scroll1.scrollHorizontal = true
32              this.animate
33                  x : this.xPos
34                  y : 83
35                  width : 300
36                  height : 500
37                  options :
38                      curve : "spring"
39
```

실무 팁 3. 반복문을 이용해 바둑판식 배열하기

반복문을 사용해 레이어를 만들 때 각 레이어 사이를 정의해주기 위해 반복문의 증가 변수를 레이어 좌표에 대입해 배지하곤 한다. 좌우로 길게 배치하려면 x 값에 증가 변수를 곱해 배치하고, 상하로 배치하려면 y 값에 증가 변수를 곱해 배치하는 방식인 것이다. 그런데 반복문을 이용해 좌우 바둑판 식으로 배치하려면 어떻게 해야 할까? 이번에는 반복문을 이용해 바둑판 식으로 레이어 배치하는 방법을 알아보자.

일반적인 반복문 레이어 배치

보통 반복문으로 레이어를 배치하는 방법은 아래와 같다.

```
1   scroll1 = new ScrollComponent
2       width : Screen.width, height : Screen.height
3       scrollHorizontal : false
4
5   for i in [0...10]
6       layer = new Layer
7           x : 125, y : i*550 + 50
8           width : 500, height : 700, parent :  scroll1.content
9           image : Utils.randomImage()
```

일곱 번째 라인을 보면 y 값에 반복문의 I 값을 곱했기 때문에 0에서부터 10까지의 숫자가 순서대로 대입된다. 따라서 첫 번째 레이어는 i에 0 값이 대입돼 y 좌표가 50(0+50이기 때문에)이고, 두 번째 레이어는 I 값이 1이기 때문에 600(550+50이기 때문에)이 나온다.

〔그림 1〕

바둑판식 배열하기

이제 위의 예제를 토대로 두 줄짜리 바둑판식 배열을 만들어보자. 한 방향으로만 증가하던 1차원적으로 반복되는 명령어를 가로, 세로 2차원적으로 바꾸려면 어떻게 해야 할까? 정답은 바로 반복문 안에 반복문을 사용하는 것이다.

```
1   scroll1 = new ScrollComponent
2       width : Screen.width, height : Screen.height
3       scrollHorizontal : false
4
5   for i in [0...2]
6       for j in [0...10]
7           layer = new Layer
8               x : i*350 + 50, y : j*350 + 50
9               width : 300, height : 300, parent : scroll1.content
10              image : Utils.randomImage()
```

516

여섯 번째 라인을 보면 j라는 변수를 넣은 반복문을 하나 더 기재했다. 따라서 i라는 반복문 안에 j라는 반복문을 사용하게 돼 가로는 i 값의 좌표를 갖고, 세로는 j값을 갖는 반복문을 만들게 되는 것이다. i가 0일 때 x 좌표 50에서(0+50) 먼저 j가 0에서부터 10까지 증가하면서 y 좌표로 정렬된 10개의 레이어를 만들고, 그 다음은 i가 1일 때 x 좌표로 400(350+50)으로 다시 j가 0에서 10까지 10개의 레이어가 생긴다. 결과적으로 좌우로 2개, 상하로 10개의 총 20개의 레이어가 만들어진다.

〔그림 2〕 반복문의 변수에 따른 레이어 배치

가로 숫자를 바꾸고 사이즈를 줄이면, 더 촘촘한 바둑판식 배열이 가능해진다.

```
1   scroll1 = new ScrollComponent
2       width : Screen.width, height : Screen.height
3       scrollHorizontal : false
4
5   for i in [0...4]
6       for j in [0...10]
7           layer = new Layer
```

```
8              x : i*165 + 50, y : j*310 + 50
9              width : 160, height : 300, parent :  scroll1.content
10             image : Utils.randomImage()
```

〔그림 3〕 가로를 4개 배열로 바꾼 레이아웃

바둑판식 페이지 컴포넌트 만들기

위에서 배운 바둑판식 배열을 페이지 컴포넌트에 적용해 상하좌우로 스크롤되도록 만들
수도 있다.

```
1  page1 = new PageComponent
2      width : Screen.width, height : Screen.height
3
4  for i in [0...5]
5      for j in [0...5]
6          layer = new Layer
7              x : i* Screen.width, y : j* Screen.height
```

```
 8                width : Screen.width, height : Screen.height
 9                parent :  page1.content
10                image : Utils.randomImage()
11         layer.html = i + "-" + j
12         layer.style =
13                "font-size" : "100px"
14                "text-align" : "center"
15                "padding-top" : "650px"
16
```

〔그림 4〕 화면 가운데 좌우상하 페이지 번호가 표시되는 페이지 컴포넌트가 만들어진다.

3차원 배열 만들기

이제 마지막으로 반복문을 세 번 만들어 3차원 배치에 사용해보자. K 반복문을 하나 더 만들어 깊이감을 표현하는 Z축 좌표에 적용하면 된다. 이때 주의할 점은 전체 레이어인 layer1에 스크롤 레이어를 적용하면 3d가 적용되지 않기 때문에 일반 레이어로 제작해야 한다는 것이다.

```
1    layer1 = new Layer
2        width : Screen.width, height : Screen.height
3        backgroundColor : null
4    layer1.draggable.enabled = true
5
6    for i in [0...3]
7        for j in [0...3]
8            for k in [0...3]
9                layer = new Layer
10                   x : i * 200+100, y : j *200+400, z : k *250+50
11                   brightness : k * 50
12                   rotationX : 0, rotationY : 0, rotationZ : 0
13                   width : 150, height : 150, parent : layer1
14                   borderRadius : 30
15                   shadowX : 20, shadowY : 20
16                   shadowBlur : 20
17                   shadowColor : "rgba( 0, 0, 0, 0.5 )"
18                   image : Utils.randomImage()
19
```

[그림 5] 총 3 X 3 X 3 = 27개의 레이어가 만들어진 것을 볼 수 있고,
화면을 드래그해보면 좌우상하로 퍼스펙티브가 이동하는 것을 볼 수 있다.

실무 팁 4. 충돌 테스트

2개의 레이어가 서로 부딪히거나 맞닿게 됐을 때 특정 명령어가 실행되도록 만들어야 하는 경우가 있다. 아이콘을 드래그하나가 특정 영역에 닿있을 때 없어지게 하거나, 2개의 이미지가 겹쳐졌을 때 하나를 없어지게 하거나, 이러한 2개의 영역이 겹쳐질 때 발생하는 이벤트를 사용해야 하는 경우가 있다. 게임 분야나 플래시에서는 이러한 기능을 HitTest, 즉 충돌 테스트라고 부른다. 문제는 아직까지 HitTest에 대한 이벤트가 없기 때문에 함수를 따로 만들어줘야 한다는 것이다. 이번 예제에서는 HitTest 함수를 만들어 사용하는 방법에 대해 알아보자.

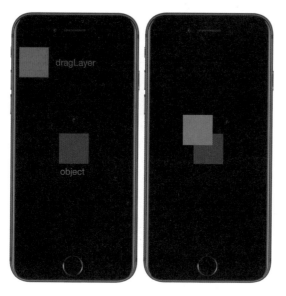

[그림 1]

이번 예제에서는 dragLayer라는 드래그가 가능한 레이어가 화면 가운데 있는 object라는 레이어에 닿았을 경우에 녹색으로 변하는 이벤트를 만들 것이다.

드래그 레이어 만들기

본격적으로 충돌 테스트를 만들기에 앞서 2개의 레이를 만들자.

dragLayer라는 붉은색 레이어를 만들고, 세 번째 라인에 드래그를 활성화한다. 그리고 onject라는 레이어를 만들어 여섯 번째 라인에 object 레이어를 화면 중앙에 위치하도록 해보자.

```
1    dragLayer = new Layer
2        backgroundColor : "red"
3    dragLayer.draggable.enabled = true
4
5    object = new Layer
6    object.center()
```

〔그림 2〕 화면 좌측 위에 붉은색 레이어, 중앙에 회색 레이어가 만들어진다.

충돌 테스트 함수 만들기

이제 충돌 테스트를 함수로 만들어보자. 이번에 만들 함수는 매개변수를 이용해 어떤 상황에서든 사용할 수 있도록 만든 것이기 때문에 충돌 테스트 부분만 복사해 다른 프레이머 파일에서도 사용할 수 있도록 돼 있다. 매개변수에 대한 자세한 내용은 2장의 매개변수 내용을 참고하기 바란다.

여덟 번째 라인부터 아래와 같이 작성해보자. 이때 주의할 점은 아홉 번째 라인은 길게 한 줄로 돼 있고, 10번째 라인은 아홉 번째 라인보다 인덴트가 하나 들어가 있는 상태라는 것이다.

```
8    hitTest = ( layer1, layer2 ) ->
9        if ( layer1.minX <= layer2.maxX ) and ( layer1.minY <=
     layer2.maxY ) and ( layer1.maxX >= layer2.minX ) and ( layer1.maxY
     >= layer2.minY )
10           return true
11       else
12           return false
```

Line 8 : hitTest라는 함수를 만든다. 이때 layer1과 layer2를 매개변수로 넣고, hitTest 함수 괄호 안에 원하는 layer2개를 넣어 동작할 수 있도록 만들어준다.

Line 9~12 : 조건문을 넣어 괄호 안에 들어간 layer1과 layer2가 닿는 경우에는 true를 반환하고, 닿아 있지 않은 경우에는 false를 반환하는 조건문을 만든다. 레이어가 닿는 경우를 계산하는 식은 다음 네 가지의 조건에 부합하는 경우다.

1. layer1의 최소 x 값이 layer2의 최대 x 값 이하인 경우
2. layer1의 최소 y 값이 layer2의 최대 y 값 이하인 경우
3. layer1의 최대 x 값이 layer2의 최소 x 값 이상인 경우
4. layer1의 최대 y 값이 layer2의 최소 y 값 이하인 경우

위의 네 가지 경우에는 layer1이 layer2에 맞닿는 범위가 된다.

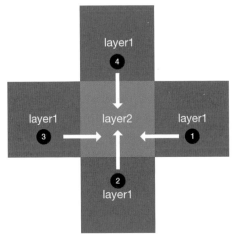

〔**그림 3**〕 각각의 경우의 수는 그림과 같다.

hitTest를 이용해 이벤트 만들기

이제 2번 과정에서 만들어진 충돌 테스트 함수를 이용해 이벤트를 만들어보자.

```
14    dragLayer.on "change:point",->
15        if hitTest(dragLayer,object) is  true
16            dragLayer.backgroundColor = "green"
17        else
18            dragLayer.backgroundColor = "red"
```

Line 14 : dragLayer의 좌표가 바뀔 때마다 실행되는 이벤트를 만들어준다.

Line 15 : hitTest 함수가 실행될 때 괄호 안에 입력된 2개의 레이어가 2번 과정에서 작성한 함수의 layer1과 layer2에 대입된다. 다시 말해 layer1 대신 dragLayer가 적용되고, layer2 대신 object 레이어가 들어가기 때문에 결과적으로 dragLayer와 object 레이어가 닿게 될 때 true를 반환하는 것이다.

Line 16~18 : 조건문에 의해 함수에서 true가 반환될 때는 dragLayer의 색상이 녹색이 되고, 나머지가 false인 경우에는 붉은색이 된다.

이제 붉은색 dragLayer를 드래그해보면 object와 맞닿을 때 녹색으로 변하는 것을 볼 수 있다.

〔그림 4〕

전체 코드

```
1    dragLayer = new Layer
2        backgroundColor : "red"
3    dragLayer.draggable.enabled = true
4
5    object = new Layer
6    object.center()
7
8    hitTest = ( layer1, layer2 ) ->
```

```
9        if ( layer1.minX <= layer2.maxX ) and ( layer1.minY <=
    layer2.maxY ) and ( layer1.maxX >= layer2.minX ) and ( layer1.maxY
    >= layer2.minY )
10           return true
11       else
12           return false
13
14   dragLayer.on "change:point", =>
15       if hitTest(dragLayer,object) is  true
16           dragLayer.backgroundColor = "green"
17       else
18           dragLayer.backgroundColor = "red"
```

충돌 테스트 실전 예제

이제 앞에서 배운 HitTest가 실무에서 어떻게 사용될 수 있는지 확인해보자.

〔그림 1〕

실무 예제 파일을 다운로드해서 열어보면 좌측 상단에 카메라 아이콘과 화면 하단에 쓰레기통 아이콘이 있을 것이다. 카메라 아이콘을 드래그했다가 놓을 때 쓰레기통 아이콘에 닿아 있으면 카메라 아이콘이 사라지게 만들고, 닿아 있지 않으면 원래 제자리로 되돌아가는 예제를 만들어보자.

카메라 아이콘 드래그 적용하기

세 번째 라인부터 예제의 준비 과정으로 카메라 아이콘의 드래그를 활성화해주고, 화면 전체 영역을 constraints로 만들어 화면 밖으로 아이콘이 빠져나가지 못하게 만들어보자.

```
1    psd = Framer.Importer.load("imported/HitTest@1x")
2
3    psd.icon_camera.draggable.enabled = true
4
5    psd.icon_camera.draggable.constraints =
6        width : 750, height : 1334
```

HitTest 함수 만들기

앞서 진행한 예제에서 기재한 hitTest 함수를 그대로 가져와 사용해보자. 여덟 번째 라인부터 hitTest 함수를 기재한다.

```
8    hitTest = ( layer1, layer2 ) ->
9        if ( layer1.minX <= layer2.maxX ) and ( layer1.minY <=
     layer2.maxY ) and ( layer1.maxX >= layer2.minX ) and ( layer1.maxY
     >= layer2.minY )
10           return true
11       else
12           return false
```

드래그 이벤트 만들기

이제 카메라 아이콘에 드래그 엔드 이벤트를 넣어보자. 드래그 엔드 이벤트를 넣는 이유는 아이콘을 드래그하다가 터치를 놓는 순간에 쓰레기통 아이콘과 닿아 있는지 판단해 닿아 있으면 없어지고, 닿아 있지 않으면 제자리로 되돌아가도록 해야 하기 때문이다.

```
14    psd.icon_camera.on Events.DragEnd, ->
15        if hitTest( psd.icon_camera, psd.icon_trash ) is true
16            psd.icon_camera.animate
17                scale : 0
18        else
19            psd.icon_camera.animate
20                x : 54, y : 56
```

Line 14 : psd.icon_camera에 드래그가 끝나는 시점에 이벤트가 발생하도록 만든다.

Line 15~17 : 조건문 안에 충돌 테스트 함수를 이용해 psd.icon_camera 레이어와 psd.icon_trash 레이어가 서로 닿았을 때 true가 되며, 16번째 라인인 psd.icon_camera 애니메이트가 실행된다. 애니메이션은 스케일이 0이 되기 때문에 결과적으로 없어지는 것처럼 보인다.

Line 18~20 : 조건문에서 HitTest가 true가 아닌 상황, 다시 말해 아이콘이 서로 겹치지 않는 경우에는 카메라 아이콘이 제자리로 되돌아가도록 설정한다. 카메라 아이콘의 원래 좌표는 x : 54, y : 56이다.

이제 카메라 아이콘을 화면에서 드래그하다가 드래그가 끝나는 시점에서 쓰레기통 아이콘에 접해 있으면 없어지고, 접해 있지 않으면 원래 자리로 되돌아가는 것을 볼 수 있다.

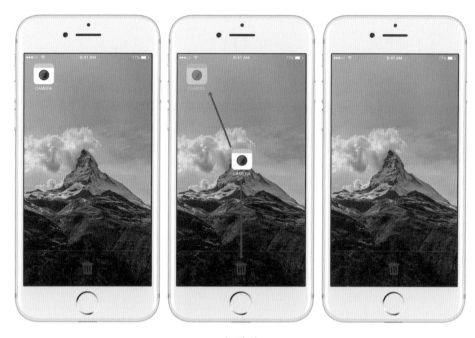

〔그림 2〕

전체 코드

```
1   psd = Framer.Importer.load("imported/HitTest@1x")
2
3   psd.icon_camera.draggable.enabled = true
4
5   psd.icon_camera.draggable.constraints =
6       width : 750, height : 1334
7
8   hitTest = ( layer1, layer2 ) ->
9       if ( layer1.minX <= layer2.maxX ) and ( layer1.minY <=
    layer2.maxY ) and ( layer1.maxX >= layer2.minX ) and ( layer1.maxY
    >= layer2.minY )
10          return true
```

```
11        else
12            return false
13
14    psd.icon_camera.on Events.DragEnd, ->
15        if hitTest( psd.icon_camera, psd.icon_trash ) is  true
16            psd.icon_camera.animate
17                scale : 0
18        else
19            psd.icon_camera.animate
20                x : 54, y : 56
```

실무 팁 5. 폰트 사용하기(웹 폰트, 로컬 폰트)

웹 폰트 사용하기

프로토타이핑을 만들 때 시시각각 변하는 텍스트를 표현하거나 입력되는 텍스트를 표현하기 위해 정해진 폰트를 사용하는 경우가 있다. 이번에는 프레이머 안에서 다양한 폰트를 사용하는 방법을 알아보자. 먼저 웹 폰트를 이용해 폰트를 사용하는 방법이다.

〔그림 1〕

이번 예제에는 화면 가운데 1초에 1씩 증가하며 폰트가 랜덤으로 바뀌는 예제를 만들어 보자. 예제에 사용될 웹 폰트 소스는 구글 폰트를 이용한다(https ://fonts.google.com/).

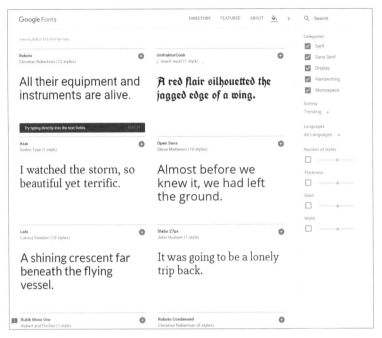

〔그림 2〕

레이어 만들기

먼저 배경 이미지와 폰트가 위치할 레이어를 만들어보자.

```
1    img = new Layer
2        width : 750, height : 1334, opacity : 0.75
3        image : Utils.randomImage()
4    title = new TextLayer
5        width : 500, height : 500, color : "white"
6        text : "0", fontSize : 400, textAlign : "center"
7
8    title.center()
```

img라는 레이어를 만들어 화면 전체 사이즈로 만들고, 랜덤한 이미지가 들어가도록 한다. title이라는 텍스트 레이어는 가로, 세로 500픽셀로 만들고 색상은 흰색, 폰트 사이즈를 400, 텍스트는 가운데 정렬로 만들자.

〔그림 3〕

구글 폰트 이용하기

이제 구글 폰트 사이트에 접속해 사용할 폰트들을 고르자. Fonts.google.com에 접속해 원하는 폰트를 선택한다. 폰트를 선택하는 방법은 A와 같이 폰트 우측에 있는 + 버튼을 누르면 하단 B 부분에 선택한 폰트의 리스트가 쌓인다.

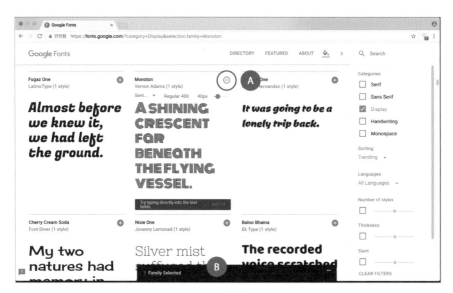

〔그림 4〕

폰트 리스트를 클릭해 열어보면 아래와 같이 나타난다.

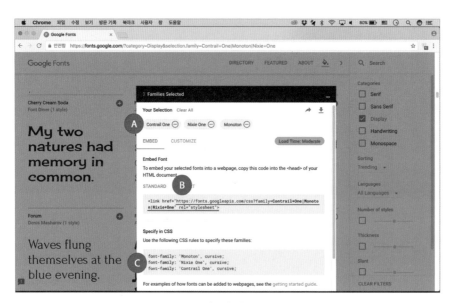

〔그림 5〕

A에는 선택된 폰트들의 리스트가 나타난다. 우리가 사용해야 할 웹 폰트의 주소가 기재된 부분은 B인데, 따옴표 안의 https ://로 시작되는 부분을 복사해 10번째 라인에 아래와 같이 붙여넣기한다. 붉은색으로 표시한 부분이 복사한 웹 폰트 주소다.

```
10    Utils.insertCSS('@import url(https ://fonts.googleapis.com/css?family=
      Bungee+Shade|Ewert|Fredoka+One|Monoton|Playball|Raleway+Dots|Vast+Shad
      ow)')
11
```

이제 위에 기재한 웹 폰트 주소를 프레이머에서 사용할 수 있도록 CSS 스타일에 추가했기 때문에 신^{Scene} 안에서 사용할 수 있게 됐다. 12번째 라인부터는 C에 기재된 폰트 패밀리 이름을 하나씩 변수로 만들어 저장하고, font_arr이라는 배열을 만들어 폰트 패밀리 배열을 만들어준다. 배열을 만드는 이유는 뒤에서 지정할 랜덤 초이스 부분에 사용하기 위해서다.

```
12    font1 = "'Ewert', cursive"
13    font2 = "'Raleway Dots', cursive"
14    font3 = "'Bungee Shade', cursive"
15    font4 = "'Vast Shadow', cursive"
16    font5 = "'Monoton', cursive"
17    font6 = "'Fredoka One', cursive"
18    font7 = "'Playball', cursive"
19
20    font_arr = [  font1, font2, font3, font4, font5, font6, font7 ]
21
```

초 간격으로 반복되는 이벤트 만들기

이제 1초 간격으로 숫자가 증가하면서 폰트가 랜덤하게 바뀌는 이벤트를 만들어보자. 먼저 증가하는 숫자를 만들기 위해 22번째 라인에 count라는 변수를 만든다. 최초 입력값은 0으로 시작하게 한다.

```
22    count = 0
23
24    Utils.interval 1, ->
25        count += 1
26        title.text = count
27        title.style = {
28            fontFamily : Utils.randomChoice(font_arr)
29        }
30
```

24번째 라인부터는 인터벌 유틸리티를 1초로 지정해 1초 간격으로 계속 발생하는 이벤트를 만든다. 25번째 라인에서 count 변수가 1씩 증가하고, 26번째 라인에는 title 텍스트 레이어에 count 변수를 텍스트 내용으로 입력한다.

마지막으로 27번째 라인에서 title 텍스트 레이어의 스타일을 입력하게 되는데, 입력하는 fontFamily 정보는 20번째 라인에서 만든 font_arr 배열에서 랜덤하게 선택한다.

결과적으로 1초 간격으로 숫자가 0에서 증가하면서 매번 스타일이 바뀌는 이벤트가 만들어진다. 이제 프레이머를 새로 고침해 확인해보자.

전체 코드

```
1    img = new Layer
2        width : 750, height : 1334, opacity : 0.75
3        image : Utils.randomImage()
4    title = new TextLayer
5        width : 500, height : 500, color : "white"
6        text : "0", fontSize : 400, textAlign : "center"
7
8    title.center()
9
```

```
10    Utils.insertCSS('@import url(https ://fonts.googleapis.com/css?family=
      Bungee+Shade|Ewert|Fredoka+One|Monoton|Playball|Raleway+Dots|Vast+Shad
      ow)')
11
12    font1 = "'Ewert', cursive"
13    font2 = "'Raleway Dots', cursive"
14    font3 = "'Bungee Shade', cursive"
15    font4 = "'Vast Shadow', cursive"
16    font5 = "'Monoton', cursive"
17    font6 = "'Fredoka One', cursive"
18    font7 = "'Playball', cursive"
19
20    font_arr = [  font1, font2, font3, font4, font5, font6, font7 ]
21
22    count = 0
23
24    Utils.interval 1, ->
25        count += 1
26        title.text = count
27        title.style = {
28            fontFamily : Utils.randomChoice(font_arr)
29        }
30
```

로컬 폰트 사용하기

사용하려는 폰트가 웹상에 배포된 웹 폰트 중에 없는 경우, 로컬 폰트를 사용해야 하는 경우가 있을 것이다. 이때는 프레이머 폴더 안에 폰트 폴더를 만들고, 폰트 파일인 .ttf나 .otf 파일을 폴더에 넣어 사용할 수 있다. 이번 예제는 로컬 폰트를 사용하는 방법에 대해 알아본다.

〔그림 1〕

폰트 폴더 만들기

먼저 프레이머가 저장된 폴더 안에 fonts라는 폴더를 만들고, 그 안에 폰트 파일을 넣어 보자. 폰트 파일은 이름을 그대로 사용해도 되지만, 예제에서는 1.ttf라는 트루타입의 폰트를 사용했다.

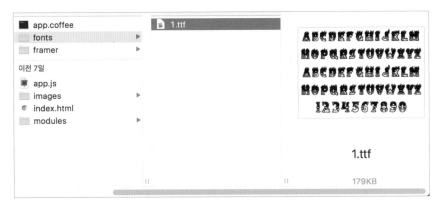

〔그림 2〕

538

텍스트 레이어 만들기

이전 예제와 마찬가지로 폰트가 출력될 레이어를 화면 가운데에 만든다. Text를 a로 입력했기 때문에 화면 가운데에 a라는 텍스트가 크게 만들어지는 것을 볼 수 있다.

```
1    text1 = new TextLayer
2        width : 500, height : 500, color : "white"
3        text : "a", fontSize : 400, textAlign : "center"
4
5    text1.center()
6
```

〔그림 3〕

로컬 폰트 적용하기

이제 fonts 폴더에 있는 1.ttf 파일을 text1 레이어에 스타일로 적용해보자. 참고로 아래 코드는 프레이머 자체적으로 제공하는 명령어를 사용하는 것이 아닌 상위의 CSS 스타일을 이용하는 것이므로 이 책에서 다룰 내용이 아니다. 따라서 상세한 코드의 설명과 이해는 장문의 내용이 될 것이기 때문에 이 책에서 다루지 못하고 해당 코드에서 폰트의 이름 설정 정도만 어느 부분을 수정해서 써야 하는지 이해해보자.

```
 7    style = document.createElement('style')
 8    style.type = 'text/css'
 9    style.appendChild(document.createTextNode("@font-face {\n" +
      "\tfont-family : \"myFont1\";\n" +
      "\tsrc : local('a'), url('fonts/1.ttf') format('truetype');\n" +
      "}\n" +
      "\tfont-family : myFont1 !important;\n" +
      "}\n"))
10
11    document.getElementsByTagName('head')[0].appendChild(style)
12
13    text1.style = { "font-family" : "myFont1" }
14
```

Line 7 : style이라는 엘리먼트를 도큐멘트에 만든다.

Line 8 : 만들어진 style을 CSS 텍스트 타입으로 적용한다.

Line 9~11 : 상당히 복잡한 스트링 문자열이 사용됐는데, 붉은색 라인으로 표시된 부분만 주의하면 된다. CSS 스타일이 myFont1이라는 새로운 스타일을 구성하고 url에 해당하는 fonts/1.tff를 불러온다. Format에 해당하는 truetype은 폰트의 파일 형식이 .ttf이면 truetype으로 기재하면 되고, .otf 형식이면 opentype으로 기재하면 된다. 폰트 패밀리에는 앞서 기재한 myFont1을 기재하면 된다.

Line 13 : 이제 앞에서 만든 myFont1이라는 폰트 패밀리 스타일을 text1의 스타일에 적용하면 된다.

〔그림 4〕

실무 팁 6. 폰 회전하기

프레이머를 이용해 폰용 프로토타이핑을 만들 때 보통 세로로 긴 버전인 Portrait 화면으로 제작하는 경우가 많지만, 상황에 따라 가로 버전인 Landscape 모드로 제작하거나 폰을 회전했을 때 레이아웃이 변경되는 상황까지 고려해 제작하는 경우가 있다. 이번 예제에서는 폰 회전에 따라 레이어 요소들이 변경되는 예제를 제작한다. 먼저 실무 팁 예제 폰회전을 다운로드하자.

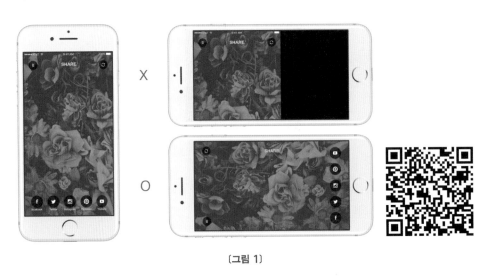

〔그림 1〕

예제 파일을 다운로드해보면 [그림 1]의 좌측 세로 화면처럼 돼 있다. 이 상태에서 그대로 회전하면(프리뷰 창의 우측 메뉴 버튼을 눌러 rotate로 회전하도록 하거나 폰에서 볼 때 화면 잠금을 풀고 폰을 회전하면 된다), 우측 상단의 가로 화면처럼 폰은 가로인데, 화면 요소들은 회전하지 않고 가만히 있기 때문에 어긋나버린다. 이번 예제에서는 화면의 회전에 대응해 우측 하단의 가로 화면처럼 예제의 모든 요소들이 가로 모드로 보이도록 만들어보자.

레이어 배열 만들기

본격적으로 예제를 만들기에 앞서 반복문을 통해 한 번에 변경되야 하는 아이콘 그룹들이 있다. 이 아이콘들을 icon_arr이라는 배열을 통해 하나로 묶어보자.

```
3   icon_arr = [ psd.icon1, psd.icon2, psd.icon3,psd.icon4, psd.icon5,psd.
    icon6, psd.icon7 ]
4
```

세 번째 라인에 psd.icon1부터 psd.icon7까지 7개의 레이어를 모두 icon_arr이라는 배열 안에 넣어보자. 이 아이콘들은 화면이 회전될 때 각각 따로 기기의 회전 방향으로 회전되야 하기 때문에 배열로 묶는 것이 좋다.

〔그림 2〕

Portrait, Landscape 함수 만들기

이제는 화면이 세로일 때, 가로일 때의 상황에 맞춰 레이어들이 어떤 상태로 있어야 하는 지 함수로 만들어보자. Portrait일 때와 Landscape 2개의 함수를 만들면 된다.

```
6    portrait =
7        psd.bg.rotation = 0
8        psd.bg.center()
9        psd.status_bar.visible = true
10       psd.text.visible = true
11       psd.icon.rotation = 0
12       psd.icon.center()
13       psd.title.centerX()
14       psd.title.y = 82
15       for i in [0...7]
16           icon_arr[i].rotation = 0
17
18   landscape =
19       psd.bg.rotation =  Framer.Device.orientation
20       psd.bg.center()
21       psd.status_bar.visible = false
22       psd.text.visible = false
23       psd.icon.rotation =  Framer.Device.orientation
24       psd.icon.center()
25       psd.title.centerX()
26       psd.title.y = 65
27       for i in [0...7]
28           icon_arr[i].rotation = Framer.Device.orientation
29
```

- Portait 함수

Line 6 : 화면이 세로일 때 나오게 될 레이어들의 상태를 Portrait라는 함수로 지정해둔다.

Line 7~8 : psd.bg인 배경 화면 이미지는 rotation이 0으로 되야 하고, 화면 정중앙에 있 어야 하므로 center()를 입력한다.

Line 9 : 화면 상단에 보이는 정보인 statusbar 레이어는 세로 버전일 때 보여야 하므로 visible을 true로 지정한다.

Line 10 : 아이콘 하단의 텍스트들을 묶어 놓은 psd.text 그룹은 세로 모드일 때 보여야 하므로 visible을 true로 지정한다.

Line 11~12 : 아이콘 그룹인 psd.icon은 세로일 때 rotation이 0이 되고, 화면 정중앙에 위치해야 하므로 center( )를 입력한다.

Line 13~14 : 화면 상단의 Share라고 쓰인 psd.title 레이어는 가로 모드일 때 위치가 바뀐다. 따라서 centerX를 입력해 좌우 정렬을 가운데로 하고 y 값은 82인 원래 위치로 입력한다.

Line 15~16 : 1번 과정을 통해 만들어진 배열로 만든 7개의 아이콘들은 세로 모드일 때 rotation이 0이 되어야 한다.

■ Landscape 함수

Line 18 : 화면이 가로일 때 나오게 될 레이어들의 상태를 landscape라는 함수로 지정해 둔다.

Line 19~20 : psd.bg인 배경 화면 이미지는 [그림 1]에서처럼 가로 모드일 때 회전하도록 입력하지 않으면 세로인 상태로 남기 때문에 회전시켜야 한다. 회전 방향은 기기가 회전하는 반대 방향이다. 따라서 기기의 회전값인 Framer.Device.orientation 앞에 마이너스를 붙여 입력하면 된다.

Line 21 : 화면 상단에 보이는 정보인 statusbar 레이어는 가로일 때는 보이지 않게 만들어야 하기 때문에 visible을 false로 지정한다.

Line 22 : 아이콘 하단의 텍스트들을 묶어 놓은 psd.text 그룹은 가로 모드일 때 보이지 않게 만들어야 하기 때문에 visible을 false로 지정한다.

Line 23~24 : 아이콘 그룹인 psd.icon은 세로 모드일 때 psd.bg와 마찬가지로 화면 반대 방향으로 회전하고, 회전할 때 위치가 틀어지기 때문에 화면 정중앙에 위치하기 위해 .center( )를 입력한다. 만약, .center( )를 입력하지 않으면 방향은 제대로 회전하지만, 화면 중앙이 아닌 우측 하단의 엉뚱한 위치로 가버리는 것을 볼 수 있다.

Line 25~26 : 화면 상단의 Share라고 쓰여진 psd.title 레이어는 세로 모드일 때 가로 화면의 상단 중앙에 있어야 하므로 center를 입력하고, y 값은 65로 입력한다.

Line 27~28 : 1번 과정을 통해 만들어진 배열로 만든 7개의 아이콘들은 가로 모드일 때 기기의 회전 방향과 동일하게 회전해야 하기 때문에 rotation에 Device.orientation을 입력한다.

좌/우측 회전

프레이머의 가상 화면에서 rotate할 때는 좌측 방향으로만 회전하지만, 실제 기기인 폰에서 테스트할 때는 좌측 방향으로 회전할 때와 우측 방향으로 회전할 때의 두 가지가 있다. 이러한 경우에 대응하기 위해 기기가 회전하는 방향을 90도와 −90도로 둘 다 입력해 좌우 회전에 대응할 수 있도록 만들어보자.

```
30    checkRotation = ->
31        if Framer.Device.orientation is 0
32            portrait()
33        else if Framer.Device.orientation is 90
34            landscape()
35        else if Framer.Device.orientation is -90
36            landscape()
37
```

checkRotation이라는 함수를 만들어 디바이스의 회전 각도에 따라 앞서 만든 portrait가 실행될지, landscape가 실행될지를 정하면 된다. 디바이스 각도가 0일 때는 세로 모드인 portrait 함수가 실행되고, 90이나 −90인 좌우로 회전했을 때는 landscape인 가로 모드가 실행되도록 입력한다.

〔그림 3〕 프레이머 가상 기기에서는 좌측으로만 회전되지만,
실제 기기에서는 좌측과 우측 둘 다 지원할 수 있게 양쪽 모두 대응해줘야 한다.

프레이머 가상 기기와 실제 기기

이제 프레이머 안에서 실행되는 경우와 실제 기기에서 실행되는 경우 둘 모두를 고려해 3
번 과정에서 만든 checkRotation() 함수가 실행되도록 만들어주는 일이 남았다.

```
36    window.addEventListener "orientationchange", ->
37        checkRotation()
38
39    Framer.Device.on "change:orientation", ->
40        checkRotation()
41
```

모바일 기기에서 회전 각도를 이벤트로 불러오기 위해서는 window.addEventListener
를 써야 한다. 이 기능을 이용하면 모바일 기기에서 표현되는 브라우저의 이벤트를 불러
오기 때문에 orientationchange인 방향이 변경되는 경우에 이벤트가 실행된다. 이벤트가
실행되면 checkRotation() 함수가 실행되도록 만들어보자.

프레이머의 가상 기기에서는 Framer.Device의 이벤트를 사용해야 한다. 이 경우에는 "change :orientation"이라는 이벤트를 사용해 checkRotation() 함수가 실행되도록 만들어주면 된다.

이제 4번 과정까지의 코드를 모두 기재하면 기기를 회전했을 때 회전 각도에 따라 화면이 대응하는 것을 볼 수 있다. 여러 개의 함수를 다른 함수와 맞물려 사용해 복잡하지만, 구조를 간략하게 살펴보면 디바이스가 변경되는 이벤트 → checkRoatation으로 기기 각도 확인 → portrait나 landscape로 레이어 방향 및 위치 설정으로 실행될 것이다.

전체 코드

```
1    psd = Framer.Importer.load("imported/portlateLandscape@1x")
2
3    icon_arr = [ psd.icon1, psd.icon2, psd.icon3,psd.icon4, psd.icon5,psd.
4    icon6, psd.icon7  ]
5
6    portrait = ->
7        psd.bg.rotation = 0
8        psd.bg.center()
9        psd.status_bar.visible = true
10       psd.text.visible = true
11       psd.icon.rotation = 0
12       psd.icon.center()
13       psd.title.centerX()
14       psd.title.y = 82
15       for i in [0   7]
16           icon_arr[i].rotation = 0
17
18   landscape =
19       psd.bg.rotation =  Framer.Device.orientation
20       psd.bg.center()
21       psd.status_bar.visible = false
22       psd.text.visible = false
```

```
23        psd.icon.rotation = -Framer.Device.orientation
24        psd.icon.center()
25        psd.title.centerX()
26        psd.title.y = 65
27        for i in [0   7]
28            icon_arr[i].rotation = Framer.Device.orientation
29
30    checkRotation =
31        if Framer.Device.orientation is 0
32            portrait()
33        else if Framer.Device.orientation is 90
34            landscape()
35        else if Framer.Device.orientation is -90
36            landscape()
37
38    window.addEventListener "orientationchange",
39        checkRotation()
40
41    Framer.Device.on "change:orientation",
42        checkRotation()
43
```

실무 팁 7. 스프라이트 시트 애니메이션 사용하기

스프라이트 시트 애니메이션^{Sprite Sheet Animation}은 아이콘 애니메이션이나 코딩으로 만들기
어려운 애니메이션을 미리 애니메이션 툴로 만들어 놓고 제어할 때 사용한다. 우리가 흔
히 보는 만화영화를 생각해보자. 캐릭터가 움직이는 화면을 수십 장 그려 놓고, 그 그림을
빠르게 돌려 자연스러운 움직임을 만든다. 눈 깜짝할 사이에 지나가기 때문에 우리 눈에
는 모션이 이어지는 것처럼 보인다.

다음 그림을 보면 좀 이해하기 쉬울 것이다.

〔그림 1〕 Sprite Sheet Animation 원리

그림을 보면 펭귄의 움직임을 프레임마다 그려 놓은 10컷의 그림이 있다. 빨간색 라인 영
역이 펭귄의 움직임을 보여주는 하나의 창(parent)이다. 이 10컷의 그림이 빠르게 움직이
면서 빨간 라인 영역(parent)에서 하나의 움직임을 만든다.

간단한 예제로 위에서 말한 구조를 이해하고, 실제 Sprite Sheet Animation 예제를 만들
어보자.

〔그림 2〕

```
1    cnt = 1
2    bg = new BackgroundLayer
3    sprite = new Layer
4        width : 500
5        height : 72
6        image : "images/sprite-steps.png"
7    spriteAnimation = new Animation sprite,
8        x : -50
9    spriteAnimation.onAnimationEnd ->
10       cnt += 1
11       spriteAnimation.properties.x = -50 * cnt
12       spriteAnimation.start()
13   spriteAnimation.start()
```

앞에서 본 10컷짜리 펭귄 이미지를 썼다. 예제를 열어보면 알겠지만, 이미지가 x축으로 −50씩 이동하는 연속적인 애니메이션이 일어난다. 코드를 좀 더 살펴보자.

Line 1 : cnt라는 숫자 변수를 하나 설정한다. 이렇게 하는 이유는 −50, −100, −150, −200…으로 좌측으로 −50씩 증가하는 애니메이션이므로 애니메이션이 끝날 때마다 −50을 곱해 1씩 증가하도록 할 수 있는 변수가 필요하다. 초깃값이 0이 아니라 1인 이유는 cnt 값이 0이 되면(−50 * 0은 0이므로) 첫 번째 애니메이션에서 움직임이 없기 때문이다.

Line 2~6 : 백그라운드 레이어를 하나 만들고, sprite 레이어를 하나 만든다. 이미지는 images 경로에 저장돼 있다. 가로 사이즈가 500이다. 10컷 * 50 = 500이므로 한 컷당 가로 사이즈가 50이다. 그러므로 애니메이션을 이용해 좌측으로 −50씩 이동한다.

Line 7~12 : 이제 실제로 이동할 애니메이션을 만들 단계다. x축으로 −50씩 이동하는 spriteAnimation이라는 애니메이션을 하나 만든다. 또한 연속적인 애니메이션을 만들기 위해 onAnimationEnd 이벤트를 등록한다. 이벤트에서도 다뤘지만, onAnimationEnd는 애니메이션이 끝나는 시점에 발생한다. 애니메이션이 끝날 때마다 cnt 값을 1씩 증가시켜줘야 −50 * 2, −50 * 3, −50 * 4…으로 계속적인 움직임의 증가를 줄 수 있다. 애니메이션이 끝나면 애니메이션을 다시 시작시켜야 하므로 속성 재정의와 다시 start( )를 적어줘야 연속적인 애니메이션이 발생한다.

Line 13 : 최초의 애니메이션을 시작해보자. 이 코드가 없으면 애니메이션 자체가 발생하지 않는다.

〔그림 3〕

이제 보여주는 창을 만들어 좀 더 셀 애니메이션에 가까운 형태로 만들어보자. 위에서 만든 예제에서 코드를 몇 줄 더 추가했다.

```
1    cnt = 1
2    bg = new BackgroundLayer
3    frame = new Layer
4        width : 50
5        height : 72
6        clip : true
7    sprite = new Layer
8        width : 500
9        height : 72
10       image : "images/sprite-steps.png"
11       parent : frame
12   spriteAnimation = new Animation sprite,
13       x : -50
14       options :
15           time : 0
16           delay : 0.1
17   spriteAnimation.onAnimationEnd ->
18       cnt += 1
```

```
19          spriteAnimation.properties.x = -50 * cnt
20          spriteAnimation.start()
21      spriteAnimation.start()
```

새롭게 추가된 코드만 일단 살펴보자.

Line 3~6 : sprite 레이어를 보여줄 frame이라는 레이어를 하나 만든다. 한 컷에서 보여 줘야 하므로 가로 크기는 50으로 놓고, clip은 true로 설정한다.

Line 11 : sprite 레이어의 parent는 위에서 만든 frame으로 지정한다.

Line 15~16 : 애니메이션 타임을 매우 빠르게 설정해 자연스럽게 이어지는 것처럼 보여 주도록 해보자. 그렇기 때문에 애니메이션의 options를 이용해 time과 delay를 조정한 다. 여기서는 time을 0, delay를 0.1로 설정했는데, 애니메이션을 보면서 속도를 조정하 면 된다.

이렇게 하면 펭귄이 손을 흔드는 애니메이션 형태가 완성되지만, 한 번만 발생하고 사라 지니 조금 아쉽다. 좀 더 다듬어 반복하는 애니메이션을 완성해보자.

〔그림 4〕

```
1    cnt = 1
2    totals = 9
3    bg = new BackgroundLayer
4    frame = new Layer
5        width : 50
6        height : 72
7        clip : true
8    frame.center()
9    frame.scale = 2
10   sprite = new Layer
11       width : 500
12       height : 72
13       image : "images/sprite-steps.png"
14       parent : frame
15   spriteAnimation = new Animation sprite,
16       x : -50
17       options :
18           time : 0
19           delay : 0.1
20   spriteAnimation.onAnimationEnd ->
21       if cnt < totals
22           cnt += 1
23       else
24           cnt = 0
25       spriteAnimation.properties.x = -50 * cnt
26       spriteAnimation.start()
27   spriteAnimation.start()
```

이것이 완료된 최종 파일이다. 파일을 실행하면 펭귄이 손을 흔드는 애니메이션이 계속 반복된다. sprite_2.framer 파일에서 추가된 코드 내용을 살펴보자.

Line 2 : totals라는 변수를 설정하고 9를 대입했다. cnt 값이 9가 되면 다시 0으로 되돌려 순환되는 애니메이션 구조를 만들 것이다. 그런데 장면은 총 10컷인데 왜 cnt 값이 9일 때 0으로 되돌려 놓을까? 첫 번째 컷은 x축이 0이고, width가 50이다. 마지막 컷의 x 좌푯값은 −450이다. 그렇기 때문에 −50 ∗ 9 만큼 좌측으로 이동하도록 하고, 초기화하면 된다. 아래 그림을 보면 이해하기가 쉬울 것이다.

〔그림 5〕

화면과 cnt 값을 연결시켜봤다. totals 변수에 10을 대입하면 깜빡이는 현상이 발생한다. 그림이 없는 10번째 빈 프레임으로 가므로 이런 현상이 일어나는 것은 당연하다. 이를 바탕으로 작은 공식 하나를 도출할 수 있을 것 같다.

도착 변수(totals) = 총 프레임 수 − 1

공식에 펭귄 애니메이션을 적용시켜보면, 9 = 10 − 1이다. 따라서 totals 변숫값은 9가 된다. 애니메이션 장면 수가 많아져도 원리는 똑같으므로 다양한 sprite sheet animation 에 적용시켜보자.

Line 8~9 : 좀 더 편하게 보기 위해 frame 좌표는 디바이스의 중앙으로, 크기는 2배로 키웠다.

Line 21~24 : 앞에서 설정한 totals 변수를 사용할 때다. 만약, cnt가 totals보다 작으면 애니메이션이 끝날 때마다 1씩 증가하도록 하고, 그렇지 않으면, 즉 cnt 값이 9이면 0으로 되돌려 놓는다.

Sprite Sheet Animation을 실제 만들어봤다. Sprite Sheet Animation은 코드로 제작하기 힘든 애니메이션을 처리할 때 사용하므로 주로 플래시나 애프터 이펙트 같은 애니메이션 제작 툴로 우선 작업한 후에 png 파일을 가져온다. 여기서 쓰인 코드들은 앞에서 다뤘던 내용이기 때문에 그렇게 어렵지는 않을 것이다. 그래도 반복적으로 다시 만들어보는 것이 중요하다. 그렇게 한다면 충분히 실무에 적용할 수 있을 것이다.

에이콘출판의 기틀을 마련하신 故 정완재 선생님 (1935-2004)

디자이너를 위한 프레이머

코드를 몰라도 실무 예제를 중심으로 따라 하며 배우는

발 행 | 2017년 10월 31일

지은이 | 박 재 환 · 이 정 익

펴낸이 | 권 성 준
편집장 | 황 영 주
편 집 | 이 지 은
디자인 | 박 주 란

에이콘출판주식회사
서울특별시 양천구 국회대로 287 (목동)
전화 02-2653-7600, 팩스 02-2653-0433
www.acornpub.co.kr / editor@acornpub.co.kr

한국어판 ⓒ 에이콘출판주식회사, 2017, Printed in Korea.
ISBN 979-11-6175-054-5
ISBN 978-89-6077-731-6 (세트)
http://www.acornpub.co.kr/book/framer-for-designer

이 도서의 국립중앙도서관 출판시도서목록(CIP)은 서지정보유통지원시스템 홈페이지(http://seoji.nl.go.kr)와
국가자료공동목록시스템(http://www.nl.go.kr/kolisnet)에서 이용하실 수 있습니다.(CIP제어번호: CIP2017026265)

책값은 뒤표지에 있습니다.